PYTHON
FÜR
FORTGESCHRITTENE

Tipps & Tricks zum
besseren Programmieren

von

Jonathan Bien

Copyright by Jonathan Bien, 2o24

Herausgeber: Jonathan Bien & Stefan Meyer

Kontaktanschrift: Büro Heinrich Bien (BHB),
Lauthstrasse 54, 8o999 München

E-Mail: biancaundstefan@proton.me

Wichtige Informationen für die Nutzer dieses Buchs: Herausgeber und Autoren haben größtmögliche Sorgfalt aufgewendet, dieses Buch zu publizieren. Alle Informationen in diesem Buch sind sorgfältig von Herausgebern und Autoren erwogen und geprüft. Für die Richtigkeit der Informationen kann keine Garantie übernommen werden. Der Herausgeber und die Autoren übernehmen keine juristische Verantwortung für die Nutzung der publizierten Inhalte und Informationen. Eine Haftung der Autoren, des Herausgebers und seiner beauftragten Personen für Personen-, Sach- und Vermögensschäden ist ausgeschlossen. Das Werk ist einschließlich seiner Teile urheberrechtlich geschützt. Jede Verwertung außerhalb der Grenzen des Urheberrechtsgesetzes ohne Zustimmung des Herausgebers ist unzulässig und strafbar. Das gilt insbesondere für Vervielfältigungen, Übersetzungen sowie Einspeicherung und Verarbeitung in elektronischen Systemen.

1. Auflage, August 2o24

Autor: Jonathan Bien

Projektleitung und technische Publikation: Stefan Meyer
Illustrationen: Stefan Kleber & Dall-E
Cover: Hermann Zeichen (Design) & Stefan Kleber (Illustration)

ISBN: 9798335879651

INHALT

Was ist drin? xii
Achtung, menschlich! xiv
Mehr Python, bitte! 1
Schauen und tippen! 3
Coding 2.0: Erweitertes Grundwissen 5
Perfekt Printen: Variablen & Text zusammen ausgeben 6
Digitales Stretching: Mehrzeilige Dictionaries 10
Die Zeilen-Brechstange: Backslash 12
Bleiben oder gehen: Zeilenwechsel nach dem Print-Befehl 15
Abstand halten: Print mit eigenen Trennzeichen 18
Einfach und/oder doppelt – "Anführungszeichen" 20
Raus im großen Stil 22
Bunt + Print = Brint 24
Ziffern-Trennung – Besser lesbare Zahlen 1 29
Mit Format: Besser lesbare Zahlen 2 31
Aufschlag wie in C geht, geht aber nicht! 34
Durchgezählt: Nummerierung in Schleifen 36
Saure Gurken: Laden & Speichern von Daten 39
Wer hat an der Uhr gedreht? Zeit messen 41
Ausgerechnet heute: Einfaches Rechnen mit Datumsangaben 43
Werte wild zuweisen 45
Im Laufen gezeugt: Variablen in Ausdrücken erstellen 47
Unfertig statt unrund: Die Ellipse 49
Abkürzungen für Bibliotheken 51
Entweder... oder: Variablen mit Bedingung zuweisen 55
Wirklich wahr? Boolean-Variablen ruckzuck definieren 58
Leere Listen! Liste leer? 61
Und Du bist weg! Elemente löschen mit und ohne Schwächen 66

Dreierlei: Listen leeren 71
Treffer bündeln: Kompakte Vergleiche durch Listen 74
Wenn wenn nicht wär' – Massen-Bedingungen vermeiden 76
Weniger IF in der Zwischenprüfung 80
Stiefkind Elif – die unterschätzte Spezialität 81
Und, und, und... Komplexe Bedingungen entschärfen 84
Nicht gleich: == und IS in Vergleichen 86
Nicht dafür gemacht: Dictionaries umgekehrt auslesen 90
For-Else: Erfolgloser Schleifen-Blinddarm 95
Listen im Laufen ändern 99
Holt mich hier raus: Programme beenden 104
Nicht von hier: Scope von Variablen 107
Arbeiten mit Daten 113
Verwirrend: Sortieren von Listen 114
Salami-Taktik: String-Slicing mit zwei Doppelpunkten 116
Zwei in eins: Listen-Vergleiche statt Schleife 121
Reißverschluss: Listen in Dictionaries verwandeln & umgekehrt 124
Aus zwei mach eins! Dictionaries mischen 127
Jenseits von Min und Max: Größte und kleinste Werte finden 130
Zwillinge verboten: Dubletten finden & entfernen 133
Ich entpacke meine Liste – teilweise... 135
Unsortierte Listen vergleichen 137
Du bist raus: Listen und Dictionaries filtern 139
Abwesend: Fehlende Werte in Dictionaries 143
Schlüsseldienst: Elemente in Dictionaries löschen 146
Bügeleisen: Listen flach machen 148
Standardwerte in Dictionaries benutzen 151
Wie oft? Häufigkeiten ermitteln 155
Umfangreich kombiniert: Permutationen 158
Strickmuster: Code strukturieren 161
Wehret den Kommas: Mehrere Werte zurückgeben 162
Weniger verrückt: Codeblocks vermeiden 1 169
Frühaussteiger – Code-Blocks vermeiden 2 172
Zeilen-Spar-Fuchs: Weniger ist gleich gut! 174
Was geht rein? Argumente benennen 176

I just call... Code sauber halten durch Rückrufe 179
Kleine Kniffe, große Wirkung 183
Baukasten: Dynamische Funktionslisten 184
Lange Leitung – Pipelines verlegen 188
Dreckig, aber gut: Variablen- & Argument-Typen erkennen 190
Nicht mein Typ: Einfache, statische Typisierung mit Klassen 196
Schöne Erinnerungen: Funktionen mit Gedächtnis 198
Vordefinierte Funktions-Argumente falsch verstanden 202
Unaufhaltsam: Try-Except richtig einsetzen 205
Mehr aus Funktionen herausholen 209
Voll flexibel: Variable Anzahl von Argumenten 210
Massenaktionen: Daten effektiv verändern 213
Irgendwas wahr? Listen auf wahre Bedingungen prüfen 217
Entschiedener Einsatz: Funktionen in Zuweisungen auswählen 220
Namenlose Mini-Funktionen: Lambda 222
Funktions-Fabriken mit Closures 225
Knappe Wertung: Funktionen stark verkürzen 228
Ihr Name? Variablennamen in Argumenten erzwingen 231
Stufe höher – Fortgeschrittene Programmiertechniken 235
Breakpoint: Fehler finden mit Pythons Debugger 236
Von ungefähr: Ähnlichkeiten von Strings ermitteln 238
Liste bleibt Liste: Veränderbare Datentypen 240
Keine Zeiger: Pointer in Python 243
Unter Strom: Generatoren 248
Generatoren schnell generieren 252
Generator genial! 255
Kleine Generatoren-Kiffe 258
Bis zur Unendlichkeit... For-Schleifen ohne Limit 261
Kontrolliertes Ein- und Aussteigen: Kontext-Manager 262
Argumente und Methoden im Kontext-Manager 267
Voller Komfort: Generatoren als Kontext-Manager 271
Oops statt Upps! Objektorientiertes Programmieren 273
Logisch(er): Methoden in Attribute verwandeln 274
Unter der Haut: Inhalte auflisten 276
Scharfe Nummer: Objekte über die ID ansprechen 279

Wer tot ist, hebt die Hand! Objekte löschen 1 281
Holzpflock & Silberkugel – Objekte löschen 2 283
Hosenträger & Gürtel – Objekte nach Änderung zurückgeben 286
Code ausführen, wenn der Wert einer Variable sich ändert 289
Alles offen: Zugriff auf private Variablen in Klassen 292
Gib mir mein self zurück: Kaskadieren 294
Etwas weniger mehr: Attribute begrenzen 296
Einfachere Super-Vererbung 298
Objekte laden und speichern 300
Zugriff auf Methoden einer Klasse 303
Alle im Griff – Kollektiver Zugriff auf Instanzen 306
Parent: Klasse in Klasse ist klasse! 308
Alle Achtung! Gruppen-Aufrufe von Methoden 311
Zweite Klasse: Klassen als Daten-Container 315
Mein flexibler Freund: Attribute dynamisch vergeben 319
Unterschieben: Methoden nachträglich hinzufügen 322
Lückenfüller – Zwischen Klasse und Instanz 326
Das Strategie-Muster mal anders 329
Extrem Klasse(n)! Eigene Daten-Typen erstellen 332
Degradiert: Klassen als intelligente Variablen 336
Hübscher machen – Dekoratoren mal einfach 338
Mehrzweck-Hübsch: Dekoratoren mit Argumenten 340
Durchlauf-Dekorator: In- & Output von Methoden beobachten 342
Ohne @ am Anfang – Anders dekorieren 345
Ab ins Netz! Digital verbunden 349
Der Blitz-Webserver 350
Web mit Kirsche: CherryPy 352
Command Line Interface im Browser 357
Kontakt zum Nutzer: CLI, GUI & Browser 361
Wenigzeiler: Fenster-Oberflächen mit PySimpleGUI 362
Text im Fenster: GUI-Terminal-Simulation 365
Mehr als eins: TKinter Struktur 367
Alleine laufen: PyInstaller 369
Lecker: Spezialitäten 371
Kurz vor Schluss: Befehle nach Abbruch ausführen 372

Schleifen manuell unterbrechen..374
Daten von der Bank: Tabellen mit SQLite lesen & schreiben...............376
Wissen ist Trend: Datenanalyse mit Python.......................................381
OMG, ORM! Datenbanken als Objekte...385
Adlerauge – Texterkennung 389
Durchgriff: Daten direkt aus dem Betriebssystem lesen....................392
Alles auf einmal: Müheloses Multi-Threading....................................395
Kerngeschäft – Multiprocessing 399
Coole Module..403
Nie mehr Fehler mit Print suchen..404
Schnell mal schauen: Variablen beobachten......................................406
Gepackt: Zip-Dateien lesen und bearbeiten.......................................408
Eine Menge falsch: Daten mit Faker produzieren..............................410
Zum Schluss: Zweit- und Drittsprachen..414
Ende!..417
Der Prompt-Code..421

WAS IST DRIN?

Python Bücher für Einsteiger gibt es viele. Aber wie macht man am besten weiter, wenn die ersten selbst geschriebenen Programme laufen? Dieses Buch ist für Anfänger und für erfahrene Programmierer geschrieben und gibt einen umfassenden Einblick in die unglaublichen wie ungewöhnlichen Möglichkeiten, die diese fantastische Sprache bietet.

Python bietet kreative und gleichzeitig hoch-effiziente Methoden, sogar umfangreiche Software zu schreiben (nicht nur durch die Integration von Bibliotheken). Selbst komplexe Aufgaben können in wenigen Zeilen umgesetzt werden. Die größte Herausforderung für Einsteiger ist es, zu verstehen, dass Python-Code schlank und gleichzeitig sehr leistungsfähig sein kann.

Dieses Buch soll Ihnen einen Einblick in fortgeschrittene Programmiertechniken für die Sprache geben. Grundlegende Befehle von Python ähneln sicherlich anderen Sprachen, aber seine ganze Kraft entwickelt Python erst dann, wenn Sie die besonderen Eigenschaften und auch so manche launische Syntax kennen und richtig anwenden können (bestes Beispiel dafür sind die Verwirrungen um sort und sorted, die Einsteiger in den Wahnsinn und die totale Verwirrung treiben können). Also:

- *Lesen Sie dieses Buch, wenn Sie den Einstieg in Python bereits geschafft haben und tiefer in die Sprache einsteigen wollen!*

- *Sie lernen, Eigenarten (Stärken) der Python-Syntax und unkonventionelle Lösungen gezielt einzusetzen, ohne endlos langen Code schreiben zu müssen.*

◆ *Aber Achtung: Dieses Buch ist zwar kein systematisches Lehrbuch, sondern vielmehr eine Sammlung zahlreicher Programmier-Lösungen für unterschiedlichste Probleme. Gerade deswegen werden Sie die Sprache beim Lesen viel besser verstehen und tiefgreifend durchschauen!*

Standard-Aufgaben können in Python oft elegant mit wenigen Zeilen Code gelöst werden. Aber auch der richtige Umgang mit Daten, mit speziellen Methoden und Bibliotheken gehört zu einem umfassenden und professionellen Python-Stil.

Ein Abschnitt in diesem Buch ist der objektorientierten Programmierung gewidmet. Dabei geht es nicht darum, die abgenutzten Anfänger-Beispiele (Stichwort: Auto, Pizza, Tiere) erneut durchzukauen, sondern Einsteigern einen frischen und unkonventionellen Blick auf typische Herausforderungen zu geben, die beim Programmieren mit Objekten auftauchen.

Und dieses Buch verlässt manchmal die Pfade des guten Stils und bietet einen Einblick in die dunklen Seiten des Programmierens mit Python. Natürlich nur um zu zeigen, dass Python auch offen für unkonventionelle Lösungen ist, die in einem typischen Informatiker-Gehirn eigentlich undenkbar wären. Andererseits: Wenn etwas funktioniert, warum sollte es dann nicht auch benutzt werden?

Alle Beispiele sind so knapp wie möglich gehalten, sodass sie nicht mühevoll abgetippt werden müssen (manche Leser werden sich dabei an die Listings in den gedruckten Computerzeitschriften der 80er-Jahre erinnern).

Trotzdem lohnt es sich in vielen Fällen, die wenigen Zeilen in die eigene Entwicklungsumgebung zu übertragen, das Verhalten des Codes live zu erleben und selbst ein wenig damit herum zu experimentieren. Solche, so genannten *Snippets*, also kurze, vereinfachte Versionen eines Programmteils, dienen vielen Programmierern als Startpunkt für aufwendige Software oder kleinere Teile davon.

Alle Beispiele sind in Python 3 geschrieben, funktionieren aber größtenteils auch in Version 2 (Ausnahmen wie zum Beispiel das := sind entsprechend markiert).

ACHTUNG, MENSCHLICH!

Alle Texte, Beispiele und Programmcodes sind mit größter Sorgfalt geschrieben und geprüft worden. Trotzdem können sich Fehler einschleichen oder das eine oder andere Programm nicht mit jeder Version von Python funktionieren. Autor und Herausgeber sind dankbar für Hinweise auf Verbesserungen und Fehler, die sicherlich in die nächste Auflage des Buchs einfließen werden.

*

Und weil es gerade ein aktuelles Thema ist: Die Texte in diesem Buch sind frei von künstlicher Intelligenz und von einem richtigen Menschen mit zehn fleißigen Fingern getippt worden. Sie werden in diesem Buch professionell informiert und nicht mit sinnfreien Leertexten überschwemmt. Alles, was Sie hier lesen, ist von zwei echten, gut ausgebildeten und routinierten Gehirnen (Autor und Lektor) so sorgsam wie möglich auf Papier gebracht worden!

MEHR PYTHON, BITTE!

Die Programmiersprache Python zu lernen besteht aus zwei Phasen: Die Grundlagen beherrschen Einsteiger wie Umsteiger relativ schnell. Auf sogenannten *Cheat-Sheets* (übersetzt: *Spickzettel*), die im Internet zu finden sind, wird die Sprache auf ein bis zwei Din-A4-Seiten nahezu komplett erklärt. Wer sich mit Programmiersprachen etwas auskennt, sollte den Umstieg während eines langen Wochenendes locker schaffen können. Nicht ohne Grund gehört Python zu den beliebtesten Programmiersprachen weltweit.

Befehle und Strukturen in Python sind – da es sich um eine relativ junge Sprache handelt – perfekt durchdacht und minimalistisch konstruiert, sodass sich Python leicht schreiben und leicht lesen lässt.

Wobei gerade das einfache Lesen von Code eine immer noch unterschätzte Eigenschaft guter Programmiersprachen und vor allem guter Programmierer ist. Studien zeigen, dass Programmierer etwa zehn Zeilen Code lesen müssen, um *eine* Zeile Code zu schreiben!

Python ist auf den ersten Blick eine einfache, fast schon zu einfache Sprache, um ernst genommen zu werden (vor allem die dynamische Typisierung ist etwas, wo hartgesottene Profis oft den Mund verziehen). Auf den zweiten Blick bietet Python grandiose Möglichkeiten, einfache wie komplexe Projekte zu verwirklichen.

Dabei steht die Sprache nicht alleine da, sondern wird ständig durch seine Benutzer erweitert: Wegen der stetig wachsenden Zahl leistungsfähiger Bibliotheken, haben sogar Anfänger problemlos Zugriff auf komplizierte Funktionen wie Texterkennung, Bildverarbeitung, Maschinenlernen und vieles mehr – meist ohne großen Aufwand und mit wenigen Zeilen Code ins eigene Programm eingebaut.

Gerade durch die Bibliotheken ist Python einfach zu bedienen und sehr leistungsfähig. Das hat aber auch Nachteile, denn diese Erweiterungen folgen keinem Standard an der Schnittstelle zum Benutzer, sondern ihre Benutzung muss jedes mal neu gelernt werden: Anfänger sehen viele Spezial-Stile der praktischen Umsetzung von Python, je nachdem, mit welchen Bibliotheken sie arbeiten, aber nur selten bekommen Sie die Sprache in einer wirklich gut strukturierten Form zu sehen.

Ein tieferes Verständnis für Python zu entwickeln, hängt vor allem davon ab, wie *wenig* Sie sich mit Bibliotheken beschäftigen. Dieser Entstieg, bevor der Code anderer benutzt wird, ist wichtig, denn ein grundlegendes Verständnis für Python ist wichtig: Einerseits gilt es, viel Erfahrung zu sammeln, um bestimmte Probleme effizient zu lösen. Andererseits stecken in Python zahlreiche verborgene Methoden, mit denen typische Programmierprobleme erstaunlich leicht gelöst werden können.

Beispiel gefällig? Schauen Sie sich folgende Zeile an, die zeigt, wie dicht Befehle in Python gepackt werden können:

```
x = [y/2 for y in x if y%2 == 0]
```

Tiefer in Python einzusteigen funktioniert nicht allein durch das Lesen von ein paar Seiten Text in diesem Buch – oder in einem anderen. Nur wer viel probiert, viel stöbert und viel liest, der findet hier und da gelegentlich ein paar wirklich gute Beispiele, in denen Python seine ganze Stärke und Eleganz zeigt. Und damit offenbart sich dann etwas, das die eigene Arbeit besser macht. Ganz nach dem Motto: *Hätte ich das früher gewusst...!*

Wer regelmäßig und viel in Python programmiert, der entwickelt dieses wunderbare Bauchgefühl, mit dem schlanke und übersichtliche Programme geschrieben werden, über die man manchmal selbst erstaunt ist, wenn sie fertig auf dem Bildschirm stehen. Python ist ein hochentwickeltes, modernes Werkzeug, mit dem Codes geschrieben werden können, die eher einer guten Zeichnung als einem endlos-öden Quellcode ähneln.

> *Jonathan Bien*
> *August 2024*

SCHAUEN UND TIPPEN!

Quellcode in einem kleineren elektronischen Lesegerät zu betrachten, kann unkomfortabel sein: Lange Zeilen werden am Ende abgeschnitten und in der nächsten Zeile fortgesetzt. Bei eingerückten Zeilen endet das manchmal in völliger Unleserlichkeit. Auch oben und unten braucht ein Code etwas Platz, den kleinere Bildschirme nicht unbedingt bieten. Und die Minustaste bei der Vergrößerung zu drücken, macht es für die Augen auch nicht besser!

Wenn Sie einen Code selbst ausprobieren wollen, haben Sie bei einem Lesegerät außerdem das Problem, dass die Zeilen von Hand in den Computer übertragen werden müssen. Viele Beispiele in diesem Buch sind kurz und das Abschreiben ist kein ganz so großes Problem. Aber gerade die ausführlichen Programme will niemand wirklich Zeile für Zeile übertragen.

Die beste Lösung ist, vom Reader in den Browser des eigenen Computers zu wechseln. Auch wenn Sie vielleicht kein Fan davon sind, Bücher auf einem richtigen Bildschirm zu lesen, werden dort die Programme jedenfalls richtig und mit ausreichend Platz zu allen Seiten dargestellt.

Außerdem können die Texte kopiert und mit wenigen Tastaturbefehlen oder Mausklicks in die eigene Softwareumgebung übertragen werden. Amazon bietet das Lesen im Browser an:

> https://lesen.amazon.de/kindle-library

Natürlich können Sie das Buch auch wie ein ganz normales Buch lesen und nur zum Ausprobieren und selbst Programmieren auf Ihren Rechner mit großem Bildschirm wechseln.

PYTHON FÜR FORTGESCHRITTENE

CODING 2.0: ERWEITERTES GRUNDWISSEN

Die Themen in diesem Abschnitt sind eine solide Erweiterung Ihrer Python-Kenntnisse. Die Tipps helfen bei der Ausgabe im Terminal und um längere Befehle (zum Beispiel umfangreiche und damit ziemliche lästige Bedingungen) in Python kürzer und vor allem übersichtlicher zu gestalten.

Python ist eine Programmiersprache ist, die zwischen den Befehlen viel Luft vorsieht (unter anderem durch Einrückung der Code-Blöcke und generell kurzen Zeilen von unter 80 Zeichen). Der Grundsatz eines guten Programms in Python ist immer, viele Aufgaben mit möglichst wenigen Befehlen zu erledigen, ohne gleichzeitig einzelne Zeilen zu überfrachten.

PERFEKT PRINTEN: VARIABLEN & TEXT ZUSAMMEN AUSGEBEN

Das Komma ist Standard im Print-Befehl, um mehrere Variablen und Zeichenketten in einer Zeile auszugeben. Python fügt Abstände zwischen den Argumenten automatisch ein, was nicht unbedingt gut aussieht: `print("Hallo", "!")`.
Eine unübersichtliche Alternative, mit der Abstände kontrolliert werden können, ist die Verbindung durch Pluszeichen, wobei alle Datentypen, die keine Strings sind, konvertiert werden müssen – sofern dieses Verfahren überhaupt in der Praxis eingesetzt wird.

Typische Ausgabe von Variablen und Text mit Print

```
name = 'Werner'
wohnort = 'Berlin'

print(name, 'wohnt in', wohnort)

print(name + ' wohnt in ' + wohnort)
```

Die Code-Beispiele oben sind noch halbwegs lesbar. Beachten Sie, an welcher Stelle Kommas und wo Leerzeichen stehen, sonst entsteht wieder unbeabsichtigtes Buchstabenchaos.

Die alternative Ausgabe mit Prozentzeichen im String ist in Python möglich, wird aber selbst in der offiziellen Dokumentation nicht empfohlen. Grund dafür ist nicht nur die schlechte Lesbarkeit, sondern auch die Tatsache, dass mit dieser Methode die Datentypen *Tuple* und *Dictionary* nicht ausgegeben werden können:

Print-Formatierung / Ausgabe mit Prozentzeichen

```
print('%s wohnt in %s' % ("name", "wohnort"))
```

Das ist nicht die optimale Lösung. Viel besser werden Lesbarkeit und Struktur von Print-Befehlen, wenn Sie einem String den Buchstaben f voranstellen und die Variablen von geschweiften Klammern umgeben direkt in den String an der Stelle einfügen, wo er angezeigt werden soll. Dabei wird auch deutlich, warum beim Programmieren unbedingt *sprechende* Variablennamen benutzt werden sollten:

Ausgabe mit Hilfe einfacher F-Strings

```
name = 'Werner'
wohnort = 'Berlin'

print(f'{name} wohnt in {wohnort}')
```

Zwischen den geschweiften Klammern können auch komplexe Ausdrücke und Berechnungen eingetragen werden – genauso wie beim normalen Print-Befehl auch:

Komplexe Ausdrücke in F-Strings

```
print(2 * 2 * 2)

print(f'2 * 2 * 2 = {2 * 2 * 2}')
```

Diese Art der Ausgabe basiert auf der Weiterentwicklung der Prozentzeichen-Syntax ab Python 2.6 mit Hilfe der `str.format()`-Methode. Oben wurde bisher nur die kompakte und eigentlich verkürzte Syntax eines so genannten F-Strings benutzt. Vollständig ausprogrammiert sieht der Einsatz dann so aus, wobei diese Darstellung wiederum deutlich schlechter zu lesen und auf den ersten Blick zu verstehen ist:

Vollständige String-Format-Methode

```
print('{} wohnt in {}'.format(name, wohnort))

# oder mit Indizes (Achtung: verdrehte Variablen!)
print('{1} wohnt in {0}'.format(wohnort, name))
```

Nicht verwirren lassen: Wenn hinter der Zeichenkette format steht, muss dem String kein f vorangestellt werden (und umgekehrt)! Auch wenn der Print-Befehl mit dem Anhang kompliziert aussieht, bietet diese Schreibweise zusätzlich die Möglichkeit, Inhalte dynamisch zuzuweisen:

Inhalte als Argumente in F-Strings

```
vorname = 'Werner'
ort = 'Berlin'

print(
    '{name} wohnt in {wohnort}'
    .format(name = vorname, wohnort = ort)
)
```

Besonders praktisch wird dies, wenn Daten aus komplexeren Datentypen angezeigt werden müssen: Zum Beispiel können Dictionaries mit der F-String-Methode ganz einfach ausgegeben werden, ohne Massen von eckigen Klammern tippen zu müssen:

Ausgabe von Dictionaries

```
person = {
    'Name'  : 'Werner',
    'Ort'   : 'Berlin',
    'Alter' : 33,
}
```

```
print(
    '{name} wohnt in {ort} und ist {alter}
    Jahre alt.'.format(**person)
)

# anstelle von:
# print(f'{person['name']} wohnt in...')
# funktioniert erst ab Python 3.12
```

Die zwei Sterne (**) innerhalb des format-Aufrufs kennen Sie vielleicht bereits von Schlüsselwort-Argument-Reihen beim Erstellen einer Funktion mit flexibler Anzahl von Argumenten (Stichwort: *args, **kwargs, auch weiter unten zu finden im Kapitel *"Mein flexibler Freund: Attribute dynamisch vergeben"*).

Die letzte (auskommentierte) Lösung sieht beim Betrachten logisch richtig und sinnvoll aus, wurde jedoch in dieser Form von den Python-Programmierern erst in einer der neuesten Versionen (3.12) umgesetzt. Für ältere Versionen müssten entweder die inneren oder die äußeren Anführungszeichen geändert werden.

Bei langen Zeichenketten helfen manchmal auch diese Methoden nicht, die Befehle übersichtlich zu halten. Dann sollte eher ein knapper Ausgabestil benutzt und auf viele kurze Zeilen verteilt werden.

DIGITALES STRETCHING: MEHRZEILIGE DICTIONARIES

Reine Verschwendung? Anfänger (und Programmierer mit kleinen Bildschirmen) wundern sich manchmal, warum in Python bei der Definition von Dictionaries so viel Platz verschwendet wird, indem jedes Schlüssel-Wert-Paar in einer eigenen Zeile steht, statt eine besonders lange Reihe zu füllen.

Sie erinnern sich an die maximale Länge von 80 Zeichen pro Zeile in Python? Aber für die vertikale Verteilung gibt es zwei weitere, wirklich gute Gründe. Schauen wir uns zunächst an, wie so eine Definition im Code aussehen könnte:

Zwei Vorteile vielzeiliger Strukturen

```
monat = {
    1 : 'Januar',
#   2 : 'Februar', # schnell deaktiviert
    3 : 'März',    # Komma hinter letztem Eintrag
#   Hier einfach erweitern!
}
```

Diese Schreibweise erleichtert nicht nur das Lesen, sondern vor allem das Bearbeiten des Inhalts: Jeder Eintrag im Dictionary kann zielgenau mit einem Doppelkreuz auskommentiert werden, ohne in weiteren Zeilen oder dahinter herumwerkeln zu müssen.

Zum guten Python-Stil gehört es deswegen auch, hinter den letzten Eintrag ein Komma zu setzen und die geschlossene Klammer in der folgenden Zeile zu platzieren.

So müssen Sie beim Erweitern des Dictionaries einfach nur eine weitere Zeile zwischen dem letzten Eintrag und der Klammer einfügen. Alles andere ist sofort am richtigen Platz und sowohl die Tipparbeit als auch längere und umständliche Manöver mit den Cursortasten oder der Maus entfallen.

DIE ZEILEN-BRECHSTANGE: BACKSLASH

Viel in wenige Zeilen zu quetschen, ist ganz und gar nicht Python-Kultur. Ein Code-Editor kennt – anders als die Textverarbeitung – keinen Zeilenumbruch, sondern verlängert weit über das Sichtfeld des Programmierers hinaus. Und alles, was über die Ränder des Bildschirms herausragt, macht das Lesen mühevoll.

Der Python-Style-Guide empfiehlt eine maximale Zeilenlänge von 79 Zeichen. Finden Sie unbedingt heraus, ob Ihr Code-Editor die Einstellung von horizontalen und vertikalen Linealen unterstützt und aktivieren Sie unbedingt dieses Feature! Wenn Sie einen großen Bildschirm haben, muss ja nicht unbedingt bei 79 Schluss sein.

Aber werden Sie nicht sehr viel länger, denn in vielen Fällen können endlose Syntax-Ketten über mehrere Zeilen verteilt werden, zum Beispiel, indem Elemente durch Kommas getrennt werden:

Lange Zeilen auf mehrere Zeilen verteilen

```python
wert = 'Hallo!'

print(
    wert,
    wert,
    wert,
)
```

Das funktioniert aber (leider) nicht immer und bei allen Befehlen so gut wie in dem Beispiel oben! Wenn die Zeile sich weigert, durch einen Zeilenumbruch getrennt zu werden, dann ist der Backslash (\) das letzte Mittel, um das Herausragen nach rechts zu vermeiden:

Erzwungener Zeilenumbruch mit Backslash

```
wert = 'hallo'

ergebnis = wert + wert \
    + wert + wert
```

Besonders gut lesbar ist diese Lösung nicht. Sie sollte deswegen nur knapp dosiert oder (eigentlich) in der Praxis gar nicht benutzt werden. Es ist – wie bereits erwähnt – das letzte Mittel, wenn nichts anderes mehr machbar ist.

Eine bessere Möglichkeit ist manchmal und wenn möglich die Zerlegung des Codes und der Einsatz von Zwischenergebnissen. Auch wenn damit zusätzliche Variablen erzeugt werden, so können diese den Code in bestimmten Fällen trotzdem besser lesbar machen:

Code mit Zwischenergebnissen entzerren

```
wert = 'hallo'

# Einzeilige Lösung:

ergebnis = (((wert + ' ') * 3) \
        + ((wert + ' ') * 3)) \
        * ( 6 + 5 - 4)


# Lösung mit Teilergebnis:

teil = (wert + ' ') * 3
ergebnis = (teil + teil) * (6 + 5 - 4)
```

Und wer es ganz exotisch mag, kann bei Zeichenketten zu einer Methode greifen, die fast wie ein Fehler aussieht: Etwas unkonventionell ist die eher unbekannte Schreibweise mehrzeiliger Strings als set ohne Trennung durch Kommata. Beachten Sie dabei, dass dabei eine einzige Zeile ohne Zeilenumbrüche ausgegeben wird (und die Leerzeichen am Ende der Zwischenzeilen nicht vergessen):

Unkonventionelle Trennung langer Zeichenketten

```
t = ("Das ist ein "
     "langer String "
     "mit einzeiliger Ausgabe."
     )

print(t)
```

BLEIBEN ODER GEHEN: ZEILENWECHSEL NACH DEM PRINT-BEFEHL

Jeder Print-Befehl gibt seinen Inhalt in einer neuen Zeile aus. Genauer gesagt ergänzt Python jede Ausgabe um ein unsichtbares Zeichen, das den Zeilenwechsel auslöst. Sie können auch innerhalb eines Strings Zeilenwechsel selbst einfügen mit der Zeichenkombination \n am Ende oder irgendwo mitten im Text.

Aber dieser automatische Zeilensprung kann ebenfalls problemlos unterdrückt werden, indem als letztes Argument angegeben wird, welches letzte Zeichen am Ende ausgegeben werden soll, statt eine neue Zeile zu beginnen:

Mehrere Print-Befehle in der gleichen Zeile

```
TicTacToe = [
    [0, 0, 1],
    [1, 1, 0],
    [1, 0, 1],
]

for zeile in TicTacToe:

    for feld in zeile:

        if feld == 0:
            print('O', end = ' ')
            # Leerzeichen statt Zeilenwechsel
```

```
    else:
        print('X', end = ' ')

    print()  # Zeilenwechsel am Ende der Zeile
```

Was beim schnellen Ablauf der Ausgabe nicht erkennbar ist: Die Zeile wird erst angezeigt, wenn die Reihe der Print-Befehle durch einen Zeilenwechsel beendet wird. Liegen zwischen den Print-Befehlen zeitaufwendige Code-Blöcke, dann wird die Verzögerung sichtbar.

Die simulierte Statusanzeige im Beispiel unten funktioniert nicht, wie der Programmierer es wahrscheinlich erwartet. Die Punkte werden nicht einzeln nach jedem Durchlauf der Schleife angezeigt, sondern erst, wenn das Programm beendet ist, wird im Terminal die vollständige Zeile auf einmal, komplett und an einem Stück ausgegeben.

Statusbalken mit Print-Befehlen
(funktioniert nicht wie erwartet!)

```
import time

for zaehler in range(0, 10):
    print('.', end = '')
    time.sleep(1)
```

Aber der Statusbalken im Terminal ist trotzdem machbar: Mit dem Argument `flush` werden die Zeichen im Print-Befehl sofort ausgegeben und nicht erst im Hintergrund-Puffer gesammelt, bis die Zeile voll ist und offiziell mit einem Zeilenumbruch beendet wird.

Dafür muss der Print-Befehl allerdings um ein zusätzliches Argument erweitert werden. Das ist gerade bei Programmen ein sehr nützliches Feature, wo eine Minimal-Ausgabe in Form von Statusbalken erforderlich ist.

Unmittelbare Ausgabe des Print-Befehls

```
print('.', end = '', flush = True)
```

Wie oben bereits beschrieben, können umgekehrt mit der Zeichenfolge \n Zeilenwechsel innerhalb eines einzigen Print-Befehls erzwungen werden, wobei die Lesbarkeit des Codes damit ziemlich leidet, weil nach dem Steuerbefehl eingefügte Leerzeichen den nachfolgenden String einrücken würden.

So klebt die Befehlsfolge immer dicht an anderen Wörtern und was bei der Ausgabe gut funktioniert, stört beim Lesen des Codes. Das Beispiel ist fast schon literarisch...

Erzwungene Zeilenwechsel mit Backslash-N

```
print('Das \nist \nein \nTest!')
```

Trotzdem werden manuelle Umbrüche in der Programmier-Praxis durchaus genutzt: Wer häufig Daten in Textdateien schreibt, kennt diese Art Zeilenumbrüche zu erzeugen, und man neigt dazu, dies auch in normalen Print-Befehlen zu verwenden. *Aber bitte:* Nur anschauen, aber nicht unbedingt (nach)machen!

ABSTAND HALTEN: PRINT MIT EIGENEN TRENNZEICHEN

Das Komma im Print-Befehl sorgt automatisch für Abstand zwischen den Argumenten. Aber auch das kann in Python vom Programmierer zielgenau gesteuert werden: Ähnlich wie beim Unterdrücken des Zeilenumbruchs, jedoch mit einem weiteren (und letzten möglichen) Parameter am Ende des Print-Befehls neben `end` und `flush`.

Print mit Sep-Parameter

```
print(1, 2, 3, 4, sep = '/')
```

Und natürlich lassen sich die Parameter `sep` und `end` (aus dem vorigen Kapitel) auch kombinieren, falls gleiche oder gar unterschiedliche Zeichen am Ende der Zeile benötigt werden:

Print mit Sep- und End-Parameter

```
print(1, 2, 3, 4, sep = '/', end = '/')
print(5)
# Ausgabe: 1/2/3/4/5
```

Kleine Ergänzung: Wenn Sie Werte durch spezielle Zeichen getrennt voneinander ausgeben wollen, gibt es in Python noch den Befehl join. Damit lassen sich Zeichenketten (und auch Listen) ebenfalls effizient zusammenführen: "/".join("1", "2", "3", "4", "5").

Aber wie Sie bereits sehen, ist dies für das Beispiel oben weniger geeignet, weil die Zahlen zuerst in Strings umgewandelt werden müssten (ein weiterer Arbeitsschritt).

Nur für den Fall, dass Sie bereits neugierig sind, wie das in Python umgesetzt werden kann, sehen Sie unten den passenden Code – aber im Moment nur zur Inspiration, mit den Details werden wir uns später beschäftigen:

Zahlenreihen mit join in Strings umwandeln

```
t = "/".join(
    [str(x) for x in range(1, 6)]
)

print(t)
# Ausgabe: 1/2/3/4/5
```

Mit end, sep und flush kennen Sie alle Erweiterungen des Print-Befehls in Python, für eine wohl geordnete und übersichtliche Ausgabe im Terminal (und auch in Textdateien). Im nächsten Kapitel werden Sie lernen, wie der Print-Befehl noch besser genutzt und eingesetzt werden kann.

EINFACH UND/ODER DOPPELT – "ANFÜHRUNGSZEICHEN"

Eigentlich ist es in Python egal, ob Strings mit einfachen oder doppelten Anführungszeichen begrenzt werden. Es sei denn, diese Zeichen sollen ausgegeben werden oder sie werden zum Beispiel für andere Anwendungen benötigt, zum Beispiel bei Abfragen von Datenbanken, bei denen nach bestimmten Wörtern gesucht wird, oder bei der Generierung von HTML-Code für Webserver-Anwendungen im Internet.

Wenn Sie Anführungszeichen direkt in den String schreiben wollen, dann gilt: Entweder das eine oder das andere Zeichen dient der Markierung des Strings (vorne und hinten), während die jeweils anderen Zeichen im Innern verwendet werden können und angezeigt oder ausgegeben werden. Also einfache Striche außen, doppelte Anführungszeichen innen – und umgekehrt:

Anführungszeichen ausgeben

print('Ich sagte "Hallo!"')

print("Einfach 'eingestrichen'.")

Was im täglichen Gebrauch kaum eine Rolle spielt, kann aber bereits bei Abfragen von SQLite- oder SQL-Datenbanken zu Fehlern führen, weil diese oft Anführungsstriche enthalten. Hier ein Beispiel, bei dem genau darauf geachtet werden sollte, dass vorne und hinten die richtigen Zeichen stehen:

SQLite-Abfrage mit Anführungszeichen

```
query = "SELECT * FROM table WHERE
         name LIKE'%Test%';"
```

Eine elegantere Lösung ist auch hier wieder der Einsatz von F-Strings (siehe oben). Allerdings steigt dabei die Anzahl der Zeichen und auch die Übersichtlichkeit bleibt ein wenig auf der Strecke:

Anführungszeichen mit F-Strings

```
einfach = "'"
doppelt = '"'

print(f"{einfach}oder{doppelt}")
```

Wer auf Nummer sicher gehen will oder eine Mischung aus beiden Typen von Anführungszeichen verwenden möchte, begrenzt Strings vorne und hinten mit dreifachen Anführungszeichen. Dazwischen ist dann quasi alles (auch Zeilenumbrüche) erlaubt:

Strings mit dreifachen Anführungszeichen

```
t = """
    '"'"'
    Das "ist" ein 'Test'!
    "'"'"
    """

print(t)
```

Achten Sie darauf, dass Sie bei so komplexen (und nicht besonders schönen) Ausdrücken nicht den Überblick verlieren. Besonders die Einrückungen (Tabulatoren oder Leerzeichen), die viele Editoren automatisch produzieren, werden ebenfalls bei der Ausgabe angezeigt. Wenn das vermieden werden soll, muss meistens das ansehnliche Layout des Codes zerstört werden.

RAUS IM GROSSEN STIL

Kommentare sind wichtig, um Code verständlich zu machen – entweder für andere oder für den Programmierer selbst, wenn er sich später besser erinnern will, was er damals auf dem Bildschirm zusammen geschrieben hat. Entweder werden ganze Zeilen für eine Bemerkung benutzt oder nur das Ende einer Zeile:

Einfache Kommentare

```
# Wichtig:
print("Hallo!")   # wichtig
```

Aber der Hashtag (#) wird auch häufig beim Schreiben und Testen des Codes benutzt, um bestimmte Teile des Programms zeitweise zu aktivieren oder zu deaktivieren.

Wenn größere Mengen von Code aus dem Ablauf herausgenommen werden sollen, bieten viele IDEs mittlerweile Tastenkombinationen dafür an: Mehrere markierte Zeilen können zum Beispiel über [Strg] + [#] auskommentiert oder wieder in lauffähigen Code verwandelt werden.

Wenn die Entwicklungsumgebung das nicht bietet, können auch Block-Kommentare gesetzt werden. Dazu werden dreifache Anführungszeichen an den Anfang und das Ende gesetzt. Keine besonders schöne Lösung, aber durchaus nützlich, um einen größeren Abschnitt zeitweise außer Gefecht zu setzen:

Auskommentieren mit """

```
print(1)

"""
Das hier
wird nicht
ausgeführt!
print(2)
"""

print(3)
```

BUNT + PRINT = BRINT

Zahlreich farbreich: Mit Hilfe von Ansi-Escape-Sequenzen (weit weniger kompliziert als es klingt) kann die Ausgabe von Text im Terminal farbig gestaltet werden. Aber beachten Sie, dass je nach Betriebssystem und Terminal-Software diese Befehle nicht oder nicht richtig funktionieren. Wobei vieles davon zumindest auf den populären Systemen (Windows, Apple und vieles in Linux) weitgehend gleich und richtig dargestellt wird.

Sollten Sie eine knallbunte Skin in Ihrer IDE (zum Beispiel bei VSC) benutzen, dann können die Ansi-Befehle die Farbenpracht aber nicht unbedingt überschreiben.

Terminal-Text in rot

```
print('\033[91mrot')
```

Der Befehl tut, was er soll, ist aber nicht besonders gut programmiert: Einerseits ist die Zeichenkette durch die Kommando-Sequenz nicht gut lesbar, andererseits bleibt die Ausgabe jedes folgenden Print-Befehls in der gleichen Farbe.

Die Darstellung im Terminal kehrt nicht freiwillig zum langweiligen Grau zurück, sondern macht genauso weiter, bis der nächste Farb-Befehl erteilt wird. Um beides besser zu machen, sollte zum Beispiel eine neue Print-Funktion geschrieben werden. Kreativer Vorschlag: `brint` als Mischung aus *"bunt"* und *"print"*:

Funktion für farbige Ausgaben im Terminal

```python
def brint(farbe, *string):

    farben = {
        'rot'  : '\033[91m',
        'grün' : '\033[92m',
        # hier weitere Farben eintragen
    }

    farbe = farben[farbe]

    reset = '\033[00m'

    ausgabe = ''

    for teil in string:

        Ausgabe += str(teil) + ' '

    print(f'{farbe}{ausgabe}{reset}')


brint('rot', 'Test', 2 * 2, 2 == 1)
```

Neben weiteren Textfarben kann auch der Hintergrund recht einfach eingefärbt werden und es gibt darüber hinaus viele weitere Text-Effekte, sogar Cursorbewegungen sind möglich im sonst eher störrisch-statischen Terminalfenster.

Es gibt zahlreiche Bibliotheken, mit denen ganze Benutzeroberflächen im Terminal dargestellt werden können. Listen für alle Basis-Codes, die unabhängig von Python funktionieren, finden Sie am besten über eine Suchmaschine mit den Stichwörtern (auch weil Sie dort – im Gegensatz zu hier – alles in wunderbare kräftigen Farben betrachten können):

"ANSI Escape Sequences"

Aber spießig-schlichte Terminalfenster sind scheinbar im Trend: Mittlerweile taucht immer häufiger ein neuer Begriff für diese Art von Halb-Grafikoberflächen auf: TUI (*Terminal User Interfaces*) – nicht verwechseln mit dem bekannten deutschen Reiseanbieter. Am Ende des Betriebssystems Microsoft DOS und kurz vor der Erfindung von Microsoft Windows gab es tatsächlich Programme mit solchen text-grafik / grafik-text Oberflächen (suchen Sie im Internet zum Beispiel nach `Borland Turbo Pascal 7` mit Menüs im Retro-Klotz-Design).

Drei umfangreiche Bibliotheken, mit denen in diesem Zwischenraum in der Lücke zwischen reinem Text und echter Grafikoberfläche professionell programmiert werden kann, sind zum Beispiel:

- **pytermgui:** Ermöglicht sogar den Einsatz von Fenstern im Terminal, die mit der Maus verschoben werden können. Die Syntax ist einfach, aber die Entwickler haben bisher noch keine Dokumentation erstellt, weil es sich um eine recht neue Bibliothek handelt. Trotzdem bleibt die Frage, ob dann nicht gleich eine richtige grafische Oberfläche sinnvoller wäre – aber manche Programmierer finden es einfach schick, ein paar Jahrzehnte zurück in der Zeit zu reisen! Webseite: https://github.com/bczsalba/pytermgui

- **urwid:** Ein populäres Schwergewicht, mit dem allerdings nicht auf die Schnelle eine rustikale Terminalausgabe aufgehübscht werden kann. Hier ist intensives Einarbeiten gefordert, um erste, einfache Programme zum Laufen zu bekommen, weil die Bibliothek zur Darstellung eine Event-Loop benutzt, die auch oft bei grafischen Oberflächen zum Einsatz kommt. Webseite: https://github.com/urwid/urwid oder http://urwid.org/

- **prompt_toolkit:** Von buntem Text bis zu kompletten Vollbild-Anwendungen reicht das Fähigkeits-Spektrum dieser Bibliothek. Und das bei recht einfacher Syntax (unten sehen Sie ein Code-Beispiel und das ausgeführte Ergebnis) – eine ganz klare Empfehlung, wenn Sie in das Thema einsteigen wollen. Webseite: https://github.com/prompt-toolkit/ python-prompt-toolkit

prompt_toolkit TUI in Aktion

```
from prompt_toolkit.shortcuts import input_dialog

test_fester = input_dialog(
    title = 'Eingabe erforderlich',
    text  = 'Bitte geben Sie Ihren Namen ein:',
).run()
```

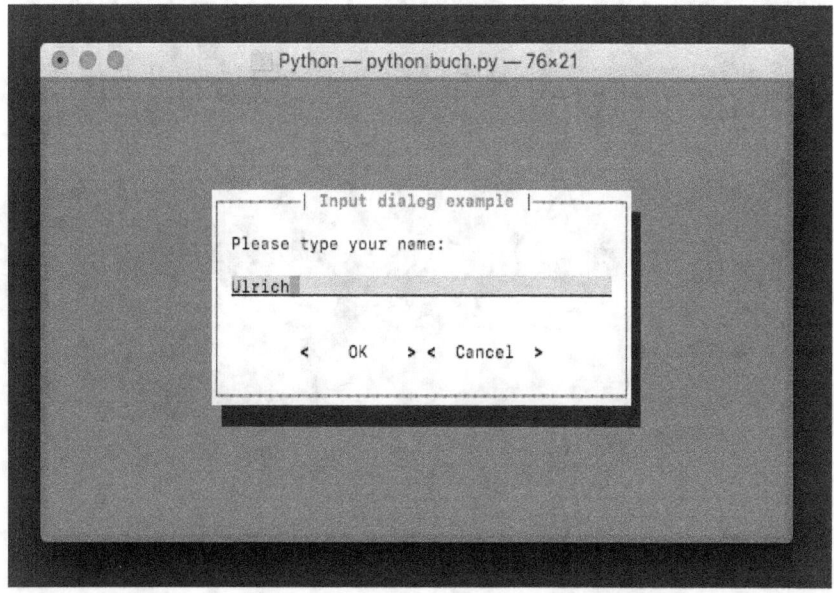

Die Terminal-Umgebung übt heute wieder einen gewissen Reiz auch auf junge Programmierer aus, weil sie so anders als die üblichen, glatten und langweiligen Fenster-Anwendungen ist. Besonders im coolen Schwarz mit grünem Text ähnelt es dem, was Kinobesucher auf den Bildschirmen der Hollywood-Hacker bewundern können.

Und auch wenn das Beispiel oben scheinbar eine einfache Lösung für ein gutes User-Interface darstellt: Schauen Sie sich weiter unten die Bibliothek *PySimpleGUI* an.

Damit können auch auf der Desktop-Oberfläche genauso einfach tolle Schnittstellen zum Benutzer programmiert werden, die von professionellen Programmen nicht mehr zu unterscheiden sind.

ZIFFERN-TRENNUNG – BESSER LESBARE ZAHLEN 1

Eine Studie hat herausgefunden, dass Berufsprogrammierer im Schnitt etwa zehn Zeilen Code lesen müssen, um eine Zeile Code schreiben zu können. Die Lesbarkeit eines Programms gehört damit zu den wichtigsten Eigenschaften, die ein Programmierer beherrschen sollte (funktionieren sollte die Software natürlich auch).

Python ist eine Sprache, die einen aufgeräumten und gut lesbaren Code durch viele Features unterstützt – auch wenn Einrückungen der Code-Blöcke immer wieder heftig kritisiert werden.

Weitgehend unbekannt ist ein kleiner, feiner Kniff mit einem Zeichen, dass bei der Ausführung eines Programms ignoriert wird, aber im Code ziemlich auffällt: Bei großen Zahlen kann der Unterstrich _ als Trennzeichen eingesetzt werden (während Leerzeichen, Punkte und Kommas innerhalb von Ziffernfolgen nicht funktionieren).

Klingt und ist zwar wenig spektakulär, aber verbessert das Lesen großer Zahlen ohne großen Aufwand.

Trennzeichen für Zahlen

```
zahl = 1_000_000

zahl = 1 000 000
zahl = 1.000.000
zahl = 1,000,000
# funktioniert nicht!
```

Trotzdem kann der Unterstrich falsch gesetzt werden, ohne dass der Compiler Einspruch dagegen erhebt, denn das Einsetzen des Zeichens an der richtigen Position innerhalb der Zahl muss immer noch das Gehirn des Programmierers zusammen mit den Fingern auf der Tastatur erledigen:

Trennzeichen falsch gesetzt

```
zahl = 1_0000_00

# funktioniert, obwohl logisch
# und optisch falsch!
```

MIT FORMAT: BESSER LESBARE ZAHLEN 2

Während der Unterstrich innerhalb des Codes eine simple Methode zur Verbesserung der Lesbarkeit ist, bietet Python bei der Ausgabe von Zahlen noch mehr Möglichkeiten: Mit den so genannten F-Strings, die bereits vorgestellt wurden, lassen sich auch Zahlen im Terminal einfach ansehnlich darstellen, ohne diese aufwendig konvertieren oder runden zu müssen.

Schauen Sie sich in Foren um, wie viele Programmier-Anfänger auch in anderen Sprachen versuchen, Zahlen auf eine bestimmte Anzahl von Stellen nach dem Komma für die Ausgabe zu runden und sich mit `round()`, `format()` und `ceil()` herum quälen. Obwohl eigentlich die Zahl im Originalzustand erhalten werden und nur für die Anzeige auf dem Bildschirm etwas getrimmt werden sollte.

Genau dafür können die F-Strings und die mächtige Syntax darin benutzt werden. Hier ein paar Beispiele, die auf den ersten Blick nicht so einfach aussehen, aber hervorragend funktionieren:

Formatierte Ausgabe von Zahlen mit F-Strings

```
zahl = 11222.575222

# zwei Nachkommastellen:
print(f'{zahl:.2f}')
# Ausgabe: 11222.58
```

```
# Tausender Trennzeichen:
print(f'{zahl:,f}')
# Ausgabe: 11,222.575222

# Tausender-Trennzeichen und 3 Nachkommastellen:
print(f'{zahl:,.3f}')
# Ausgabe: 11,222.575
```

Lassen Sie sich von der – auf den ersten Blick – kryptischen Schreibweise nicht einschüchtern, denn diese ist (wie viele andere Python-Funktionen) schnell erklärt und leicht verstanden:

- Vor dem String muss ein f stehen (das Signal für Python, dass es sich um eine Zeichenkette mit Formatangaben – kurz F-String – handelt).

- Variablen und Ausdrücke (zum Beispiel Zahl * 2) stehen in geschweiften Klammern, sofern sie nicht nur ausgegeben, sondern auch berechnet werden sollen.

- Danach steht – um die Zahl in Form zu bringen – ein Doppelpunkt, gefolgt von den gewünschten Format-Anweisungen, wobei ein Komma für Tausender-Trennzeichen steht und nach dem Punkt die Anzahl der anzuzeigenden Stellen angegeben wird, gefolgt von einem f (in diesem Fall nicht die Abkürzung für Format, sondern für *Float*, also eine Zahl mit Nachkommastellen). Komma und Punkt können jeweils auch weggelassen bzw. miteinander kombiniert werden.

- Am Schluss folgt eine schließende geschweifte Klammer und der String kann mit normalen Zeichen oder einem weiteren Format-Ausdruck wie gewohnt fortgesetzt werden.

Und das ist nur ein kleiner Teil, wie Zahlen und andere Daten in F-Strings formatiert werden können. In der Dokumentation von Python wird die so genannte *Format String Syntax* als eigenständige Mini-Programmiersprache bezeichnet – ein kleiner Sprachen-Ableger vergleichbar mit *Regex* oder *SQLite*, den Sie als fortgeschrittener Programmierer zumindest grob beherrschen sollten (wie die anderen beiden auch).

Über weitere Sprachen, die eine gute Ergänzung zu Python darstellen, erfahren Sie mehr am Ende dieses Buchs.

Wenn Sie tiefer in die F-String-Formatierung einsteigen wollen, dann folgen Sie diesem Link (auf Englisch) zur offiziellen Python-Dokumentation zu dem Thema:

https://docs.python.org/3/library/string.html#format-string-syntax

AUFSCHLAG WIE IN C GEHT, GEHT ABER NICHT!

Variablen um eins zu erhöhen, das ist Standard in Programmiersprachen. Vermutlich wird kaum ein Befehl häufiger programmiert als das klassische "plus eins". Die Sprache C++ trägt dieses Kommando sogar im Namen (++), weil es sich dabei um eine Erweiterung (Fachbegriff: Obermenge) der Sprache C handelt.

Umsteiger aus C (C#/C++) müssen in Python aufpassen, denn das Addieren von eins auf den aktuellen Variablenwert wird in der anderen Sprache mit dem Doppelplus erledigt (Syntax: ++[Variable]) oder analog dazu mit zwei Minuszeichen reduziert.

Jetzt verlassen wir kurz den offiziellen Befehlssatz von Python: Der oben beschriebene C-Befehl wird vom Python-Compiler tatsächlich fehlerfrei abgearbeitet, führt aber nicht zum gewünschten, beziehungsweise erwarteten Ergebnis. Aber sehen (und probieren) Sie selbst:

++ und -- in Python

```
zahl = 1

print(++zahl)
# Ausgabe: 1

print(--zahl)
# Ausgabe: 1
```

Was steckt dahinter? Python interpretiert die beiden Zeichen vor der Variablen als mathematische Vorzeichen – und damit anders und nicht als Kommando wie in der Sprache C.

In Python gehören die doppelten Vorzeichen zum Zahlenwert. Beim zweiten Beispiel können Sie das Ergebnis verstehen, wenn Sie sich vorstellen, dass eine negative Zahl mit minus eins multipliziert wird. Mathematisch zerlegt rechnet Python Folgendes für die beiden Fälle oben:

$$(+1) * (+1) * zahl = 1$$

$$(-1) * (-1) * zahl = 1$$

Und wieder zurück zu den richtigen, vorhandenen und nützlichen Befehlen: In Python wird das Aufaddieren und Subtrahieren anders geschrieben. Beachten Sie dabei, dass Python eine dynamische Sprache ist, solche Befehle also tatsächlich nicht nur mit Zahlen funktionieren:

Aufaddieren und Abziehen in Python

```
zahl = 1

zahl += 1

zahl -= 1


# funktioniert auch mit anderen Werten und Variablen-Typen:

text = "Hallo"

text += ", Du!"

print(text)
# Ausgabe: Hallo, Du!
```

DURCHGEZÄHLT: NUMMERIERUNG IN SCHLEIFEN

Beim Durchgehen einer Liste wird in vielen Fällen sowohl der Index (also die Position innerhalb der Liste) als auch der Inhalt benötigt, obwohl Python-typisch eher der Lauf über die reinen Inhalte ist. Das hat allerdings den Nachteil, dass bei dieser Vorgehensweise die Inhalte der Liste nicht verändert werden können. Schauen Sie sich das Beispiel unten an:

Inhalte von Listen verändern (funktioniert nicht):

```
liste = [1, 2, 3, 4]

for item in liste:
    if item % 2==0:
        item += 10

print(liste)
# Ausgabe: [1, 2, 3, 4]
```

Naheliegend ist, die Schleife so zu belassen und mit Hilfe der Index-Funktion die jeweilige Position des Inhalts zu ermitteln. Das hat allerdings seine Grenzen, wenn sich Inhalte in einer Liste wiederholen. Schauen Sie sich die Ausgabe des Beispiels unten genau an:

Positionen mit Index-Funktion ermitteln (funktioniert nicht)

```python
liste = ["a", "b", "a", "b"]

for item in liste:
    position = liste.index(item)
    print("Position:", position)

# Ausgabe:
# Position: 0
# Position: 1
# Position: 0
# Position: 1
```

Statt über Inhalte zu iterieren, kann die Schleife ganz einfach über alle Positionen der Liste laufen gelassen werden: Wie in vielen anderen Sprachen auch, wird eine Index-Schleife über die Länge der gesamten Liste programmiert (durchnummeriert vom ersten bis zum letzten Element).

Schauen Sie sich die zweite Variante unten genauer an, weil diese eine einfach Lösung ist, bei der die ursprüngliche Form der Schleife beibehalten werden kann:

Schleife mit Index oder Inhalt

```python
liste = ['Eins', 'Zwei', 'Drei']

# Lösungsmethode 1 mit range und len:
for index in range(len(liste)):
    print(index, liste[index])

# Lösungsmethode 2 mit Zähler-Variable:
index = 0
for wort in liste:
    print(index, wort)
    index += 1
```

Von beiden Lösungen sollte der Python-Profi jedoch Abstand halten, denn diese Sprache hat dafür eine fest eingebaute, weit bessere Lösung. Mit Hilfe des Enumerate-Befehls können Schleifen mit Inhalt und Index viel einfacher umgesetzt werden:

Schleife mit Enumerate

```
for index, wort in enumerate(liste):
    print(index, wort)
```

SAURE GURKEN: LADEN & SPEICHERN VON DATEN

Pickle ist ein Python-eigenes Datenformat und der Name stammt tatsächlich vom *Gemüse-Einlegen* (Englisch: *"to pickle"* / bekannter Party-Snack in den 70er Jahren: *Mixed Pickles*).

Trotz der ungewöhnlichen Bezeichnung kann mit dieser Bibliothek so ziemlich jede Art von Daten mit einem einzeiligen Befehl blitzschnell auf dem Datenträger gespeichert werden:

Daten speichern und laden mit dem Pickle-Modul

```
import pickle

daten = [1, 2, 3]

# Speichern
pickle.dump(daten, open('test.dat', 'wb'))

# Laden
daten = pickle.load(open('test.dat', 'rb'))
```

Aber bitte nicht jede Variable in eine eigene Datei abspeichern. Wer mehr Daten pro File unterbringen will, kann einfach alles in einer Liste zusammenpacken, bevor Pickle aufgerufen wird. Besonders komfortabel ist hier der Stern im Funktions-Argument, der eine beliebige Anzahl von Eingabewerten zulässt (darüber werden Sie weiter unten im Buch noch mehr erfahren):

Mehrere Variablen mit Pickle in eine Datei speichern

```
import pickle

def save(filename, *args):
    daten = list(args)
    pickle.dump(daten, open('test.dat', 'wb'))

a = 123
b = "Test"
c = [1, 2, 3]

save("test.dat", a, b, c)
```

So kompakt und unkompliziert diese Methode ist, hat sie – je nach Anwendungsfall – auch ein paar Nachteile: Das Format ist Python-spezifisch und kann nicht von anderen Programmen und Programmiersprachen gelesen werden. Vor- wie Nachteil ist außerdem, dass der Inhalt der Dateien nicht gelesen werden kann. Wird eine Pickle-Datei in einem Text-Editor geöffnet, werden nur kryptische Zeichen angezeigt.

Wenn der Datei-Inhalt lesbar sein soll (wie zum Beispiel bei Logfiles), sollte die Bibliothek nicht verwendet werden. Wer sich allerdings schon einmal mit der Zeichencodierung von Strings herumgeschlagen hat (Stichwort *"UTF-8"* und andere), der findet mit Pickle eine wesentlich unkompliziertere Lösung, die selbst exotische String stabil schreiben und lesen kann.

Achtung: Laden Sie nur Pickle-Dateien, deren Herkunft Sie kennen, da dieses Dateiformat schädlichen Code enthalten kann! Also Gürkchen aus dem Netz oder von fremden USB-Sticks immer mit ganz viel Vorsicht genießen.

WER HAT AN DER UHR GEDREHT? ZEIT MESSEN

Wer wissen will, wie lange ein Python-Programm für bestimmte Abläufe braucht, kann sich einfach die Differenz zwischen Start- und Endzeit anzeigen lassen. Das ist nützlich, um zum Beispiel die Leistungsfähigkeit unterschiedlicher Programmier-Lösungen zu ermitteln. Das klingt bei der heutigen Leistung von Computern ungewöhnlich, wird aber durchaus praktiziert.

Es ist erstaunlich, in wie vielen Forenbeiträgen auch die Laufzeit von Programmier-Lösungen mit angegeben wird. Gerade bei der Verarbeitung großer Mengen von Daten kann eine Millisekunde bei einem einzelnen Befehl einen Riesen-Unterschied bei der Wartezeit machen. Der Code unten gibt die Laufzeit des Programms in Sekunden aus.

Laufzeit von Code ermitteln

```
import time

start = time.time()

print('Wie lange dauert das?')
time.sleep(1)

ende = time.time()

print(ende - start)
```

Nebenbei: Vielleicht ist Ihnen aufgefallen, dass im Terminal ein Sekunden-Wert angezeigt wird, ohne dass irgendetwas konvertiert oder berechnet werden muss. Der Befehl `time.time()` liefert kein kompliziertes Zeitformat mit Stunden, Minuten und Sekunden zurück, sondern eine Dezimalzahl, die den insgesamt vergangenen Sekunden seit dem 1. Januar 1970 um 0:00 Uhr entspricht.

Diese ungewöhnliche Zeitrechnung wird Unixzeit (Englisch: "*epoch time*") genannt und ist ein gutes Beispiel für eine simple, effektive Datenstruktur, die ihren Zweck weit besser erfüllt, als komplexe Uhrzeit und Datumsformate.

Schauen Sie sich zum Vergleich an, wie umfangreich im Gegensatz dazu die Methoden zum Arbeiten mit Datumsangaben (in der `datetime`-Bibliothek) in Python sind.

Besonders, wenn mit Zeitangaben gerechnet werden muss, sind die Sekunden-Angaben (als Ganzzahl oder mit Nachkommastellen) um ein Vielfaches einfacher als Strings mit Datumsangaben, wie Sie im nächsten Kapitel sehen werden – obwohl diese natürlich für ein Gehirn besser zu verarbeiten sind. Aber Mensch und Maschine müssen ja nicht bei allem gleich gut funktionieren.

AUSGERECHNET HEUTE: EINFACHES RECHNEN MIT DATUMSANGABEN

Die Bibliotheken für Zeit- und Datumsangaben (time und datetime) sind umfangreich und teilweise nicht einfach zu bedienen. Besonders schwierig wird es, wenn unterschiedlich formatierte Datumsangaben verarbeitet werden müssen.

Und Berechnungen (zum Beispiel die Anzahl der Tage zwischen zwei Daten) oder das Speichern von Datumsinformationen können schnell zu einer mühevollen Arbeit werden. Um mit Datums- und Zeitangaben vernünftig umzugehen, speichert Python alle erforderlichen Informationen in so genannten Datetime-Objekten, die zwar entsprechende Methoden zur Bearbeitung und Veränderung anbieten, aber wegen ihrer Komplexität eher schwierig zu handhaben sind. Müssen zusätzlich Zeitzonen berücksichtigt werden (Stichwort: "UTC"), sollten Sie sich nach weiteren Bibliotheken zur Unterstützung und Vereinfachung der Arbeit umschauen.

Simple Alternative: Die bereits im letzten Kapitel erwähnte *Unixzeit* verwandelt solche Datetime-Objekte in Float-Variablen oder sogar ins Integer-Format (wenn Sie auf Bruchteile von Sekunden bei den Angaben verzichten können). Jede Berechnung ist damit einfach durchführbar und auch das Speichern und Laden solcher Zahlen macht absolut keine Probleme (im Gegensatz zum Speichern von Objekten oder Teilen davon).

Schauen Sie sich die Befehle zur Verwandlung eines Datetime-Objekts in das epochale Zeitformat und umgekehrt unten an.

Wechsel von Datetime zu Unixzeit und umgekehrt

```
from datetime import datetime


datum_str = '2022-02-27 14:15:16'

# in Datetime-Objekt umwandeln
datum_obj = datetime.strptime(datum_str,
            '%Y-%m-%d %H:%M:%S')

# in Unixzeit umwandeln
sekunden_float = datum_obj.timestamp()

# weitere Vereinfachung (Ganzzahl ohne Kommastellen)
sekunden_int = int(sekunden_float)

# zurück in ein Datetime-Objekt umwandeln
# (nur zur Ausgabe)
datum_obj = datetime.fromtimestamp(sekunden_int)

print(datum_obj)
```

Klare Empfehlung: Innerhalb eines Programms ausschließlich in der Unixzeit arbeiten und Variablen nur zur Ausgabe in ein Datetime-Objekt oder einen Datums-String umwandeln. Und die Rechnung mit diesen Werten ist ebenfalls einfach, solange Sie als Maßstab nicht über die Woche hinausgehen, dann muss nämlich nur durch 60 (Minuten und Stunden) oder danach durch 24 und 7 (für Tage und Wochen) geteilt werden. Sie werden sich viel Aufwand beim Programmieren sparen!

Bei längeren Zeiträumen (Monate, Jahre) kommen Sie um die Verwendung von Datumsobjekten allerdings nicht herum, die dann wiederum mehr Komfort bieten.

Die wechselnde Anzahl von Tagen pro Monat ist schon eine Herausforderung, ganz abgesehen vom Schaltjahr als Kalender-Phänomen mit wechselnder Anzahl von Tagen im Februar.

WERTE WILD ZUWEISEN

Python ist eine dynamische Programmiersprache, die auf viele Regeln und starre Muster anderer Sprachen verzichtet (mit allen Vor- und Nachteilen, die das haben mag). Bereits beim Zuweisen von Werten zu Variablen können Programmierer kreativ sein (undenkbar in C und anderen statisch-typisierten Sprachen).

Hier eine kleine Auswahl, was für ungewöhnliche Zuweisungen in Python möglich sind, die es so in anderen Sprachen gar nicht gibt und die zu ziemlich viel Verwirrung im Code führen können.

Variablen definieren

```
a, b, c = 1, 2, 3
# ergibt: a = 1, b = 2, c = 3

a = b = c = 1
# ergibt: a = 1, b = 1, c = 1

werte = [1, 2, 3]
a, b, c = werte
# ergibt: a = 1, b = 2, c = 3

a, b, c = (x for x in range(3))
# ergibt: a = 0, b = 1, c = 2

a, b = b, a
# vertauscht die Werte
```

Sicherlich können so Zeilen gespart werden, aber wirklich empfehlenswert ist – bis auf das Vertauschen der Werte am Ende der Liste – keine dieser Zuweisungs-Methoden, weil sie den Code schwerer lesbar machen. Stellen Sie sich Zeilen wie oben vor mit längeren Variablennamen und komplexeren Inhaltswerten, damit wäre die Lesbarkeit dann völlig vernichtet.

Allerdings können die Möglichkeiten von oben auch sinnvoll eingesetzt werden. Schauen Sie sich folgendes Beispiel dazu an, wo statt Verwirrung für Ordnung gesorgt wird, wenn ein Werte-Trio auf drei Variablen aufgeteilt werden soll:

Variablen aufschlüsseln

```
koordinaten = (1, 2, 3)

# schlechte Lösung:
x = koordinaten[0]
y = koordinaten[1]
z = koordinaten[2]

# besser:
x, y, z = koordinaten
```

Das Beispiel in der letzten Zeile ist recht gut lesbar, obwohl auf den ersten, schnellen Blick, Form und Inhalt der Variablen koordinaten Fragen aufwerfen könnten.

Allerdings lässt sich so eine Schreibweise auch wieder ins unverständliche Gegenteil verkehren, weil Python auch hier zahlreiche und schwer verständliche Variationen zulässt.

Abschreckende Beispiele dafür können Sie sich weiter unten im Kapitel "Ich entpacke meine Liste – teilweise..." genauer anschauen.

IM LAUFEN GEZEUGT: VARIABLEN IN AUSDRÜCKEN ERSTELLEN

Eine weitere exotische Möglichkeit, Variablen – diesmal an ungewohnten Stellen – zu erzeugen, gibt es in Python ab Version 3.9. Ob Programmierer sich an diese Erweiterung gewöhnen sollten, bleibt der praktische Nutzwert jedoch fraglich, weil damit maximale Verwirrung im Code erzeugt werden kann:

Zuweisungen in Ausdrücken mit :=

```
a = 2
# b = a * 2   (hier unnötig)

if (b := a * 2) == 4:
    print(b, "im IF")

print(b)
```

Diese Art der Zuweisung ist an den Stellen nützlich, wo ein berechnetes Ergebnis gebraucht und wiederverwertet werden soll. Das Beispiel oben könnte konventionell auf zwei Weisen geschrieben werden: Entweder wird die Zuweisung und Berechnung von b ganz vermieden, also im If- und im Print-Befehl a * 2 wiederholt oder b vorher zugewiesen (im Code oben wurde dieser unnötige Befehl in der zweiten Zeile auskommentiert).

Um beides zu vermeiden, kann mit Hilfe von := die Variable im If-Befehl erstellt und nachher weiter verwendet werden. Damit spart der Programmierer eine zusätzliche Zeile. Der besseren Lesbarkeit nützt diese Art der Zuweisung jedoch nicht, weil der If-Befehl schwerer lesbar und die Zuweisung darin versteckt ist.

Dieses Konzept ist wahrscheinlich der Definition von Funktionen entliehen, wo ebenfalls Variablen am Anfang eines Code-Blocks definiert werden. Dort sind diese dann aber nur innerhalb des jeweiligen Abschnitts gültig und verfügbar. Hier bleiben die Variablen auch nach Abschluss der Bedingung erhalten.

UNFERTIG STATT UNRUND: DIE ELLIPSE

Das ... gibt es tatsächlich in der Syntax von Python und wird *Ellipsis* genannt (übersetzt aus dem Wörterbuch: "Auslassung bestimmter Satzteile" – wie in der Schriftsprache auch). Die drei Punkte können in Python den Pass-Befehl ersetzen und dienen damit als Platzhalter für unfertige Teile des Codes:

Ellipsis statt Pass-Befehl

```
def unfertig_1():
    pass

def unfertig_2():
    ...

print(...)
# Ausgabe: Ellipsis

print(... is Ellipsis)
# Ausgabe: True

print(type(...))
# Ausgabe: <class 'ellipsis'>
```

Eigentlich ist die Zeichenfolge nicht als Ersatz für den `Pass`-Befehl vorgesehen, sondern dient in mathematischen Berechnungen mit Matrizen als Platzhalter für eine Zahlenreihe mit undefinierter Menge. Wenn Sie die Bibliothek *numpy* kennen und benutzen, haben Sie dort die drei Punkte vielleicht schon einmal gesehen.

Im täglichen Code sollten Sie die Ellipse allerdings nicht benutzen, da diese unter Python-Programmierern kaum bekannt ist. Um es Programmier-Kollegen und Mitlesern Ihres Codes leicht zu machen, sollten Sie eher beim bekannten `pass` bleiben.

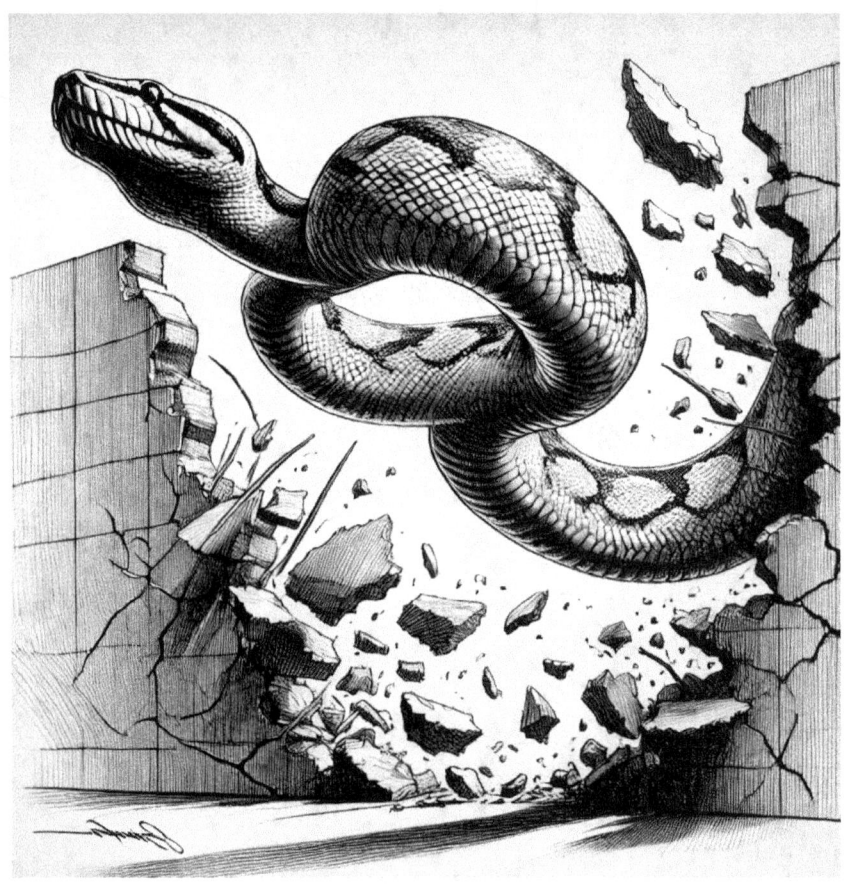

ABKÜRZUNGEN FÜR BIBLIOTHEKEN

Fix und fertige Befehle anderer Programmierer zu nutzen ist eine der ganz großen Stärken von Python. Diese müssen installiert und am Anfang des eigenen Programms importiert werden (mit dem gleichnamigen Befehl).

Zum Aufruf muss dann immer der Name der Bibliothek vor das gewünschte Feature gestellt und mit einem Punkt dazwischen abgetrennt werden. Das kann zu langen und schlimmstenfalls zu extrem verwirrenden Ausdrücken führen:

Import und Nutzung einer Bibliothek

```
import meinebibliothek
wert = meinebibliothek.meinefunktion()
```

```
import datetime
heute = datetime.datetime.now()
```

```
import time
jetzt = time.time()
```

Die Doppelung bei `datetime` sticht besonders heraus. Hier sind Name der Bibliothek und Name des wichtigsten Objekts identisch. Nichts für verwöhnte Augen, die ungern doppelt sehen – aus welchem Grund auch immer...

Außerdem kann auf Dauer die ständige Wiederholung des Bibliothek-Namens nicht nur für Tipp-Faule extrem lästig werden.

Der Import einer Bibliothek kann aber auch unter einem fremden Namen erfolgen. Was bietet sich da besser an, als lange Namen rabiat zu kürzen? Besonders weit verbreitete Module werden fast ausschließlich unter abgekürzten Namen benutzt. Beachten Sie vor allem die letzte Zeile im folgenden Beispiel-Code, denn kein Programmierer will ständig ein hakeliges Wort eintippen, das zusätzlich aus Groß- und Kleinbuchstaben besteht.

Bekannte Bibliotheken und ihre Abkürzungen

```
import pandas as pd

import numpy as np

import PySimpleGUI as sg
```

Wenn keine etablierte Vorgabe existiert, können Sie natürlich auch eigene Abkürzungen definieren, die im späteren Verlauf viel Arbeit sparen:

Eigene Abkürzungen für Bibliotheken

```
import meinebibliothek as mb

Wert = mb.meinefunktion()
```

Umgekehrt kann das Voranstellen des Bibliothek-Namens auch komplett vermieden werden – und zwar auf zwei Arten: Die erste Möglichkeit besteht darin, die gesamten Inhalte der Bibliothek in einem Rutsch zu importieren, egal, was später benötigt wird und was nicht:

Bibliothek komplett importieren

```
from time import *
# Achtung: Gilt als Bad Practice -> nicht nutzen
print(time())
# statt time.time()
```

```
from meinebibliothek import *
meinefunktion()
# statt meinebibliothek.meinefunktion()
```

Nachteil dieser Methode: Es ist nicht mehr erkennbar, woher die Aufrufe von Befehlen stammen. Etwas aufwendiger, aber gleichzeitig kontrollierter, ist der gezielte Import von Methoden aus einem externen Modul.

Achtung: Schauen Sie sich die letzten beiden Zeilen des Codes unten ganz genau an. Obwohl `datetime` importiert wurde, wird die now-Funktion mit einem vorangestellten `datetime` aufgerufen (anders als im Beispiel darüber mit `time`). Das liegt daran, dass es – wie bereits oben erwähnt – in der `datetime`-Bibliothek eine weitere `datetime`-Klasse gibt.

Selektiver Import aus Modulen

```
from meinebibliothek import meinefunktion # best
Practice
meinefunktion()
```

```
from time import time
print(time())
```

```
from datetime import datetime
print(datetime.now())
```

Diese letzte Methode taucht mittlerweile immer öfter in Codes auf. Das Ergebnis sind endlos lange Import-Zeilen am Anfang des Programms. Wer gleichzeitig mit vielen Bibliotheken arbeitet, hat im Verlauf vor allem das Problem, dass nicht mehr erkennbar ist, aus welchen Bibliotheken die Aufrufe stammen.

Deswegen ist der klassische Import der gesamten Bibliothek oder der Import mit Abkürzung die beste Lösung, um den Code lesbar und verständlich für andere zu halten.

Wer in bestimmten Abschnitten eine bestimmte Funktion besonders oft benutzt, kann diese auch einfach einer Variablen zuweisen – unkonventionell, aber Python beherrscht solche Vereinfachungen perfekt und problemlos:

Bibliotheks-Funktion einer neuen Variablen zuweisen

```
import datetime

dt = datetime.datetime
print(dt)

now = dt.now
# oder now = datetime.datetime.now
print(now())
```

Nebenbei: Dieses Umbenennen funktioniert auch mit eigenen Funktionen und Klassen. Wird jedoch die gleiche Funktionalität auf zwei verschiedene Begriffe verteilt, ist wieder Chaos vorprogrammiert:

Eine Funktion mit zwei Namen

```
def plus_eins(zahl):
    return zahl + 1


inc = plus_eins

print(plus_eins(2))

print(inc(3))
```

ENTWEDER... ODER: VARIABLEN MIT BEDINGUNG ZUWEISEN

Variablen werden meistens irgendwo (am Anfang) definiert. Über den Inhalt wird im weiteren Verlauf mit Hilfe von Bedingungen und damit über mehrere Zeilen Code hinweg entschieden.

Viel sinnvoller wäre es aber, sich die Frage über den Inhalt einer Variablen bereits bei ihrer Erstellung zu stellen. Aber beginnen wir mit einem ganz typischen Code, den Sie so oder so ähnlich bestimmt schon einmal geschrieben haben:

Einfache Bedingung

```
antwort = "ja"
zahl = 0

# und später:

if antwort == 'ja':

    zahl = 1

else:

    zahl = 2
```

Python ermöglicht es, diese zahlreichen Zeilen in einem einzigen Ausdruck zusammenzufassen und so nicht nur jede Menge Platz, sondern auch das mühselige Tippen sich immer wiederholender Bedingungen knapp und effektiv zu gestalten.

Die Syntax unten mit dem vorgezogenen, ersten Ergebnis-Wert vor dem `if` ist allerdings etwas gewöhnungsbedürftig, vor allem, wenn sich die If-Then-Else-Formel schon zu tief ins Hirn eingebrannt hat.

Aber der Einzeiler strafft das Erscheinungsbild des Codes erheblich. Nach kurzer Eingewöhnung fühlt sich diese Art zu Programmieren bald fast richtiger und ohnehin besser als die lange Fassung an. Also ab jetzt unbedingt so machen!

Zuweisung mit Bedingung

```
zahl = 1 if antwort == 'ja' else 2
```

Nebenbei: So ein Ausdruck nennt sich *Ternary* (aus drei Teilen bestehend) und der Name ist Programm, weil ohne das `else` die Zuweisung nicht funktioniert. Denn natürlich muss die Variable einen Wert (mindestens None) annehmen – und auch das muss in der Syntax geschrieben werden:

Bedingte Zuweisungen müssen immer ein else enthalten

```
# funktioniert nicht!
zahl = 3 if Antwort == 'nein'

# funktioniert!
zahl = 3 if Antwort == 'ja' else None

# oder:
zahl = 4 if Antwort == 'nein' else 3
```

Wenn diese Schreibweise konsequent eingesetzt wird, entsteht ein sehr kompakter und übersichtlicher Code, bei dem die Verschwendung von Zeilen durch (zu) viele If-Statements vermieden wird.

Die Syntax funktioniert natürlich genauso in Print-Befehlen und macht dort zur Kontrolle eines Programms besonders viel Sinn.

Wieder lassen sich so einige Zeilen Code einsparen, die nur für die Ausgabe auf dem Bildschirm, aber nicht für den weiteren Ablauf des Programms benötigt werden:

Bedingung im Print-Befehl

```
zahl = 2

# Bedingung dient nur der Anzeige im Terminal:
print('gerade' if zahl % 2 == 0 else 'ungerade')
```

Nebenbei: Untersuchen Sie Ihre Programme, ob und wie viel Code nur für Ausgaben im Terminal und zur Kontrolle geschrieben wurden. Gelegentlich werden Zeilen über Zeilen erzeugt, die nur den Zweck erfüllen, den Benutzer über den Status zu informieren oder den Programmierer beim Finden von Fehlern zu unterstützen.

Alternativ sollten Sie vor dem Programmieren gründlich überlegen, ob das nicht auch weggelassen oder mit Hilfe eines Debuggers erledigt werden kann (zum Beispiel mit dem integrierten Debugger *pdb* oder mit der Bibliothek *Icecream* – Informationen zu beiden Bibliotheken finden Sie weiter unten im Text).

WIRKLICH WAHR? BOOLEAN-VARIABLEN RUCKZUCK DEFINIEREN

Wenn-dann-Bedingungen stecken tief im Kopf eines Programmierers, werden häufig eingesetzt und wie bereits im vorigen Kapitel zu lesen, kann die Bedingung in Python direkt in die Zuweisung einer Variablen eingebaut werden.

Besonders gut geht das, wenn Variablen ein Boolean-Wert zugewiesen werden soll. Zunächst sehen Sie im Beispiel unten die typische, umständliche Wenn-Dann-Logik, die Sie beim Programmieren vermutlich täglich benutzen:

Typische Boolean-Zuweisung mit Bedingung

```
a = 44

if a % 2 == 0:
    ergebnis = True
else:
    ergebnis = False
```

Wenn die Bedingung mit der Zuweisung kombiniert wird (wie im Kapitel oben beschrieben), schrumpft der Code zwar um ein paar Zeilen, aber diese eine Zeile ist noch recht lang (und bei aufwendigen Prüfungen kann rasch ein unschönes Zeilen-Monster entstehen):

Einzeilige Boolean-Variablen-Definition

```
ergebnis = True if a % 2 == 0 else False
```

In Python geht das aber viel eleganter! Probieren Sie in der Konsole einfach mal den Befehl `print(a / 2 == 0)` aus. Dieser liefert im Terminal direkt einen Boolean-Wert zurück (hier `True`). Genauso kann bei der Zuweisung komplett auf die If-Bedingung inklusive dem lästigen `else` verzichtet werden:

Zuweisung von Boolean-Werten mittels kompakter Bedingung ohne if/else

```
ergebnis = a % 2 == 0

# oder:

ergebnis = "a" in "Giraffe"
# ebenfalls True
```

Die Zeile oben sieht auf den ersten, schnellen Blick zwar etwas verwirrend aus (durch die drei Gleichheitszeichen), aber auf diese Weise werden sehr viele Code-Zeilen eingespart und das Programm ist am Schluss extrem kompakt. Besser lässt sich so eine Zuweisung nicht programmieren! Und wenn Sie mehrere solche Bedingungen prüfen wollen, schauen Sie sich die Befehle `all` und `any` an, mit denen sich wahr und falsch in großen Mengen checken lassen.

Und natürlich lässt sich diese Syntax auch wieder hemmungslos übertreiben. Das Beispiel unten dient definitiv nur zur Abschreckung und sollte so nicht programmiert werden. Zur Erklärung: Die Funktion `all()` prüft Stück für Stück, ob in einer Liste alle Werte oder Bedingungen wahr (`True`) sind und liefert dann selbst `True` zurück (davon aber später mehr).

So nicht: Übertrieben komplexe Zuweisung eines Boolean-Werts

```
ergebnis = all(
    [
    4  % 2 == 0,
    8  % 2 == 0,
    10 % 2 == 0,
    ]
)

print(ergebnis)
# Ausgabe: True
```

LEERE LISTEN! LISTE LEER?

Python-Anfänger und vor allem Umsteiger aus anderen Sprachen prüfen den (vielleicht nicht vorhandenen) Inhalt einer Liste oft anhand ihrer Länge. Eigentlich logisch: Ist die Liste leer, wird die Anzahl der Elemente mit Null zurückgegeben, ansonsten zeigt `len()` die Anzahl der Elemente:

Leere Liste über die Länge erkennen

```
if len(liste) == 0:
    ...
```

In Python kann eine Liste leer oder gar nicht vorhanden sein, wenn sie nicht angelegt wurde oder weil keine Elemente zum Befüllen vorhanden waren, zum Beispiel wenn eine Funktion als Ergebnis None statt einer Liste zurückliefert. Es müsste also eigentlich doppelt geprüft werden, ob entweder None oder tatsächlich eine leere Liste ([]) vorliegt:

Leere Listen über Vergleich und Variablen-Definition erkennen

```
if liste == []:
    ...
```

```
if liste == None:
    ...

if liste == [] or liste == None:
    ...
```

Das alles zusammengenommen würde trotzdem noch in einer (viel zu) umständlichen Prüfung enden. Und das nur, um zu wissen, ob die Liste leer ist oder nicht:

Vollständige Prüfung einer leeren Liste

```
if len(liste) == 0 or liste == [] or liste == None:
    ...
```

In Python geht das viel einfacher mit dem Not-Operator, der alle Möglichkeiten auf einmal abdeckt. Das ist wieder einmal eine für Python typisch schlichte Lösung für ein eigentlich komplexes Problem:

Vereinfachte Prüfung einer leeren Liste

```
if not liste:
    ...
```

Beachten Sie, dass trotz Vereinfachung der Bedingung ein Unterschied zwischen einer *leeren Liste* ([]) und einer *leeren Variablen* (None) besteht:

Vergleich zwischen leerer Liste und leerer Variable:

```
print([] == None)
# Ausgabe: False


liste1 = []
liste2 = None
```

```
if not liste1 and not liste2:
    print('beide leer')

# Ausgabe: beide leer
```

Wichtiger Hinweis: Was bei einer Liste (leer oder nicht definiert) funktioniert, kann bei anderen Variablen-Typen ordentlich schief gehen. Schauen Sie sich dazu das Code-Beispiel unten an:

Verhalten von Not bei anderen Datentypen

```
a = 0
b = None

if not a:
    print("nicht a")

if not b:
    print("nicht b")

# Ausgabe:
# nicht a
# nicht b
```

Python reagiert bei der Zahl Null genauso wie bei None. Was auf den ersten Blick logisch erscheint, kann jedoch durch ein einfaches Beispiel philosophisch kompliziert gemacht werden, denn es besteht ein großer Unterschied zwischen einem *leeren Sparschwein* und *gar keinem Sparschwein* (der Nicht-Existenz eines *Sparschweins*). Wie Sie oben sehen können, wäre das Python ziemlich egal!

Das kann zu ungewolltem Verhalten oder zu großen Missverständnissen führen. Stellen Sie sich vor, eine Funktion liefert ein Ergebnis zurück (das auch Null sein kann) oder None. In dem Fall muss in einer Bedingung zwischen beiden Rückmeldungen präzise unterschieden werden:

Unterscheidung von 0 und None in Bedingungen

```
ergebnis_a = 0
ergebnis_b = None

if not ergebnis_a and not ergebnis_b:
    print("not ist zutreffend!")

if ergebnis_a != None:
    print("Ergebnis:", ergebnis_a)
else:
    print("Kein Ergebnis!")
```

Nebenbei: not wird als *"unary"* Boolean Operator bezeichnet. Das Wörterbuch liefert beim Nachschlagen von *"unary"* die befremdliche Übersetzung *"monadisch"* zurück (nicht verwechseln mit *"nomadisch"*), die kaum schlauer macht.

Beides bedeutet, dass not statt des Vergleichs von zwei Dingen nur einen Wert braucht, um zu einem Ergebnis zu kommen: Wenn die Liste nicht existiert, dann... statt *"wenn nicht 1 gleich 2"*. Genauso kann hinter not natürlich auch ein mehrteiliger Vergleich stehen.

Einsatz von not mit und ohne einem folgendem Vergleich

```
print(not True)   # hier unary / monadisch

print(not 1 == 2)
```

Experimentieren Sie mit dem Operator not ein wenig herum! Das zweite Beispiel von oben ist zwar nicht besonders gut lesbar, aber not kann auch das Ungleich gegen ein Gleich ersetzen und so manchmal mehrfache Bedingungen vermeiden:

Einsatz des Not-Operators

```python
a = 3

print(a != 2)
print(not a == 2)
# Ausgabe: True

print(1 not in [2, 3, 4, 5])

# typisch:
if a != 1 and a != 2 and a != 3:
    print("nicht drin")

# besser:
if a not in [1, 2, 3]:
    print("nicht drin")
```

...UND DU BIST WEG! ELEMENTE LÖSCHEN MIT UND OHNE SCHWÄCHEN

Um Elemente aus einer Liste zu entfernen, wird der remove-Befehl benutzt. Dieser hat allerdings drei Schwächen: Wenn Duplikate in der Liste enthalten sind, wird durch den Aufruf von remove([Element]) nur das *erste* Element entfernt, das gefunden wird und nicht alle Elemente, die dem gesuchten Wert entsprechen (was bei der Suche nach dem Fehler schon einige Programmierer weit über den Rand der Verzweiflung hinaus getrieben hat):

Element aus einer Liste entfernen

```
liste = [1, 2, 3, 1]

liste.remove(1)

print(liste)
# Ausgabe: [2, 3, 1]
```

Zweiter Nachteil von remove ist, dass Python einen Fehler meldet, wenn das zu entfernende Element gar nicht in der Liste vorhanden ist. Das kann ein Vorteil, aber auch ein Nachteil sein: Im unbequemsten Fall (das Programm soll unbedingt weiterlaufen) muss vor dem Löschen zusätzlich geprüft werden, ob das Element in der Liste überhaupt vorkommt und erst danach kann der Löschbefehl endgültig ausgeführt werden.

Nicht vorhandenes Element aus einer Liste entfernen

```
liste = [1, 2, 3]

liste.remove(4)   # Fehler!

# umständlich, aber fehlerfrei:
if 4 in liste:
    liste.remove(4)
```

Der dritte Nachteil ist, dass remove nur genau ein Element als Argument akzeptiert. Wer mehrere Einträge gleichzeitig entfernen will, muss den Befehl öfter oder innerhalb einer Schleife aufrufen.

Das Sorglos-Paket bekommt der Programmierer, wenn er auf einen Listenvergleich ausweicht und ganz auf den Einsatz des Befehls verzichtet. Mit Hilfe eines einzeiligen Ausdrucks lassen sich alle drei Schwächen auf einmal beheben: Der unten gezeigte Code entfernt alle Duplikate, ignoriert unbekannte Elemente und löscht auch beliebig viele, unterschiedliche Einträge in der Liste.

Der große Unterschied zwischen beiden Methoden ist, dass remove() direkt in der existierenden Liste arbeitet, während das unten gezeigte Beispiel eine neue Liste anlegt (wobei statt der Variablen neue_liste auch die alte einfach überschrieben werden könnte).

Problemloses Löschen von Elementen einer Liste

```
liste = [1, 1, 2, 3]
zu_entfernen = [1, 2]

neue_liste = [x for x in liste if x not in
zu_entfernen]

print(neue_Liste)
# Ausgabe: [3]
```

Der (vielleicht) einzige Nachteil dieser Vorgehensweise ist, dass der eigentlich veränderbare Listen-Datentyp nicht dynamisch verändert, sondern mit einer neu erstellten Liste überschrieben wird. Dies hat in der Programmier-Praxis allerdings keine negativen Auswirkungen, sondern geschieht hinter der Fassade von Python. Eine denkbare Ausnahme wäre, dass die Liste so groß wird, dass eine Kopie davon nicht mehr in den Speicher des Rechners passt. Aber bei solchen Datenmengen werden Sie vermutlich ohnehin auf eine andere Art der Speicherung ausweichen.

Weil im Beispiel oben präzise genommen die Differenz von zwei Listen gebildet wird, sollte an dieser Stelle zusätzlich eine weitere Methode erwähnt werden, die in der täglichen Praxis bei der Arbeit mit Listen durchaus nützlich sein kann: Zwar können Listen eigentlich nicht voneinander subtrahiert werden, aber mit dem Set-Datentyp funktioniert das durchaus. Um wieder zum Original-Datentypen zurückzukehren, muss das Ergebnis am Schluss wieder in eine Liste konvertiert werden.

Differenzen von Listen über Sets

```
liste1 = [1, 1, 2, 3, 4]

liste2 = [2, 3, 99]

ergebnis = list(
    set(liste1) - set(liste2)
)

print(ergebnis)
# Ausgabe: {1, 4}
```

Um das Ergebnis nachvollziehen zu können, ist ein wenig Kopfarbeit erforderlich: Die beiden ersten Elemente aus der zweiten Liste werden gelöscht, während das letzte Element, das nicht in der ersten Liste vorhanden ist, einfach ignoriert wird.

Der Set-Datentyp hat allerdings den Nachteil, dass er keine Duplikate erlaubt (ein Set ist eine Liste, in der jedes Element nur einmal vorkommt und vorkommen darf). Der doppelte Eintrag am Anfang der ersten Liste wird also im Ergebnis automatisch auf einen Eintrag reduziert. Außerdem ist das Ergebnis wieder ein Set, das bei Bedarf zurück in eine Liste konvertiert werden muss.

Wenn Sie die Elemente als Ergebnis erhalten wollen, die sich nicht in der jeweils anderen Liste wiederholen, dann kann das – wiederum als Set – mit Hilfe der so genannten *symmetrischen Differenz* berechnet werden (difference() und symmetric_difference() als eingebaute Methoden im Set-Datentyp). Beachten Sie in den Beispielen unten, dass die Methoden ein Set benötigen, also liste2 in beiden Fällen konvertiert werden muss.

Differenz und symmetrische Differenz von Sets

```
liste1 = [1, 2, 3, 4]
liste2 = [2, 3, 99]

delta1 = set(liste1).difference(set(liste2))
print(delta1)
# Ausgabe: {1, 4}

delta2 = set(liste1).symmetric_difference(set(liste2)
)
print(delta2)
# Ausgabe: {1, 99, 4}
```

Noch einmal kurz zusammengefasst: Während die einfache difference-Methode genauso funktioniert wie das Minus-Zeichen zwischen den Sets, berechnet symmetric_difference diejenigen Elemente, die nur in jeweils einer der beiden Listen auftauchen.

Mit dem (Um)Weg über Sets können genauso einfach Schnittmengen von zwei Listen ermittelt werden (also alle Elemente, die in der einen *und* in der anderen Liste vorhanden sind).

Gemeinsame Elemente von Listen

```
liste_1 = [1, 2, 3, 4, 5]
liste_2 = [2, 2, 4, 6, 4, 1]

set_1 = set(Liste_1)
set_2 = set(Liste_2)

schnittmenge = list(set_1 & set_2)

print(schnittmenge)
# Ausgabe: [1, 2, 4]
```

DREIERLEI: LISTEN LEEREN

Über Sinn oder Unsinn mancher Befehle soll in diesem Buch nicht entschieden werden, aber dieses Kapitel ist ein kleiner Ausflug in die zahlreichen und durchaus unterschiedlichen Methoden, mit deren Hilfe in Python eine Liste geleert werden kann.

Die verschiedenen Möglichkeiten sind zahlreich und verwirrend zugleich. Dabei liegt zunächst einmal nichts näher, als die Liste einfach neu zu definieren – also eigentlich die alte Liste mit einer neuen zu überschreiben:

Liste leeren, Methode 1

```
liste = [1, 2, 3]
liste = []
print(liste)
```

Genau genommen, legen Sie mit der Methode oben eine neue, leere Liste an und weisen diese dem (alten) Variablennamen zu. Das ist allerdings nicht die beste Lösung. Gedanken brauchen Sie sich darüber aber trotzdem nicht zu machen, denn diese Methode arbeitet zuverlässig und ist sicherlich die am meisten verbreitete!

Allerdings gibt es weitere Möglichkeiten, die Elemente aus der Liste zu entfernen, ohne gleich die ganze Liste löschen oder überschreiben zu müssen. Beachten Sie vor allem die ungewöhnliche Syntax in der untersten Zeile des folgenden Beispiels:

Liste leeren, Methoden 2 & 3

```
liste = [1, 2, 3]
liste.clear()

liste = [1, 2, 3]
liste *= 0
```

Beide Varianten sind eigentlich korrekt und richtiger als die Neudefinition der Liste ganz oben. Die Syntax in der letzten Zeile mag ungewöhnlich aussehen, ist aber logisch, weil der *-Operator tatsächlich in Python auf Listen angewendet werden kann. Und wenn etwas mit Null multipliziert wird, ist es gleich Null (oder eben eine leere Liste):

Listenelemente multiplizieren

```
liste = [1]

liste *= 3
# entspricht: liste = liste * 3

print(liste)
# Ausgabe: [1, 1, 1]


liste *= 0
# entspricht: liste = liste * 0

print(liste)
# Ausgabe: []
```

Die letzte Möglichkeit zum Listen-Leeren ist, sich von der gesamten Liste mit allem Drum und Dran zu trennen. Beachten Sie aber den Unterschied zu den vorhergehenden Lösungen, dass hier auch keine leere Liste mehr vorhanden ist. Mit dem del-Befehl werden Variablen und deren Inhalt komplett aus dem Speicher entfernt.

Liste komplett löschen

```
liste = [1, 2, 3]

del liste

print(liste)   # erzeugt einen Fehler
```

Kleiner Zusatz: Mit dem gleichen Befehl können auch andere Variablen oder auch größere Strukturen wie Objekte zuverlässig aus dem laufenden Programm entfernt werden (ebenfalls wieder sinnvoll, wenn mit riesigen Datenmengen gearbeitet wird).

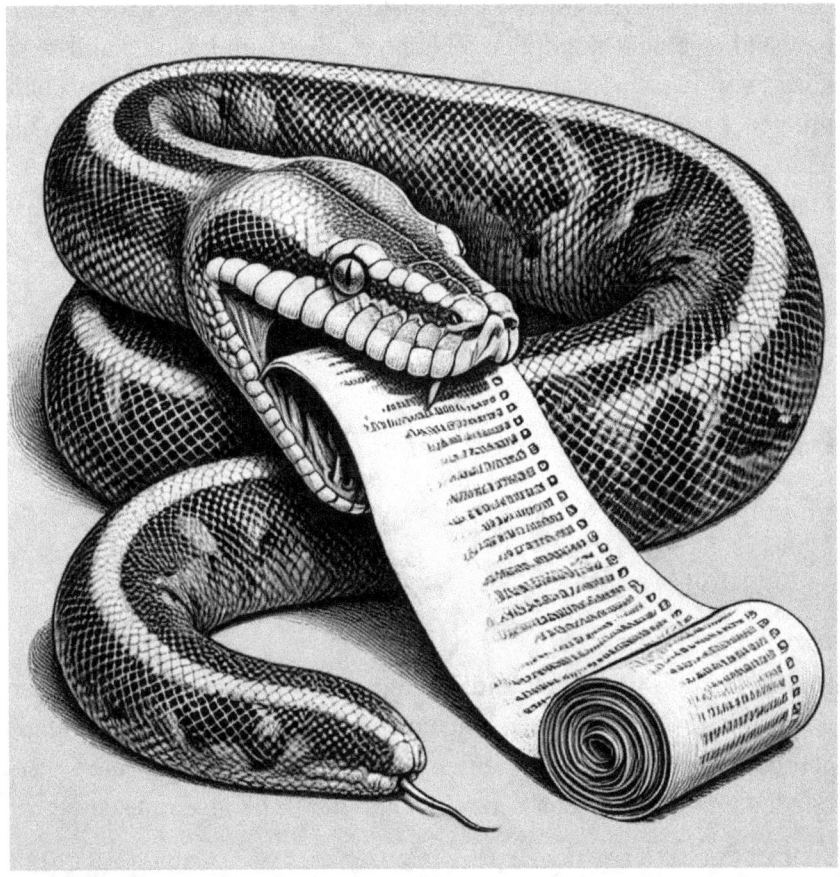

TREFFER BÜNDELN: KOMPAKTE VERGLEICHE DURCH LISTEN

Bedingungen können manchmal sehr lang werden – und damit auch unübersichtlich. Python ist dafür gemacht, solche Prüfungen sehr kompakt darstellen zu können. Ein Grund dafür kann sein, dass es in dieser Sprache keine richtig guten Befehle für Entscheidungen von der Stange gibt. Lange mussten Programmierer mit `if`, `elif` und `else` leben, bis in Version 3.10 sogenannte Switch-Statements (in etwa übersetzt mit *"Schalter-Kommandos"*) eingeführt wurden, die mit den Befehlen `match` und `case` umgesetzt werden (dazu mehr in einem Kapitel etwas weiter unten).

Für den Anfang dieses Kapitels erst einmal ein ganz typisches Entscheidungs-Beispiel:

Lange & unübersichtliche If-Ketten

```
if wort == 'eins' or wort == 'zwei' or wort == 'drei':
    print('Treffer')
```

Die Bedingung ließe sich endlos weiter verlängern – besser lesbar wird sie dadurch aber noch lange nicht. Eigentlich sollten Bedingungen mit mehr als zwei Elementen getrennt durch `or` oder `and` vermieden werden, weil das Verstehen und die Optik ab dann schwer zu leiden beginnen.

Statt lange Ketten von Vergleichen zu bilden, lässt sich so eine Mehrfach-Wenn-Syntax sehr viel besser mit Hilfe einer Liste zusammenfassen. Statt einen Haufen einzelner Elemente zu prüfen, wird per Code einfach nachgeschaut, ob der gesuchte Begriff auf einer Liste zu finden ist:

Übersichtlich & kompakt: If kombiniert mit einer Liste

```
if wort in ['eins', 'zwei', 'drei']:
    print('Treffer!')
```

Wie bereits erwähnt, funktioniert das umgekehrt genauso gut mit dem not-Operator, was ebenfalls eine hervorragend lesbare Syntax ergibt, die unten weiter verbessert wurde, weil zusätzlich die Liste aus dem if-Statement herausgezogen und vorher in eine Variable geschrieben wurde.

Element nicht in Liste vorhanden

```
wortliste = ['eins', 'zwei', 'drei']

if wort not in wortliste:
    ...
```

WENN WENN NICHT WÄR' – MASSEN-BEDINGUNGEN VERMEIDEN

Für Entscheidungen gibt es in Python nur den If-Befehl. In anderen Programmiersprachen gibt es für umfangreiche Bedingungen noch weitere Ausdrücke: Case-Befehle oder so genannte Switch-Statements, die Python jedoch bis Version 3.10 gar nicht kannte.

Wie Sie bereits oben gesehen haben, gibt es Verfahren in Python, mit denen Bedingungen kompakt geschrieben werden können. Neben dem Einsatz von Listen gibt es noch jede Menge mehr Methoden, um Entscheidungslisten einfach und übersichtlich zu gestalten.

Schauen wir uns aber zunächst ein erschreckendes Beispiel an:

Umfangreiche If-Abfrage

```
def monat(zahl):

    if zahl == 1:
        return 'Januar'

    elif zahl == 2:
        return 'Februar'

    elif zahl == 3:
        return 'März'
```

```
    elif zahl == 4:
        return 'April'

    # und so weiter...


print(Monat(2))
```

Nein, so würde das kein Programmierer machen! Statt Zeilen mit zu vielen If-Befehlen zu verschwenden, kann in Python mit Hilfe eines Dictionaries sogar ganz darauf verzichtet werden.

Jetzt ganz genau hinschauen: Unten wird aus einer Funktion und einer Menge Bedingungen einzig ein Datentyp (ein Dictionary), der einfach direkt ausgefragt werden kann:

If-Befehl gegen ein Dictionary ersetzen

```
monat = {
    1 : 'Januar',
    2 : 'Februar',
    3 : 'März',
    # und so weiter...
}

gesuchter_monat = 3
print(monat[gesuchter_monat])

# oder:
dezember = monat[12]
print(dezember)

# statt:
if gesuchter_monat == 3:
    print("März")
```

Hier zeigt sich, dass eine gute Datenstruktur bereits eine Vielzahl von Befehlen ersetzen kann (auch die neue Match-Case-Struktur kann das Beispiel oben nicht einfacher realisieren / ein Beispiel dafür finden Sie im Kapitel weiter unten).

So ein Nachschlage-Dictionary kann natürlich nicht nur für Werte und Daten, sondern auch für Funktionsaufrufe benutzt werden. Im Beispiel unten können Sie die unglaubliche Flexibilität und Leistungsfähigkeit von Python bestaunen. Besser kann eine Programmiersprache kaum benutzt werden...

Funktionen in Dictionaries ablegen

```
def plus_eins(zahl):
    return zahl + 1

def plus_zwei(zahl):
    return zahl + 2


funktionen_dict = {
    1 : plus_eins,
    2 : plus_zwei,
}


funktion = funktionen_dict[1]

print(funktion(3))

# oder verkürzt,
# aber sehr schlecht lesbar:

print(funktionen_dict[1](3))
```

In den Beispielen oben gibt es jedoch keine Else-Option, falls ein Wert nicht im Dictionary vorhanden sein sollte. Um das zu lösen, kann eine einzelne Bedingung vorgeschaltet werden, die prüft, ob der gesuchte Wert überhaupt im Dictionary enthalten ist:

Dictionary auf Schlüssel prüfen

```
gesucht = 13

if gesucht in monat:
    print(monat[gesucht])
else:
    print('nicht gefunden')


# schräg, aber funktionsfähig:
monat = monat[13] if 13 in monat else "Fehler!"
```

Der zweite Teil des Codes dient nur der Unterhaltung. Machen Sie so etwas niemals in der Praxis! Es sei denn, Sie wollen anderen Programmierern einen ordentlichen Schrecken einjagen.

Aber auch das if von oben lässt sich einsparen und mit der Get-Funktion weiter vereinfachen, indem der If-Befehl inklusive else in einer einzigen Zeile zusammengefasst wird. Das Dictionary plus get ersetzt damit umfangreiche Bedingungen mit allem Drum und Dran – inklusive Fehler-Fänger:

Dictionary mit Get-Befehl auslesen

```
gesucht = 13
Ergebnis = Monat.get(gesucht, 'nicht gefunden')
```

WENIGER IF IN DER ZWISCHENPRÜFUNG

Eine weitere Möglichkeit, If-Abfragen zu verkürzen, ergibt sich, wenn geprüft werden muss, ob eine Zahl innerhalb oder außerhalb von zwei (Zahlen-)Werten liegt. Normalerweise würde dies mit Hilfe von zwei verbundenen Bedingungen programmiert, die mit einem logischen Operator verbunden sind:

If-Abfrage mit zwei Elementen für die Zwischenprüfung

```
if zahl > 5 and zahl < 10:
    print('Zahl liegt zwischen 5 und 10')
```

Dies kann geschickt in eine einzige Bedingung zusammengeschrumpft werden, bei der die gleiche Variable auf zwei Zustände gleichzeitig geprüft wird. Sieht aus wie im Mathe-Schulbuch und funktioniert auch genauso (gut):

Reduzierung der Abfrage auf ein Element

```
if 5 < zahl < 10:
    print('zwischen 5 und 10')
```

Bevor Sie die nächste Zahl auf diese Weise prüfen, schauen Sie sich den Unterschied zwischen den beiden Beispielen genau an, denn oben wird eine andere Kombination aus Vergleichszeichen (> und <) benutzt als unten (< und <). Also erst denken, dann ausführen!

STIEFKIND ELIF –
DIE UNTERSCHÄTZTE
SPEZIALITÄT

Meistens werden mehrere Bedingungen schnell und gedankenlos untereinander aufgereiht. Während die Else-Erweiterung des If-Befehls noch recht bekannt ist und benutzt wird, ruft `elif` als Variation zwischen `if` und `else` bei manchen Programmierern ein Stirnrunzeln hervor. Die folgenden zwei Beispiele erklären den richtigen und richtig guten Einsatz dieses Exoten:

Mehrere If-Abfragen hintereinander

```
zahl = 2

if zahl > 1:
    print('erstes If')
    zahl += 1

if zahl > 2:
    print('zweites If')
    zahl += 1

print(zahl)
# Ausgabe: 4
```

Versuchen Sie, den Python-Compiler in Ihrem Kopf zu benutzen und führen Sie selbst die Rechenschritte des kleinen Programms von oben aus: Beide Bedingungen sind erfüllt, beide Print-Befehle werden ausgeführt und das Endergebnis ist 4 – ganz einfach.

Wird nun das zweite `if` gegen ein `elif` ersetzt, dann werden die beiden Bedingungen miteinander verbunden und der zweite Teil Bedingung wird übersprungen, weil die erste Bedingung bereits erfüllt war. Es wird also nur der erste Print-Befehl ausgeführt und das berechnete Ergebnis am Ende fällt geringer aus.

Elif statt If führt zu einem anderen Ergebnis

```
zahl = 2

if zahl > 1:
    zahl += 1

elif zahl > 2:
    zahl += 1

print(zahl)
# Ausgabe: 3
```

Zugegeben: Eine Veränderung des zu prüfenden Parameters (hier Zahl) innerhalb einer Bedingung ist verwirrend (und sollte eigentlich vermieden werden, wenn es nicht unbedingt erforderlich ist).

Unten sehen Sie – im Gegensatz zu vorher – ein typisches Beispiel für eine Umfassende Variablen-Überprüfung. Ergänzt um `else` sieht eine Bedingung dann so aus:

Vollständige If-Elif-Else-Bedingung

```
zahl = 2

if zahl == 1:
    print('eins')

elif zahl == 2:
    print('zwei')
```

```
elif zahl == 3:
    print('drei')

else:
    print('andere Zahl')
```

Wenn Sie diesen recht umfangreichen Block weiter entschärfen wollen, kann auch hier wieder ein Dictionary benutzt werden (Beschreibung dazu siehe oben). Aber in manchen Fällen kann nicht auf eine Reihe von Wenn-Dann-Befehlen verzichtet werden.

Häufig kritisiert wurde an Python, dass es keine Case-Anweisung wie in anderen Sprachen gibt, um umfangreiche Entscheidungen übersichtlicher zu gestalten. In Python 3.10 sind die Programmierer dem nachgekommen und haben die Python-Syntax um die Match-Case-Struktur erweitert.

Aber die neuen Befehle machen umfangreiche Prüfungen nicht unbedingt übersichtlicher. Leider fällt der Unterschied zum If-Befehl bei der Lesbarkeit eher schlechter aus (beachten Sie vor allem die letzte Anweisung mit dem Unterstrich (_) als Ersatz für das else):

Match-Case-Struktur ab Python 3.10

```
zahl = 2

match zahl:

    case 1:
        print('eins')

    case 2
        print('zwei')

    case _:
        print('andere Zahl')
```

UND, UND, UND...
KOMPLEXE BEDINGUNGEN ENTSCHÄRFEN

Bedingungen mit zahlreichen Kriterien und mit and und or verknüpft sind fehleranfällig und selbst für hoch-motivierte Code-Leser schwer zu entschlüsseln – ganz abgesehen davon, dass niemand Lust hat, solche Zeilenmonster zu tippen und danach auf ihre Richtigkeit zu überprüfen. Schauen Sie sich zum Start dieses Kapitels folgendes Beispiel unten an:

Beispiel für eine komplexe Bedingung

```
liste = [1, 2, 3]

zahl = 21

if zahl % 3 == 0 and zahl % 7 == 0 and zahl % 2 != 0
and zahl not in liste:
    print('Erfolg!')
```

"Geht gar nicht", werden Sie denken und damit liegen Sie völlig richtig. Es braucht mehrere genaue Blicke und eine große Portion Hirn, um zu verstehen, was da vor sich geht und die Zeile in insgesamt vier Teile zerfällt.

Jedes Element der Bedingung resultiert aus einem Boolean-Wert. So kann die Bedingung oben im ersten Schritt auf mehrere Variablen verteilt werden, um sie übersichtlicher zu gestalten:

Zerlegung einer komplexen Bedingung

```
test1 = zahl % 3 == 0
test2 = zahl % 7 == 0
test3 = zahl % 2 != 0
test4 = zahl not in liste

if test1 == True and test2 == True and test3 == True
and test4 == True:
    print('Erfolg!')

# oder noch etwas kürzer:
if test1 and test2 and test3 and test4:
    print('Wieder Erfolg!')
```

Zufrieden mit dem Ergebnis? Das sieht auf den ersten Blick zwar noch nicht übersichtlicher aus, aber auf dieser Grundlage kann der Code noch einmal verändert und damit endgültig besser lesbar gemacht werden.

Dazu werden die Test-Variablen (`test1` bis `test4`) in eine Liste übertragen, in der dann als Ergebnis Boolean-Werte stehen. Diese Liste kann dann einfach mit dem Befehl `all()` geprüft werden, ob alle Elemente darin `True` sind. Das gleiche würde mit dem Befehl `any()` funktionieren, wenn es genügt, dass ein Element aus der Liste wahr ist.

Komplexe Bedingungen mit Listen

```
test = [
    zahl % 3 == 0,
    zahl % 7 == 0,
    zahl % 2 != 0,
    zahl not in liste,
]
print(test)
# Ausgabe: [True, True, True, True]

if all(test):
    print('Erfolg!')
```

NICHT GLEICH: == UND IS IN VERGLEICHEN

Scheinbar können in Python das == (ist gleich) und das != (ist nicht gleich) gegen is und is not problemlos ersetzt werden. In diesem Kapitel werden Sie sehen, dass noch ein kleiner Unterschied zwischen beiden Prüf-Verfahren besteht, auf den Sie als angehender Programmier-Profi achten sollten.
Unten sehen Sie zunächst ein einfaches Beispiel zum Start in dieses komplizierte Thema:

is und is not statt == und !=

```
a = False

print(
    'X' if a is True else 'Y'
)
# Ausgabe: Y

print(
    'X' if not a is True else 'Y'
)
# Ausgabe: X

print(
    'X' if a is not True else 'Y'
)
# Ausgabe: X
```

Code und Ergebnis passen auf den ersten Blick logisch zusammen. Allerdings kann so eine Prüfung überraschender Weise manchmal zu völlig anderen Ergebnissen führen. Im Code unten verhält sich die letzte Bedingung ungewöhnlich anders als die vorigen:

is entscheidet anders als ==

```
a, b = 1, 1

if a == b:
    print('gleich')
# Ausgabe: gleich

if a is b:
    print('gleich')
# Ausgabe: gleich


c, d = [1], [1]

if c == d:
    print('gleich')
# Ausgabe: gleich

if c is d:
    print('gleich')
else:
    print('nicht gleich')
# Ausgabe: nicht gleich
```

Der Grund dafür ist, dass mit == der Wert (Inhalt) der Variablen verglichen wird, während is prüft, ob die Variablen auf das *gleiche Objekt* zeigen.

Die Erklärung für die seltsame, letzte Ausgabe des Codes von oben: Inhalte von Variablen werden an bestimmten Positionen in den Speicher geschrieben und dort gelagert.

Die Variablen c und d haben zwar den gleichen Inhalt, aber obwohl die Listen gleich aussehen, liegen sie doch an unterschiedlichen Stellen in den Speicherbausteinen des Computers.

Dies lässt sich am besten mit der Funktion id() veranschaulichen, denn in Python bekommt jeder Inhalt eine eindeutige Identifikationsnummer zugewiesen. Im Beispiel unten sehen Sie, was hinter den Kulissen vor sich geht:

Variablen per id-Funktion vergleichen

```
a = 1
b = 1
c = a

print(id(a))
print(id(b))
print(id(c))
# Ausgabe: 3 gleiche Zahlen

liste1 = [1]
liste2 = [1]
liste3 = liste1

print(id(liste1))
print(id(liste2))
print(id(liste3))
# Ausgabe:
# Zahl 1 und Zahl 3 identisch
# Zahl 2 unterschiedlich
```

Bei unveränderbaren Variablen (zum Beispiel Zahlen und Strings) ist die ID gleich, während veränderbare Typen, selbst wenn sie die gleichen Inhalte haben, an unterschiedlichen Stellen gespeichert werden und damit nicht die gleiche ID haben.

Im Beispiel oben haben alle drei Listen zwar den gleichen Inhalt, aber die erste und dritte Liste zeigen auf das gleiche Objekt im Speicher und haben damit die gleiche ID, während die zweite Liste auf ein eigenes Objekt an einer ganz anderen Speicher-Adresse zeigt.

So wird schließlich das unterschiedliche Verhalten der beiden Operatoren nachvollziehbar. Benutzen wir die beiden Operatoren mit den Variablen von oben, verstehen Sie sofort, warum sich welche Prüfung wie verhält.

Eigentlich ganz einfach, wenn man versteht, was im technischen Hintergrund der Programmiersprache vor sich geht!

is und == vergleichen unterschiedliche Dinge

```
liste1 = [1]
liste2 = [1]
liste3 = liste1


if liste1 == liste2:
    print('gleicher Inhalt')

# Ausgabe: gleicher Inhalt


if liste1 is liste2:
    print('gleiches Objekt')
else:
    print('nicht gleiches Objekt')

# Ausgabe: nicht gleiches Objekt


if liste1 is liste3:
    print('gleiches Objekt')

# Ausgabe: gleiches Objekt
```

NICHT DAFÜR GEMACHT: DICTIONARIES UMGEKEHRT AUSLESEN

Schüler lernen Vokabeln oft nur in eine Richtung und kommen ins Straucheln, wenn plötzlich von Übersetzung zum Wort in der Fremdsprache abgefragt wird.

Genauso (menschlich) verhalten sich Dictionaries, die hauptsächlich für die Abfrage vom sogenannten Schlüssel (*"key"*) zum Wert (*"value"*, oft kurz *"val"* und damit genauso lang wie der Ausdruck *"key"*) gemacht sind.

Wie Sie weiter oben bereits gesehen haben, kann das Dictionary leicht einen Wert zum Schlüssel finden. Diesen Prozess umzudrehen, ist aber gar nicht so einfach.

Wenn Sie Lust haben, können Sie in die eigene IDE wechseln und einmal probieren, wie Sie dieses Problem lösen würden, bevor Sie weiterlesen und sich die Lösung dazu anschauen.

Dictionaries umgekehrt abfragen

```
monat = {
    1 : 'Januar',
    2 : 'Februar',
    3 : 'März',
    # und so weiter...
}
```

```
zahl = list(monat.keys())
[list(monat.values()).index('Februar')]

print(Zahl)
# Ausgabe: 2

# in Python 2:
# zahl = monat.keys()
[monat.values().index('Februar')]
```

Was ziemlich kompliziert aussieht, funktioniert aber immerhin mit Hilfe eines Einzeilers. Das einzige Problem bei dieser Lösung sind mehrfache, identische Werte.

Dann liefert die Formel den Index des *ersten Werts* zurück. Alle folgenden, gleichen Einträge werden ignoriert.

Auf den ersten Blick ist das keine besonders leserliche Lösung und es scheint leichter zu sein, ein neues Dictionary zu erstellen, in dem Inhalt und Index vertauscht werden.

Dictionary umkehren

```
umgekehrt = {value : key for key, value in monat.items()}

# alternative Umkehrung:
umgekehrt= dict(zip(monat.values(), monat.keys()))

print(umgekehrt['Februar'])
# Ausgabe: 2
```

Für das Beispiel von oben funktioniert das ganz gut, obwohl auch dabei das Problem doppelter Werte besteht. Sie sollten – falls Sie so eine Datenabfrage überhaupt benötigen – unbedingt ein wenig mit den verschiedenen Lösungen experimentieren und sich vielleicht dafür eine kleine, eigene Bibliothek anlegen.

Als Ergänzung zu den Beispielen von oben sehen Sie unten, wie sich so eine Abfrage bei Dictionaries verhält, in denen bei den Werten doppelte Einträge vorhanden sind und eine Umkehrung der Logik eines Dictionaries eigentlich widerspricht, weil keine identischen Schlüssel vorhanden sein können.

Der Code unten liefert jeweils den Schlüssel zum untersten (zuletzt hinzugefügten) Wert im Dictionary zurück:

Ergebnisse bei doppelten Werten

```
tabelle = {
    1 : 'Montag',
    2 : 'Dienstag',
    3 : 'Montag',
}

zahl = list(tabelle.keys())
[list(tabelle.values()).index('Montag')]

print(zahl)
# Ausgabe: 1

umgekehrt = {value : key for key, value in tabelle.items()}

print(umgekehrt['Montag'])
# Ausgabe: 3
```

Die zweite Lösung wirkt attraktiver, weil sie kürzer und leichter lesbar ist. Aber Achtung, denn nicht alle Dictionaries lassen sich ohne Probleme auf links krempeln. So können Listen und andere dynamische Datentypen nicht als Index benutzt werden (TypeError: unhashable type).

Nicht umkehrbare Dictionaries

```
tabelle = {1 : [2]}

# funktioniert nicht:
umgekehrt = {value : key for key, value in
tabelle.items()}
# weil {[2] : 1} nicht akzeptiert wird

# funktioniert:
wert = list(tabelle.keys())
[list(tabelle.values()).index([2])]
```

An dieser Stelle könnte die Syntax von Python in Zukunft vielleicht um einen nützlichen Ausdruck ergänzt werden. Ertragen wir den hakeligen Befehl und hoffen auf die nächsten, neuen Versionen, denn Python wird regelmäßig aktualisiert und verbessert.

Es geht aber auch einfacher. Sollten Sie sich bereits an einer eigenen Lösung versucht haben, dann ist vermutlich eine Schleife zum Einsatz gekommen. Damit ist die Suche der Schlüssel, auch bei Duplikaten kein größeres Problem:

Schlüssel mit Hilfe einer Schleife finden

```
d = {
     1 : "Montag",
     2 : "Dienstag",
     3 : "Montag",
}

ergebnis = []

for key, val in d.items():
    if val == "Montag":
        ergebnis.append(key)

print(ergebnis)
# Ausgabe: [1, 3]
```

Bei dem Beispiel oben werden erfahrene Python-Programmierer hellhörig, denn die Kombination aus Schleife und Bedingung lässt sich in dieser fantastischen Sprache in einer einzigen Zeile zusammenfassen.

Damit können Sie alle komplizierten Ansätze von oben in Zukunft geistig über die Bordkante werfen und tief im Vergessen versenken.

Schüssel-Suche mit einer komprimierten Schleife inklusive Bedingung

```
ergebnis = [key for key, val in d.items() if val == "Montag"]
```

Dies ist ein fantastisches Beispiel, wie einfach und gleichzeitig genial diese leistungsfähige Sprache ist. Zunächst einmal zeigen die eckigen Klammern, dass es sich bei dem Datentypen (und dem Ergebnis) um eine Liste handelt.

Die Befehle im Innern der Klammer machen folgendes: Es wird jeder Schlüssel (`key`) in die Liste aufgenommen aus der Kombination Schlüssel, Wert (`key, val`) in der Liste aller Elemente des Dictionaries (`d.items()`) wenn der Wert dem String "Montag" entspricht.

Übrigens ist hier – anders als bei der oben erwähnten Zuweisung von Variablen über eine Bedingung – kein `else` erforderlich. Sollte die Bedingung in diesem Fall nicht zutreffen, wird der Wert einfach nicht in die Liste übernommen.

FOR-ELSE: ERFOLGLOSER SCHLEIFEN-BLINDDARM

Was hat sich der Erfinder von Python bloß dabei gedacht: Was fest zum If-Ausdruck gehört, das gibt es (seltsamerweise) auch für die For-Schleife.

Aber wie das `else` dort richtig benutzt wird und was es genau tut, wissen die wenigsten und es lässt sich auf den ersten Blick nicht unbedingt erkennen:

Eine einfache For-Else-Schleife

```
for i in range(1,11):
    print(i)
else:
    print('else')
```

Der Code läuft fehlerfrei durch und tatsächlich erscheint der Inhalt beider Print-Befehle in der Konsole. Der Fehler (ist das überhaupt ein Fehler?) liegt hier an einer falsch programmierten For-Schleife, sonst macht das `else` danach nicht, was es eigentlich machen soll.

Für den richtigen Einsatz des For-Fortsatzes braucht es einen zusätzlichen Befehl, denn sobald ein `break` in der Schleife auftaucht und auch ausgeführt wird, ändert sich der Ablauf des Codes und damit schließlich auch die Ausgabe im Terminal.

For-Else-Schleife mit aktivem Break

```
for i in range(1,11):
    if i/5 == 1:
        break
    print(i)
else:
    print('else')

# Ausgabe:
# 1
# 2
# 3
# 4
```

Und jetzt ganz genau lesen, denn viele Python-Programmierer kommen an dieser Stelle schnell durcheinander: **Weil** die Schleife unterbrochen wurde, wird der Block innerhalb von `else` *nicht* ausgeführt.

Das Bauchgefühl würde es eher umgekehrt einschätzen: Wenn die Schleife beim Durchlaufen unterbrochen wird, dann... Aber das ist **NICHT** richtig.

Zugegeben, der Code oben ist ein schlechtes Beispiel, weil in der Schleife sichtbare Aktionen ausgeführt werden (Ausgabe der Zahlen). Das `else` am Ende der Schleife hat aber eigentlich den Sinn, dass der Block danach ausgeführt wird, wenn die Schleife erfolglos durchgelaufen ist (also ohne einen Befehl auszuführen).

Das folgende Programm zeigt viel besser als der erste Beispiel-Code, dass die Erweiterung einer Schleife mit `else` durchaus logisch und nützlich sein kann:

For-Else-Schleife mit sinnvollem Else-Block

```
liste = ['Maus', 'Karton', 'Apfel']

for wort in liste:
    if 'x' in wort:
        print('x gefunden')
        break
```

```
else:
    print('kein x gefunden')

# Ausgabe: kein x gefunden
```

Übrigens funktioniert der else-Befehl genauso als Anhang einer While-Schleife, kann also immer das eingesetzt werden, um eine Aktion auszuführen, wenn die Arbeit erfolgreich und vollständig erledigt worden ist:

While-Else-Schleife

```
a = 0

while a < 9:
    a += 1
    if a == 10:
        print('Schleife unterbrochen')
        break
else:
    print('Schleife komplett durchlaufen')
```

Nur zum Vergleich sehen Sie unten ein Beispiel, wie diese Funktionsweise mit Hilfe einer Boolean-Variablen erledigt werden könnte – allerdings in der quasi "umgekehrten" Funktionsweise. Statt der Variablen abgebrochen könnten Sie auch genauso einen Prüf-Parameter mit der Bezeichnung durchgelaufen verwenden.

Übrigens müssen Sie das else nicht zwingend verwenden, weil auch der Code unten gut lesbar ist und nicht wirklich viel gegen das Verwenden einer zusätzlichen Variablen zur Steuerung spricht.

Else-Funktion in einer Schleife mit Hilfe einer Variablen

```
abgebrochen = False
```

```python
for i in range(1, 10):
    if i % 4 == 0:
        abgebrochen = True
        break

if abgebrochen:
    print("Schleife wurde abgebrochen")
else:
    print("Schleife ist durchgelaufen")

# Ausgabe: Schleife wurde abgebrochen
```

LISTEN IM LAUFEN ÄNDERN

Listen werden in vielen anderen Programmiersprachen über ihre Länge sowie den Index durchlaufen (wie weiter oben bereits beschrieben). Meist werden während des Durchlaufs die Inhalte der Liste geändert, was so lange gut funktioniert, bis Elemente in die Liste eingefügt oder von der Liste entfernt werden sollen.

Das funktioniert in Python nicht so, wie sich das ein Programmier-Neuling vorstellt.

Listenänderungen über den Index führen zu Fehlern

```
liste = [1, 2, 3, 4, 5, 6, 7, 8, 9]

for i in range(len(liste)):
    print(liste[i])

    if liste[i] % 2 != 0:
        del liste[i]

# Liefert einen Fehler am print-Befehl:
#    in <module> print(Liste[i])
#    IndexError: list index out of range
```

Auf der ersten Blick sieht das Programm in dieser Form lauffähig aus, stürzt aber beim Ausführen ab, weil die Index-Variable am Ende außerhalb der Listen-Länge liegt.

Der Fehler besteht darin, dass die Liste verändert (in diesem Fall verkürzt) wurde, während die Schleife alle Index-Werte der ursprünglichen Länge durchläuft. Ist die Schleife einmal gestartet, wird die Länge der Liste nicht weiter geprüft. Werden also aus der Liste in der Zwischenzeit Positionen entfernt, schießt der Index über das Ende hinaus und versucht auf Positionen zuzugreifen, die durch das Kürzen bereits weiter nach vorne gerückt sind.

Es gibt eine sehr einfache Möglichkeit, den Absturz des Codes zu vermeiden: Der Code läuft nur durch die Inhalte der Liste und ignoriert den Index (das ist die klassische und einfachste Art, in Python Listen zu durchlaufen).

Weil im Beispiel unten nur Elemente entfernt werden, die bereits abgearbeitet worden sind, produziert der Python-Compiler an dieser Stelle keinen Fehler.

Listenänderungen über die Werte der Liste

```
for zahl in liste:
    if zahl % 2 != 0:
        liste.remove(zahl)

print(liste)
# Ausgabe: [2, 4, 6, 8]
```

Wer auf den Index nicht verzichten kann, muss trotzdem nicht unbedingt auf das Verändern (vor allem Löschen) von Elementen verzichten. Die Liste kann dafür einfach von hinten nach vorne durchlaufen und geprüft werden. Wenn dann am Ende Elemente entfernt werden, bleibt der vordere Teil der Liste davon unberührt und die Schleife über den Index wird fehlerfrei ausgeführt.

Nicht wundern über das überfrachtete Ende im For-Befehl. An der Stelle wird nur eine Reihe (`range`) erzeugt, die der Länge der Liste entspricht und diese wird abschließend mit dem Befehl `reversed()` einfach umgedreht.

Listen rückwärts ändern

```
for i in reversed(range(len(liste))):

    print(liste[i])

    if liste[i] % 2 != 0:
        del liste[i]

print(Liste)
```

Wenn zahlreiche Änderungen der Liste erforderlich sind, ist das Anlegen einer neuen Liste der optimale Python-Stil – auch wenn Speicher-Sparer aus lange vergangenen 8-Bit-Zeiten vielleicht ein ungutes Gefühl dabei haben, immer neue Variablen und Kopien bestehender Daten zu erzeugen.

Gelegentlich wird auch das Kopieren einer Liste vorgeschlagen, um mit Hilfe des Zwillings eine Schleife störungsfrei zu durchlaufen. Aber dabei ergibt sich ebenfalls das Problem, dass durch Einfügen und Entfernen die Reihenfolge der Elemente verändert wird.

Deswegen bietet es sich tatsächlich an, die geänderten Inhalte einfach in eine frische, leere Liste schreiben:

Listenänderungen in eine neue Liste übertragen

```
liste = [1, 2, 3, 4, 5, 6, 7, 8, 9]

neue_liste = []

for zahl in liste:
    if zahl % 2 == 0:
        neue_liste.append(Zahl)

print(neue_liste)
# Ausgabe: [2, 4, 6, 8]
```

Aber Python kann mehr und das auch noch viel besser als andere Programmiersprachen, nämlich den ganzen Aufwand der Beispiele von oben in einer einzigen Zeile zusammenfassen.

Tief Luft holen, das Gehirn einschalten und den Befehl unten erst einmal wirken lassen. Was kompliziert aussieht, geht mit ein wenig Routine schnell in Fleisch und Blut über. Diese kompakte Form der Listenvergleiche ist gut lesbar und spart enorm viele Zeilen unnötigen Code.

Listenvergleiche als Ein-Zeilen-Befehl

```
neue_liste = [zahl for zahl in liste
if zahl % 2 != 0]
```

Kommt Ihnen der Befehl bereits bekannt vor? Sie haben diese Syntax bereits im Kapitel über umgekehrte Dictionaries (in komplizierterer Form) gesehen. Hier ist Python allen anderen Sprachen einen Quantensprung voraus.

Allerdings nur dann, wenn Sie sich an diesen stark verdichteten Befehl einmal gewöhnt haben. Weil Schleifen und Bedingungen (und die Mischung aus beidem) zum täglichen Standard gehören, lohnt es sich auf jeden Fall, diese Syntax zu lernen und so schnell wie möglich souverän einsetzen zu können.

Zum Eingewöhnen, können Sie mit ganz einfachen Beispielen dieser Syntax beginnen. Hier ein paar inspirierende und pädagogisch wertvolle Zeilen für den Einstieg:

Listen kreativ erzeugen

```
a = [x for x in range(10)]

print(a)
# Ausgabe: [0, 1, 2, 3, 4, 5, 6, 7, 8, 9]
```

```
b = [x/2 for x in a]

print(b)
# Ausgabe: [0.0, 0.5, 1.0, 1.5, 2.0, 2.5,
3.0, 3.5, 4.0, 4.5]


n = "Wort"
c = ["X" + x + "X" for x in n]

print(c)
# Ausgabe: ['XWX', 'XoX', 'XrX', 'XtX']


l = [1, 0, 0, 1]
d = [x + 1 for x in l]

print(d)
# Ausgabe: [2, 1, 1, 2]


e = [x + 1 for x in l if x == 0]

print(e)
# Ausgabe: Raten Sie mal,
# was hier angezeigt wird!
```

HOLT MICH HIER RAUS: PROGRAMME BEENDEN

Manchmal kann es hilfreich sein, ein Programm an einer bestimmten Stelle gezielt zu beenden. Dafür gibt es drei Möglichkeiten, wobei die letzten zwei im Code unten die Ausführung auf die harte Art beenden (für alle, die wirklich sichergehen wollen, dass das Programm vollständig beendet wird).

In der normalen Praxis und für ein sanftes Ende des Codes genügt meistens der Einsatz des Befehls `exit()`.

Programme gezielt beenden

```
# die Standard-Methode:

exit()


# die gründlichere Methode:

import sys

# und dann später:
sys.exit()


# ebenfalls gründlich, aber einzeilig:
raise Exception('Stop!')
```

Stoppen ist praktisch, wenn Sie ein Programm testen und nicht immer manuell unterbrechen wollen. Ein gutes Beispiel dafür sind Schleifen, mit denen (am Schluss) große Mengen von Daten verarbeitet werden sollen.

Wenn zum Ausprobieren ein Abbruch-Befehl eingebaut wird, läuft die Schleife nur einmal durch, was zum Beobachten des Verhaltens meistens genügt. Ist der Code fertig, wird der Abbruch einfach auskommentiert und das Programm kann sich auf die gesamte Datenmenge stürzen:

Abbruch zum Testen

```
liste = [1, 2, 3, 4]

for i in liste:
    print(i * i)
    exit() # diese Zeile später auskommentieren
```

Bevor im echten Praxisbetrieb die riesigen Aufgaben durch Ihren Code rattern, bietet sich das abgekürzte Testen mit gezielten Ausstiegen an der einen oder anderen Stelle an.

Falls Sie aber nicht komplett abbrechen, sondern nur aus Schleifen und Funktionen aussteigen wollen, bietet sich als Alternative die Verwendung von break und return an. Unten sehen sie einen eher etwas theoretischen Beispiel-Code.

Abkürzungen einbauen

```
def test(zahl):
    return 1
    # eine komplizierte Berechnung,
    # die später ausgeführt wird


liste = [3, 2, 1]
```

```
for element in liste:
    print(element)
    test(element)

    # Schleife wird nach dem ersten
    # Durchlauf unterbrochen
    break

# das Programm wird normal fortgesetzt
print("Weiter geht's!")
```

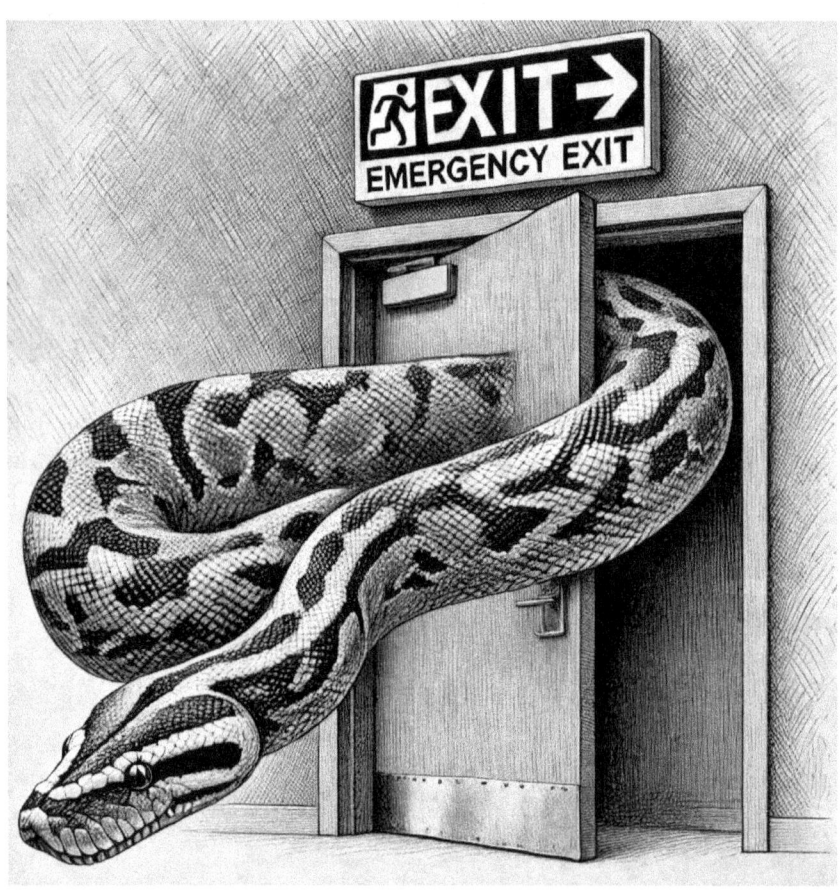

NICHT VON HIER: SCOPE VON VARIABLEN

Grundsätzlich sollten globale Variablen in Python vermieden werden. Die Gründe: Erstens lässt sich Programmcode so schlechter wiederverwenden. Besser, wenn alles in einzelne und für sich abgeschlossene Blocks verpackt ist. Auch sollten solche Variablen vermieden werden, damit das Ändern solcher Daten nicht unüberschaubar an irgendwelchen versteckten Stellen innerhalb des Codes geschieht.

Zweitens sind globale Variablen im Hintergrund von Python anders im Speicher organisiert. Tests zeigen längere Laufzeiten von 40 bis 60 Prozent, wenn die Daten im Hauptteil des Programms gespeichert werden!

Dass nicht auf alles von überall aus zugegriffen werden kann, hat noch mehr gute Gründe: Stellen Sie sich vor, Sie benutzen eine Bibliothek, die die gleichen Variablennamen enthält wie Ihr Code. Meistens schaut ein Programmierer gar nicht, was für Variablen in einer Bibliothek benutzt werden. Muss er auch nicht, denn Python zieht eine klare Linie zwischen den eigenen und den fremden Teilen des Programms.

Schauen Sie sich zunächst ein einfaches Beispiel an, in dem eine globale Variable innerhalb einer Funktion ausgegeben wird:

Globale Variable in lokaler Funktion

```
i = 1

def test():
    print(i)
    # Ausgabe: 1

test()
print(i)
# Ausgabe: 1
```

Im Unterschied zum Beispiel oben wird nun die Variable auch lokal definiert. Damit existieren im Programm zwei Variablen, die zwar den gleichen Namen haben, aber sonst völlig unabhängig voneinander funktionieren.

Schauen Sie sich vor allem genau die erste (auskommentierte) Zeile in der Funktion an und testen Sie das Verhalten unbedingt einmal selbst in Ihrer Entwicklungsumgebung.

Globale und lokale Variable

```
i = 1

def test():
    # print(i)   > funktioniert nicht!
    i = 99
    print(i)
    # Ausgabe: 99

test()
print(i)
# Ausgabe: 1
```

Aber manchmal geht es eben nicht anders. Mit dem Befehl `global` können Variablen in Unterstrukturen nicht nur gelesen, sondern auch geschrieben werden. Beachten (und probieren) Sie auch hier wieder das Verhalten der zweiten Zeile in der Funktion.

Definition einer globalen Variablen

```
i = 1

def test():
    # i = 11   > funktioniert nicht!
    global i
    i = 99
    print(i)
    # Ausgabe: 99

test()
print(i)
# Ausgabe: 99
```

Auch wenn der Zugriff auf Variablen kreuz und quer durch die Codeblocks möglich ist, sollte ein Programm wenig oder gar keinen Gebrauch davon machen. Das kann nämlich sehr schnell unübersichtlich werden. Allerdings muss auch nicht alles pauschal als global definiert werden.

Weniger bekannt und manchmal durchaus nützlich ist der kleinere Bruder `nonlocal`, mit dem der Zugriff auf Variablen innerhalb verschachtelter Funktionen ermöglicht wird. Das funktioniert genauso wie der Befehl `global`, die Auswirkungen breiten sich allerdings nicht über den gesamten Code aus.

Einsatz von nonlocal in verschachtelten Funktionen

```
def analyse():
    def pruefen():
        nonlocal fehler
        # ...
        fehler += 1

    fehler = 0
    pruefen()

    print(fehler)

analyse()
```

Ohne den Nonlocal-Befehl in der Pruefen-Funktion würde der Code nicht funktionieren. Und auch, wenn Profi-Programmierer darüber vielleicht nicht ganz glücklich sind, macht `nonlocal` und damit der Zugriff auf Variablen über Struktur-Ebenen hinaus durchaus Sinn wenn, wenn zum Beispiel das Verhalten oder das Ergebnis vieler kleiner Funktionen in einer übergeordneten Variablen gezählt und gespeichert werden soll.

Trotzdem gibt es Ausnahmen, die auf den ersten Blick für zusätzliche Verwirrung sorgen: Bei veränderbaren Datentypen funktioniert unter bestimmten Bedingungen auch der Zugriff über einen Block hinaus. Schauen Sie sich das folgende Beispiel am Ende dieses Kapitels ganz genau an:

Zugriff auf einen Veränderbaren Datentyp außerhalb des Blocks

```
liste = [1, 2, 3]

def test1():
    liste.append(4)
```

```
test1()

print(liste)
# Ausgabe: [1, 2, 3, 4]


def test2():
    liste += [5]

test2()   # funktioniert nicht!

print(liste)
```

Listen gehören zu den *veränderbaren* Datentypen. Im Beispiel oben verändert der Aufruf von `test1()` die globale Liste, während `test2()` das Programm mit einem Fehler abbricht.

Schauen Sie sich den Code ganz genau an, denn der Unterschied liegt im Detail: Bei `liste.append(4)` handelt es sich um einen Funktionsaufruf (und Funktionen bzw. Methoden können auch über Codeblocks hinaus aufgerufen werden), während `liste += [5]` die Zuweisung eines Werts zu einer bereits existierenden Variablen darstellt, die in der Funktion `test2` aber nicht enthalten ist, deswegen gibt Python an der Stelle einen Fehler aus.

PYTHON FÜR FORTGESCHRITTENE

ARBEITEN MIT DATEN

Eine gute Datenstruktur kann bereits eine Menge Code sparen. So kann zum Beispiel beim Wechsel von einer Liste zum Dictionary oft auf Suchfunktionen, Bedingungen und Schleifen verzichtet werden (wie Sie bereits weiter oben gelesen haben).

Mit wenigen Befehlen lassen sich Daten in Python komfortabel teilen, umwandeln und dem gewünschten Zweck anpassen, ohne vielzeilige oder komplizierte Programme schreiben zu müssen. Aber lesen Sie selbst, wie Daten sich für Ihre Zwecke perfekt in Form und Format bringen lassen!

VERWIRREND: SORTIEREN VON LISTEN

Um Listen der Reihe nach zu ordnen, gibt es in Python zwei Methoden: `sort` und `sorted`, die zwar im Prinzip das gleiche tun, sich aber völlig unterschiedlich verhalten (und schon viele Programmierer professionell verwirrt haben).

Der bravere Kandidat von beiden ist `sorted()`. Die Funktion liefert eine neue, sortierte Liste zurück und ist die bessere Wahl, wenn man nicht durcheinander kommen will.

Listen mit der Sorted-Methode ordnen

```
liste = [3, 2, 1]

liste = sorted(liste)
print(liste)
# Ausgabe: [1, 2, 3]

liste = sorted(liste, reverse = True)
print(liste)
# Ausgabe: [3, 2, 1]
```

Im Gegensatz dazu ist `sort()` eine Methode des Listen-Objekts mit einer sehr eigenwilligen Verhaltensweise, denn die Methode sortiert die Liste direkt an Ort und Stelle (Englisch: "*in place*") und liefert als Ergebnis **None** zurück.

Anwendung der Sort-Methode bei Listen

```
liste = [3, 2, 1]

# funktioniert:
liste.sort()
print(liste)

#funktioniert NICHT:
print(liste.sort())

#funktioniert NICHT:
liste = liste.sort(reverse = True)
print(liste)
```

Auf den ersten Blick scheint sorted() grundsätzlich die bessere Wahl zu sein. Allerdings wird dabei eine neue Liste erzeugt. Der andere Befehl (sort()) bietet sich also immer dann an, wenn das Original verändert werden kann und nicht erhalten bleiben muss. Sonst gibt es selbst beim Tempo fast keinen Unterschied zwischen den beiden Methoden.

Prägen Sie sich das Verhalten beider Methoden gut ein, denn der falsche Einsatz kann Programmierer bei der Fehlersuche eine Weile beschäftigen. Vor allem, wenn sort() wie in der vorletzten Zeile benutzt wird und damit den Inhalt der Variablen entfernt.

SALAMI-TAKTIK: STRING-SLICING MIT ZWEI DOPPELPUNKTEN

```
'Hallo'[::-1]
```

*S*chon mal gesehen? Auf bestimmte Positionen einer Liste oder einer Zeichenkette wird mit Hilfe des Index zugegriffen, der in eckigen Klammern hinter dem Namen der Liste oder des Strings steht. Oben sehen Sie eine Version für Fortgeschrittene.

In Python wird dieses Verfahren in seiner höchsten Ausbaustufe auf drei Werte erweitert, die durch zwei Doppelpunkte voneinander getrennt werden. Fangen wir zunächst ganz einfach mit einem einzigen Wert zwischen den eckigen Klammern an:

Zugriff auf Listenelemente über einen Index

```
wort = 'Schornsteinfeger'

print(wort[3])     # 4. Buchstabe in der Liste

print(wort[-2]     # vorletzter Buchstabe der Liste
```

Von-bis-Werte werden mit einem Doppelpunkt voneinander getrennt geschrieben, wobei auch ein Wert weggelassen werden kann. Die jeweilige Seite wird dann nicht gekürzt, sondern die Reihe startet am Anfang oder am Ende von Liste oder Zeichenkette.

Slicing mit zwei Werten (Anfang & Ende der Sequenz)

```
liste = [1, 2, 3, 4, 5]

print(liste[1:4])
# zweite bis vierte Zahl

print(liste[1:-1])
# zweite bis vorletzte Zahl

print(liste[2:])
# dritte bis letzte Zahl

print(liste[:-3])
# alle, außer die letzten drei Zahlen
```

Achtung: In der letzten Zeile kann statt `liste[:-3]` auch `liste[0:-3]` geschrieben werden. In der vorletzten Zeile geht das jedoch nicht. Zwar kann mit dem Index -1 auf das letzte Element einer Liste zugegriffen werden, steht jedoch das -1 nach dem Doppelpunkt, dann liefert Python alle Elemente bis **vor** diese Position. Prägen Sie sich deswegen das Verhalten der folgenden Syntax genau ein!

Zugriff auf das letzte Element einer Liste

```
liste = [1, 2, 3, 4, 5]

print(liste[-1])
# Ausgabe: 5
```

```
print(liste[-1:])
# Ausgabe: 5

print(liste[2:])
# Ausgabe: [3, 4, 5]

print(liste[2:-1])
# Ausgabe: [3, 4]
```

Es gibt noch einen weiteren Doppelpunkt, über den Teile von Listen extrahiert werden können. Durch den zusätzlichen Parameter können Elemente übersprungen werden.

Und mit dieser Erweiterung geht noch mehr: Denn ist der dritte Wert negativ, wird die Liste rückwärts abgearbeitet. Die vollständige Formel für das Slicing in Python sieht so aus:

```
liste / string [ start : stop : schrittweite ]
```

Wenn Sie bedenken, dass nicht alle Werte angegeben sein müssen, wird das Beispiel vom Anfang verständlich. Der Parameter ::-1 in der eckigen Klammer krempelt den String um (Schrittweite ist 1, also jedes Zeichen wird übernommen; negativer Wert, also wird die Zeichenkette von hinten nach vorne durchlaufen):

Slicing mit drei Parametern

```
wort = 'Schornsteinfeger'

print(wort[::-1])
# Ausgabe: regefnietsnrohcS
```

Das Slicing ist aber nicht nur nützlich beim Umwandeln von Zeichenketten, sondern kann auch Listen effektiv filtern und sogar Zahlen konvertieren – ein echtes Geheimrezept, um eine Zahl umzukehren (Fachbegriff: *"Spiegelzahl"*, also 311 wird 113 / gemeint ist damit aber *nicht* der Kehrwert).

Dafür wird die Zahl zuerst in eine Zeichenkette verwandelt, umgekehrt und dann wieder zurück in eine Zahl konvertiert.

Slicing einer Liste mit drei Parametern

```
liste = [1, 2, 3, 4, 5]

print(liste[::2])
# alle ungeraden Zahlen

print(liste[1::2])
# alle geraden Zahlen

print(liste[::-1]
# Liste in umgekehrter Reihenfolge
```

Zahl umdrehen

```
zahl = 123

verkehrt = int(str(zahl)[::-1])
```

Damit Sie den Vergleich zwischen dem einfachen Einzeiler oben und der mathematisch korrekten Formel für die Berechnung einer Spiegelzahl haben, soll Ihnen der Code dafür nicht vorenthalten werden. Beim Lesen wird schon klar, dass die erste Lösung zwar nicht mit dem Taschenrechner funktioniert, aber so viel einfacher als die mühevolle Rechnung ist.

Spiegelzahl berechnen

```
def spiegelzahl(zahl):

    sz = 0
    while zahl > 0:
        rest = zahl % 10
```

```
        sz = sz * 10 + rest
        zahl = zahl // 10

    return sz

print(spiegelzahl(311))
# Ausgabe: 113
```

Die Möglichkeiten beim Slicing mit drei Werten sind unendlich, allerdings braucht die korrekte Anwendung eine ordentliche Portion Nachdenken, denn die unbedarfte Kombination der Werte erzeugt überraschende Ergebnisse. Experimentieren Sie ausführlich mit der Kombination der Parameter! Sie werden sehen, dass es nicht leicht ist, auf Anhieb das gewünschte Ergebnis zu erzielen.

Zum Schluss ein weiteres Einsatzbeispiel, wenn eine Liste um eine vorgegebene Anzahl von Elementen weiter geblättert werden soll (Elemente vorne wegnehmen und hinten wieder anfügen). Dafür wird mit Hilfe des Slicings die Liste in zwei Teile zerlegt, die anschließend wieder neu zusammengesetzt werden – was ein unerfahrener Programmierer vermutlich mit einigen Zeilen mehr Code erledigen würde:

Listenelemente rotieren

```
liste = ['eins', 'zwei', 'drei', 'vier']

rotieren = 2

liste = liste[-rotieren:] + liste[:-rotieren]


print(Liste)

# Ausgabe: ['drei', 'vier', 'eins', 'zwei']
```

ZWEI IN EINS: LISTEN-VERGLEICHE STATT SCHLEIFE

Im Kapitel *"Listen im Laufen verändern"* haben Sie bereits Einzeiler kennengelernt, die einzigartig in Python sind und beim Arbeiten mit Daten-Reihen sehr viele Zeilen sparen können.

Allerdings ist die Syntax dieser Befehle für den Anfänger gewöhnungsbedürftig, weil es zwei unterschiedliche Formen gibt, in die alle einzelnen Befehle dicht gequetscht werden.

Aber zuerst zurück zu einem einfachen Beispiel ohne jeden Kniff oder Trick: Die Inhalte von Listen zu verändern ist eine Standard-Aufgabe von Programmierern, die fast in jedem Programm in dieser Form (Schleife plus Bedingung) zu finden ist.

Daten in Listen verarbeiten

```
zahlen = [1, 2, 3, 4, 5]

liste = []

for zahl in zahlen:

    if zahl % 2 == 0: continue

    liste.append(zahl * zahl)

print(liste)
# Ausgabe: [1, 9, 25]
```

Der Fachbegriff für die Verdichtung der Zeilen oben lautet *Listen-Vergleiche* (auf Englisch: *"List-Comprehensions"*) besonders schlaue Praktik, solche Code-Blocks in einer einzigen Zeile zusammenzufassen. Der Aufbau besteht dabei aus zwei oder drei Teilen:

1. Zuweisung

2. Schleife

3. Bedingung (optional)

Die Reihenfolge kann sich jedoch unterscheiden, wobei der Unterschied davon abhängt, ob die Bedingung nur aus `if` oder aus `if` und `else` besteht. Theoretisch sehen die Listen-Vergleiche dann so aus:

[Zuweisung   For-Schleife   If-Bedingung]

[Zuweisung   If-Else-Bedingung   For-Schleife]

Das For- und If-Befehl die Plätze wechseln, wenn ein `else` ins Spiel kommt, kann verwirrend sein.

Sehen Sie sich die beiden Varianten unten in aller Ruhe an und schauen Sie doch mal in Ihren eigenen Programmen, ob Sie die Listen-Vergleiche vielleicht sofort im eigenen Code benutzen können.

Listenvergleiche mit und ohne Else-Befehl

```
zahlen = [1, 2, 3, 4, 5]


liste_1 = [zahl * zahl for zahl in zahlen if zahl % 2
!= 0]


print(liste_1)

# Ausgabe: [1, 9, 25]
# -> weniger Elemente als in Zahlen


liste_2 = [zahl * zahl if zahl % 2 != 0 else None for
zahl in zahlen]


print(liste_2)

# Ausgabe: [1, None, 9, None, 25]
# -> gleich viele Elemente wie in Zahlen
```

Erst auf den zweiten Blick wird klar, warum die Listenvergleiche unterschiedlich aufgebaut sind: Im ersten Beispiel werden nur die Elemente verarbeitet, die es durch die Bedingung schaffen. Der Rest der Zahlen wird nicht in die neue Liste übernommen.

Beim zweiten Vergleich landen (durch die Erweiterung mit `else`) alle Elemente beziehungsweise genauso viele Elemente in der neuen Liste, wie anfangs vorhanden waren.

REISSVERSCHLUSS: LISTEN IN DICTIONARIES VERWANDELN & UMGEKEHRT

Statistik-Bibliotheken sind wählerisch: Mal sollen Datenreihen als getrennte Listen, mal als Dictionaries bereitgestellt werden. Oft wird die Verwandlung von einem ins andere mit Hilfe einer Schleife programmiert, die Element für Element ins neue Format überträgt, obwohl Python dafür bereits passende Befehle dafür bereitstellt:

Listen zusammenführen und trennen

```
personen = ['Anja', 'Bea', 'Charly']

alter = [31, 32, 33]

# Listen zusammenführen:
daten = dict(zip(personen, alter))

print(daten)

# Dictionary trennen:
personen_neu = daten.keys()
alter_neu = daten.values()
```

Exotischer ist die einzeilige Variante, zwei Listen in einem Dictionary zu vereinen, die jedoch statt Listen zwei Tuples als Ergebnis erzeugt. Funktional macht das keinen großen Unterschied. Wer die reine Liste benötigt, müsste beide Ergebnisse zusätzlich in einem weiteren Arbeitsschritt konvertieren.

Dictionary trennen in einer Befehlszeile

```
(personen_neu, alter_neu) = zip(*daten.items())

# falls erforderlich:
personen_neu = list(personen_neu)
alter_neu = list(alter_neu)
```

An dieser Stelle noch kurz ein Beispiel zu den drei Methoden, die mit einem Dictionary verwendet werden können, denn `items()`, `keys()` und `values()` sind nützliche Werkzeuge, um auf die Daten oder Teile davon zuzugreifen.

Logisch wäre, dass die Methoden einfach Listen zurückliefern, aber das tun sie leider nicht. Wer die Objekte untersucht (`type(d.keys())`) wird sehen, dass Python Klassen vom Typ `dict_values` erzeugt, bei denen nicht direkt über den Index auf die Werte zugegriffen werden kann.

Wer eine saubere Liste benötigt, muss diese Klasse zusätzlich mit `list()` umwandeln. Und ganz unten sehen Sie, wie Dictionaries auch als eine Liste aus Sets benutzt werden kann.

Zugriff auf Teile von Dictionaries

```
d = {
    1 : "eins",
    2 : "zwei",
    3 : "drei",
}

print(d.keys())
# Ausgabe: dict_keys([1, 2, 3])

print(list(d.keys()))
# Ausgabe: [1, 2, 3]
```

```python
print(d.values())
# Ausgabe: dict_values(['eins', 'zwei', 'drei'])

print(list(d.values()))
# Ausgabe: ['eins', 'zwei', 'drei']

print(d.items())
# Ausgabe: dict_items([(1, 'eins'), (2, 'zwei'), (3, 'drei')])

# print(d.items()[0])  > funktioniert nicht!


l = list(d.items())

print(l)
# Ausgabe: [(1, 'eins'), (2, 'zwei'), (3, 'drei')]


# gezielter Zugriff:
zwei_key = l[1][0]
zwei_value = l[1][1]

print(zwei_key, zwei_value)
# Ausgabe: 2 zwei
```

AUS ZWEI MACH EINS! DICTIONARIES MISCHEN

Listen können ganz einfach mit einem Pluszeichen verbunden werden (gesamt = Liste_A + Liste_B).
Das Zusammenführen von Dictionaries ist im Vergleich dazu nicht ganz so einfach. Auf den ersten Gedanken kann dieses Problem mit einer selbst-programmierten Funktion rasch gelöst werden:

Funktion zum Vereinen von Dictionaries

```
d1 = {
    1 : "eins",
    2 : "zwei",
    3 : "drei",
}

d2 = {
    3 : "DREI",
    4 : "vier",
    5 : "fünf",
}

def mischen(a, b):
    ergebnis = a
    for key, val in b.items():
        if key not in ergebnis:
            ergebnis[key] = val

    return ergebnis
```

```
print(mischen(d2, d1))
# Ausgabe: {3: 'DREI', 4: 'vier', 5: 'fünf', 1:
'eins', 2: 'zwei'}
```

Aber auch dafür hat Python eingebaute Befehle, mit denen das Mischen einfacher und schneller erledigt werden kann. Das dafür erforderliche Kommando sieht allerdings auf den ersten Blick etwas kryptisch aus:

Dictionaries zusammenführen

```
dict1 = {'a' : 1, 'b' : 2}
dict2 = {'b' : 3, 'c' : 4}


beide = { **Dict1, **Dict2}

print(beide)
```

Schauen Sie sich die Ausgabe dieses Beispiels genau an, denn wenn Einträge in beiden Dictionaries vorhanden sind, werden die Schlüssel-Werte-Paare aus dem ersten Dictionary von denen im zweiten überschrieben (anders als bei der einfachen Lösung im ersten Beispiel des Kapitels).

Ab Python Version 3.9 wird das Verbinden von Dictionaries noch einfacher durch den Einsatz eines Operators für diese Aktion (mit derselben Logik zum Überschreiben vorhandener Werte wie im Beispiel oben).

Dictionaries zusammenführen ab Python 3.9

```
beide = dict1 | dict2
```

Mit der Update-Funktion kann einem Dictionary ein weiteres hinzugefügt werden.

Der Umgang mit vorhandenen Werte erscheint dann zwar logischer als bei den oben gezeigten Methoden, dennoch muss damit eines der beiden ursprünglichen Dictionaries überschrieben werden und es wird keine neue Variable erzeugt:

Dictionaries mit der Update-Funktion zusammenführen

```
dict1 = {'a' : 1, 'b' : 2}

dict2 = {'b' : 3, 'c' : 4}


dict1.update(dict2)

print(dict1)
# Ausgabe: {'a': 1, 'b': 3, 'c': 4}
```

JENSEITS VON MIN UND MAX: GRÖSSTE UND KLEINSTE WERTE FINDEN

Die beiden Funktionen für den kleinsten und größten Wert in einer Datenreihe liefern in Python nur einen Wert zurück. Mathematisch gesehen ist das richtig, aber manchmal kann es nützlich sein, ein wenig tiefer in die Daten schauen zu können und mehr Informationen zu erhalten.

Kleinste und größte Werte in Datenreihen

```
werte = [1.1, 0.94, 7.23, -0.39, -12.12, 99.1, -17.3]

print(f'kleinster: {min(werte)} und
        größter: {max(werte)}')

# Ausgabe: kleinster: -17.3 und größter: 99.1
```

Statt selbst für neue Methoden auf die Tasten zu drücken, gibt es fertige Lösungen: Für detailliertere Analysen besser geeignet ist die Python-Standard-Bibliothek *heapq*, die eigentlich Heaps und Priority Queues bereitstellt – zwei sehr spezielle Datentypen, mit denen zum Beispiel Pfade berechnet werden können.

Damit lassen sich aber auch Listen mit kleinsten oder größten Werten einer anderen Liste erstellen, wobei das erste Argument die Anzahl der Werte definiert, die von den Funktionen sortiert zurückgeliefert werden:

Mehrere kleinste und größte Werte einer Datenreihe

```
import heapq

werte = [1.1, 0.94, 7.23, -0.39, -12.12, 99.1, -17.3]


print(heapq.nlargest(2, werte))
# Ausgabe: [99.1, 7.23]

print(heapq.nsmallest(3, werte))
# Ausgabe: [-17.3, -12.12, -0.39]
```

Aber auch die Standard-Funktionen haben mehr zu bieten: Min- und Max-Funktion verfügen über einen weiteren, interessanten Parameter, denn es kann eine Funktion angegeben werden, die vor der Ermittlung des Extremwerts auf alle zu untersuchenden Werte angewendet wird:

Funktion als zusätzlicher Parameter von min() und max()

```
liste = [12, -13, 1, 2, 3]

print(min(liste, key = abs))
# Ausgabe: 1

print(max(liste, key = abs))
# Ausgabe: -13
```

Achtung: Der Aufruf von max oben gibt nicht 13 zurück (abs(-13)), sondern -13, also den nicht-berechneten Originalwert aus der Liste! Sichtbar wird dieses Verhalten anhand eines einfacheren Beispiels:

Key-Argument bei min und max

```
neg = lambda x: -x

"""
ausführlich:
def neg(zahl):
    return zahl * (-1)
"""

liste = [1, 2, 3]

print(max(liste, key = neg))
# Ausgabe: 1
```

ZWILLINGE VERBOTEN: DUBLETTEN FINDEN & ENTFERNEN

Und wieder kann eine Schleife weggelassen werden: Um Duplikate aus einer Liste zu entfernen, werden die Daten zuerst in einen anderen, ähnlichen Datentyp umgewandelt und dann wieder in eine Liste konvertiert, denn der Set-Typ lässt – wie Sie bereits erfahren haben – keine doppelten Werte zu und entfernt beziehungsweise ignoriert diese beim Zuweisen.

Dubletten durch Konvertieren in ein Set entfernen

```
liste = [1, 1, 1, 3, 2, 1, 3, 2, 2, 1]

elemente = list(set(liste))

print(elemente)
# Ausgabe: [1, 2, 3]
```

Über den Vergleich der Länge von Original-Liste und der Version ohne Dubletten (also das Set) lässt sich umgekehrt herausfinden, ob alle Elemente einer Liste einzigartig sind:

Liste mit einmaligen Elementen

```
liste = [1, 2, 3, 3]

einmalig = len(liste) == len(set(liste))

print(einmalig)
# Ausgabe: False
```

Statt die Dubletten munter und unbedarft aus der Liste zu löschen, könnte auch die Frage auftauchen, welche Elemente einzigartig sind und welche mehrfach vorkommen. Dafür bietet Python wiederum eine leistungsfähige, eingebaute Bibliothek mit der diese Analysen schnell durchgeführt werden können:

Häufigkeiten in Listen untersuchen

```
from collections import Counter

liste = ["a", "a", "b", "c", "c"]

stat = Counter(liste)

print(dict(stat))
# Ausgabe: {1: 8, 2: 1}


einzigartig = [key for key, val in stat.items() if val == 1]

print(einzigartig)
# Ausgabe: ['b']


mehrfach = [key for key, val in stat.items() if val != 1]

print(mehrfach)
# Ausgabe: ['a', 'c']
```

ICH ENTPACKE MEINE LISTE – TEILWEISE...

Teile aus Listen können in Python leicht einzelnen Variablen zugewiesen werden – auch wenn so etwas in der Praxis vermutlich selten benutzt wird, lohnt es sich, die erforderliche Syntax irgendwo im Hinterkopf zu haben.

Das Sternchen vor dem Variablennamen dient dabei als so genannte Wildcard und schließt alle übrigen Elemente der Liste ein:

Listen mit Hilfe von Wildcards zerlegen

```
liste = [1, 2, 3, 4, 5, 6]

erstes, zweites, *rest = liste

print(erstes, zweites)
# Ausgabe: 1 2

print(rest)
# Ausgabe: [3, 4, 5, 6]

erstes, *mitte, ende = liste

print(erstes)
# Ausgabe: 1
```

```
print(mitte)
# Ausgabe: [2, 3, 4, 5]

print(ende)
# Ausgabe: 6
```

Im Internet kursieren durchaus amüsante und kuriose Beispiele, was mit dem Sternchen alles angestellt werden kann (aber nicht unbedingt gemacht werden sollte). Hier ein Beispiel, das besser niemals in einem richtigen Programm auftauchen sollte:

Fragwürdiger Einsatz von Wildcards beim Listen-Zerlegen

```
a, _, b, _, c, *_ = [1, 2, 3, 4, 5, 6]

print(a, b, c)
# Ausgabe: 1, 3, 5
```

Nebenbei: Der Unterstrich (_) wird von Python als Variablenname akzeptiert und dient oft als so genannte Abfall-Variable, wenn Werte zwar zugewiesen, aber nicht verwendet werden sollen.

Natürlich könnte die Zuweisung genauso über den Index geschehen: `erstes, letztes = liste[0], liste[-1]`. Auch der Mittelteil kann mit Hilfe von Slicing gezielt herausgetrennt werden. Außerdem ist das Zuweisen mehrerer Variablen getrennt durch Kommas in einer Zeile ein eher umstrittener Programmierstil.

Aufgeräumt und übersichtlich ist die Lösung unten, die der oberen Varianten auf jeden Fall vorgezogen werden sollte:

Listen mit Slicing aufteilen

```
erstes = liste[0]
mitte = liste[1:5]
ende = liste[5]
```

UNSORTIERTE LISTEN VERGLEICHEN

Die Prüfung, ob sich in zwei ungeordneten Listen die gleichen Elemente befinden, ist ohne einigen Programmieraufwand nicht leicht herauszufinden. Natürlich ist Python präzise und würde niemals auf die Idee kommen, zwei Listen als gleich zu bewerten, die gleiche Elemente in unterschiedlicher Reihenfolge enthalten:

Ungleiche Listen mit gleichem Inhalt

```
l1 = [1,2,3]
l2 = [3,2,1]

print(l1 == l2)
# Ausgabe: False
```

Die Counter-Funktion (weiter oben bereits vorgestellt zum Finden von Dubletten in Listen) in der fest integrierten Collections-Bibliothek von Python zählt die Häufigkeiten von Elementen in einer Liste und ermöglicht dadurch den blitzschnellen Vergleich.

Ungeordnete Listen vergleichen

```
from collections import Counter

liste_1 = [33, 37, 39, 31]
liste_2 = [39, 31, 34, 39]
```

```
print(Counter(liste_1))
# Ausgabe: Counter({33: 1, 37: 1, 39: 1, 31: 1})

print(Counter(liste_2))
# Ausgabe: Counter({39: 2, 31: 1, 34: 1})

print(Counter(liste_1) == Counter(liste_2))
# Ausgabe: False
```

Diese Methode funktioniert, weil die Counter-Objekte sich auch bei unterschiedlicher Reihenfolge der Elemente anhand des Inhalts trotzdem vergleichen lassen. Schauen Sie sich an, wie das Ergebnis bei gleichem Listeninhalt aussieht:

Vergleich von Liste und Counter-Objekt

```
from collections import Counter

liste_1 = [33, 37, 39, 31]
liste_2 = [31, 37, 39, 33]

print(liste_1 == liste_2)
# Ausgabe: False

print(Counter(liste_1))
# Ausgabe: Counter({33: 1, 37: 1, 39: 1, 31: 1})

print(Counter(liste_2))
# Ausgabe: Counter({31: 1, 37: 1, 39: 1, 33: 1})

print(Counter(liste_1) == Counter(liste_2))
# Ausgabe: True
```

Obwohl Counter(liste_1) und Counter(liste_2) eine unterschiedliche Reihenfolge der Inhalte enthalten, ist der Vergleich der beiden Objekte trotzdem True, während der direkte Vergleich der beiden Liste zum negativen Ergebnis führt.

DU BIST RAUS: LISTEN UND DICTIONARIES FILTERN

Um eine Teilmenge einer Liste zu erstellen, wird von dieser am besten eine Kopie angefertigt. Statt sich aufwendig mit Schleifen durch die Daten zu arbeiten, können in Python mit einem einzigen Befehl die gesuchten Elemente ausgefiltert werden, wie Sie bereits oben unter dem Stichwort *"Listen-Vergleiche"* gelesen haben:

Listen mit einer einfachen Bedingung filtern

```
daten = ['A_A', 'X_A', 'B_X', 'CA', 'D_E', 'FF']
auswahl = [x for x in daten if '_' in x]
print(auswahl)
```

Der Code oben enthält keine Erweiterung der Bedingung durch ein else. Eher selten benötigt, aber machbar: Wer die Original-Reihenfolge erhalten will, wobei nicht erwünschte Elemente zum Beispiel durch einen Platzhalter ersetzt werden, erweitert die Auswahl um den Else-Befehl:

Listen mit einer erweiterten Bedingung filtern

```
daten = [ 'A_A', 'X_A', 'B_X', 'CA', 'D_E', 'FF',]
```

```
auswahl = [x if '_' in x else "anders"
            for x in daten]

print(auswahl)
# Ausgabe: ['A_A', 'X_A', 'B_X', 'anders',
'D_E', 'anders']
```

Leider ist im Gegensatz dazu die Filterung von Dictionaries in Python nicht so komfortabel zu programmieren wie bei Listen. Um das gleiche Ergebnis wie im ersten Beispiel dieses Kapitels zu erhalten, ist folgender Code notwendig:

Dictionaries mit einer einfachen Bedingung filtern

```
daten = {'A_A' : 10, 'X_A' : 112, 'B_X' : 1,
         'CA' : 1.2}

auswahl = dict(filter(lambda x: '_' in x[0],
daten.items()))

print(auswahl)
# Ausgabe: {'A_A': 10, 'X_A': 112, 'B_X': 1}
```

Der Befehl oben ist verschachtelt und überfrachtet. Es gibt aber für das gleiche Problem auch einfachere Lösungen. Besser lesbar und mit dem gleichen Ergebnis funktioniert zum Beispiel folgende Zeile:

Dictionaries mit einer Bedingung filtern

```
auswahl = {k : v for k, v in daten.items()
            if '_' in k}
```

Diese Methode ist wichtig, denn sie entspricht dem Listenvergleich und funktioniert ebenso gut für Dictionaries, einzig mit dem Unterschied, dass statt einer Variablen mit dem Wertepaar `key` und `value` gearbeitet werden muss. Geschweifte Klammern vorne und hinten sowie der Doppelpunkt im ersten Teil des Statements ergeben dann statt einer Liste ein Dictionary. Besonders praktisch: Mit der Bedingung können beide Seiten jedes Eintrags untersucht werden.

Hier zunächst ein paar Beispiele, wozu diese Befehle fähig sind, wenn Schleifen und Bedingungen benutzt werden:

Einfache Beispiele für Dictionary-Vergleiche

```
d = {
    1 : 2,
    2 : 2,
    3 : 4,
}

umgekehrt = {v : k for k, v in d.items()}
# funktioniert sogar bei doppelten Werten
# es bleibt jedoch nur die letzte Zuweisung erhalten

print(umgekehrt)
# Ausgabe: {2: 2, 4: 3}


berechnet = {k : v * 2 for k, v in d.items()}

print(berechnet)
# Ausgabe: {1: 4, 2: 4, 3: 8}


neuer_key = {k * 100 : v for k, v in d.items()
             if v == 2}

print(neuer_key)
# Ausgabe: {100: 2, 200: 2}
```

Fehlt nur die Bedingung mit else, was gerade im letzten Beispiel oben praktisch wäre, damit alle Einträge erhalten bleiben, die nicht positiv auf die Bedingung reagieren. Bei Listen wird die Bedingung einfach vorgezogen und um das else erweitert. Bei Dictionaries ist das nicht ganz so einfach. Deswegen: Tief durchatmen und alle Beispiele unten in aller Ruhe anschauen und ausprobieren.

Dictionary-Vergleich inklusive Else

```python
d = {
    1 : 2,
    2 : 2,
    3 : 4,
}

# Key mit if verändern, unveränderte Paare entfernen
neuer_key = {k * 100 : v for k, v in d.items()
             if v == 2}

print(neuer_key)
# Ausgabe: {100: 2, 200: 2}


# Key verändern, unveränderte Paare erhalten
neuer_key_alle = {k * 100 if v == 2 else k : v
                  for k, v in d.items()}

print(neuer_key_alle)
# Ausgabe: {100: 2, 200: 2, 3: 4}


# Key und Value in allen Paaren verändern
modifizierte_keys = {
    (k * 100 if v == 2 else k) : (v if v == 2
    else v * 100)
    for k, v in d.items()
}

print(modifizierte_keys)
# Ausgabe: {100: 2, 200: 2, 3: 400}
```

ABWESEND: FEHLENDE WERTE IN DICTIONARIES

Wenn Werte aus einem Dictionary abgefragt werden sollen, die darin möglicherweise gar nicht vorhanden sind, reagiert die Sprache äußerst sensibel und wirft kein None zurück, sondern bricht mit einem deftigen Fehler ab.

Um das zu vermeiden, tasten sich Anfänger Schritt für Schritt an einen stabilen Prozess heran. Zuerst wird geprüft, ob der Schlüssel vorhanden ist. Ist das der Fall, wird der vorhandene Wert abgefragt. Auf den ersten Blick ist klar, dass dieses behutsame Vorgehen eine Menge Zeilen kostet:

Dictionaries schrittweise abfragen

```
dict = {'A' : 1, 'B' : 2, 'C' : 3}

# funktioniert nicht:
# print(Dict['D'])

if 'D' in dict:
    print(dict['D'])
else:
    print('nicht vorhanden')
```

Mit der Get-Funktion kann diese Abfrage auf einen Einzeiler reduziert werden. Zusätzlich bietet die Funktion einen Parameter, der definiert, was bei erfolgloser Suche zurückgegeben werden soll:

Dictionary-Einträge mit Get abfragen

```
ergebnis = dict.get('D', "nicht vorhanden")
```

Trotzdem sollte die Vorgehensweise vom Anfang nicht gleich von der inneren Befehls-Liste gestrichen werden, denn sie kann helfen, auf der Werte-Seite des Dictionaries nach bestimmten Inhalten Ausschau zu halten. Egal ob Sie etwas suchen oder verändern wollen: Grundsätzlich ist die Schleife dafür keine schlechte Lösung.

Aber irgendwo zwischen manchmal und meistens geht es auch einfacher: Insgesamt gibt es für die Schlüssel drei Prüfmethoden, die allesamt nahezu gleich funktionieren (die Ausnahme get() haben wir uns im vorigen Beispiel schon angesehen):

Dictionary auf Schlüssel prüfen

```
d = {
    'a' : 'e',
    'b' : 'f',
    'c' : 'g',
}

if 'a' in d:
    ...

if d.get('a'):
    ...

if 'a' in d.keys():
    ...
```

Besonders die letzte Zeile ist interessant, weil mit der Geschwister-Methode `values()` in den Werten nach vorhandenen Einträgen gesucht werden kann – wie Sie weiter oben bereits gesehen haben.

Dictionary auf Schlüssel und Werte prüfen

```
if 'a' in d.keys():
    ...

if 'e' in d.values():
    ...
```

SCHLÜSSELDIENST: ELEMENTE IN DICTIONARIES LÖSCHEN

Um Schlüssel-Werte-Paare aus Dictionaries zu entfernen, endet beim Programmieren meist in einer umständlichen If-Abfrage, auch weil auch hier wieder das Problem besteht, dass zuerst geprüft werden muss, ob ein entsprechender Eintrag vorhanden ist.

Daten aus Dictionaries mit Überprüfung entfernen

```
d = {"key" : "value"}

# einfache Prüfung:
if "key" in d:
    del d["key"]

# alternative Prüfung:
if d.get("key"):
    del d["key"]

# liefert einen Fehler:
del d["nicht vorhanden"]
```

Wenn der Schlüssel nicht vorhanden ist, würde der `del`-Befehl eine Fehlermeldung auswerfen. Statt `del()` kann auch bei einem Dictionary der Befehl `pop()` benutzt werden, der meistens mit Listen in Verbindung gebracht wird. Aber auch `pop()` streikt mit einem harten Stopp, wenn der Schlüssel nicht gefunden wird.

Daten aus Dictionaries mit pop() entfernen

```
d = {
    "k1" : "value1",
    "k2" : "value2",
}

# funktioniert, wenn Schlüssel vorhanden:
d.pop("k2")

# funktioniert nicht:
d.pop("key2")
```

Wer sich Prüfung und Fehlermeldung sparen will, kann dem pop-Befehl allerdings ein weiteres Argument hinzufügen. Damit wird der Löschbefehl ausgeführt, wenn der Schlüssel im Dictionary vorhanden ist, und auch sonst läuft der Code ohne Fehler weiter:

Löschen aus Dictionaries ohne Fehlermeldung

```
d = {"k1" : "value"}

# funktioniert:
d.pop("test", None)
```

Damit ist pop() dem Del-Befehl klar überlegen und hat sogar die identische Syntax mit der Fehler-Erweiterung wie das get() von weiter oben.

BÜGELEISEN: LISTEN FLACH MACHEN

Viele Wege führen in Python zur passenden Lösung. Das zeigt sich bei einer ebenfalls häufig zu erledigen Programmier-Aufgabe, nämlich dem Reduzieren einer Liste, die aus vielen weiteren (Unter-)Listen besteht, in eine eindimensionale, ordentliche Reihe.

Zu den Standards gehört eine Lösung mit Hilfe der Itertools-Bibliothek und eine zweite Lösung funktioniert sogar in purem Python ohne weitere Hilfsmittel und zusätzliche Installationen:

Flache Listen ohne und mit Itertools

```
liste = [[1,2,3], [4,5], [6,7,8], [9], [10,11]]


# Lösung ohne zusätzliche Bibliothek:

flach1 = [item for sublist in liste for item
          in sublist]

print(flach1)


# mit Hilfe der Itertools-Bibliothek:

import itertools

flach2 = list(itertools.chain.from_iterable(liste))

print(flach2)
```

Zur Erklärung sehen Sie unten die Code-Zeilen, wie die Lösung des ersten Beispiels (`flach1`) ausführlich programmiert aussehen würde. Die Funktionsweise ist die gleiche, nur sind die beiden Schleifen und der Append-Befehl im Beispiel oben in einer einzigen Zeile zusammengefasst:

Ausführlicher Code zum Flachen von Listen

```
flach1 = []
for subliste in liste:
    for element in subListe:
        flach1.append(element)
```

Ganz anders dagegen funktioniert eine dritte Lösung. Die ist allerdings ineffizient bei großen Listen und sollte wegen schlechter Lesbarkeit nicht benutzt werden:

Kreative Lösung für flache Listen

```
flach3 = sum(liste, [])
```

Im Internet sind ganze Artikel über diesen besonderen Trick zu finden, vermutlich weil hier die Sum-Methode über den Startwert (das zweite Argument) zu einer ungewöhnlichen Verhaltensweise gebracht wird.

Die Autoren dieser Texte erklären auch, warum eine so scheinbar einfache Methode eine ganze Menge Speicher verbrauchen kann und deshalb in der Praxis nicht eingesetzt werden sollte. Gut erklärt, wird das zum Beispiel hier (allerdings auf Englisch):

https://mathieularose.com/how-not-to-flatten-a-list-of-lists-in-python

Deutlich seltener benötigt, aber vielleicht ist es Ihnen beim selbst ausprobieren bereits aufgefallen: Alle Beispiele oben funktionieren nur bei verschachtelten Listen, die nur eine Unter-Ebene (Liste in Liste) enthalten.

Tiefere und komplexer verschachtelte Listen schaffen die vorigen Lösungen nicht. Um Ihnen das komplette Bild zu bieten, sehen Sie unten eine Lösung dafür. Im Internet gibt es zahlreiche Vorschläge, diesen Knoten zu lösen. Allerdings kommen die meisten nicht ohne Zugriff auf zusätzliche (Standard-)Bibliotheken aus. Der Code unten läuft astrein, einzig und allein in reinem Python. Außerdem nutzt er die *Rekursion* als ein Lieblingskind theoretischer Informatiker.

Stark verschachtelte Listen glätten

```
liste = [[1,2,3], [4,5], [6,7,["a","b"], ["c", "d"]], 8], [9], [10,11]]

flatten = lambda *input: list(
    x for a in input
    for x in (
    flatten(*a)
    if isinstance(a, (tuple, list))
    else (a,)
    )
)

print(flatten(liste))
# Ausgabe: [1, 2, 3, 4, 5, 6, 7, 'a', 'b', 'c', 'd', 8, 9, 10, 11]
```

STANDARDWERTE IN DICTIONARIES BENUTZEN

Oft angepriesen (aber gar nicht so oft benutzt) ist die Setdefault-Methode, um Standardwerte für Einträge in Dictionaries zu setzen, falls der Wert nicht schon vorhanden ist.

Die grundlegende Benutzung ist schnell erklärt: Sollte ein Schlüssel-Werte-Paar nicht vorhanden sein, so wird dies entsprechend hinzugefügt, ansonsten bleibt das Dictionary unverändert:

Dictionary mit Setdefault() befüllen

```
dict = {'Name' : 'Werner',}


dict.setdefault('Vorname', 'Klaus')

print(dict)   # dict wurde erweitert


dict.setdefault('Vorname', 'Sabine')

print(dict)   # Dict bleibt unverändert
```

Aber wozu wurde eine Funktion extra dafür in Python eingebaut? Der Befehl spart die Mühe, eine komplette If-Else-Bedingung schreiben zu müssen. Solange ein Dictionary direkt mit Schlüssel-Werte-Paaren befüllt wird, scheint sich der Einsatz kaum zu lohnen.

Bei der Arbeit mit mehreren Dictionaries wird der Wert des Befehls jedoch sofort sichtbar. Im Beispiel unten werden Daten aus einem in ein anderes Dictionary übertragen:

Dictionary mit If-Bedingung erweitern

```
dict_1 = {'Name' : 'Werner',}

dict_2 = {'Name' : 'Meier', 'Vorname' : 'Klaus'}


for key, value in dict_2.items():

    if key not in dict_1:

        dict_1[key] = value
```

Die deutlich kompaktere Form des Codes mit Setdefault und dem gleichen Ergebnis sieht so aus. Nicht nur eine Zeile und damit eine Bedingung gespart, sondern der Code ist auch deutlich besser lesbar.

Dictionary mit Setdefault erweitern

```
for key, value in dict_2.items():

    dict_1.setdefault(key, value)
```

Die oben gezeigten Beispiele dienen dem Anlegen und Erweitern von Dictionaries. Wenn Inhalte von Dictionaries anders verarbeitet werden müssen, kann die Methode ebenfalls nützlich sein.

Im Beispiel unten müssen Häufigkeiten von Werten in einer Liste ermittelt werden, was im Kapitel "*Zwillinge verboten*" über Dubletten in Listen bereits angerissen wurde. Hier zunächst und zusätzlich die typische Lösung für das Problem, wie sie sich auf die Schnelle programmieren lässt:

Häufigkeiten in einem Dictionary erfassen

```
liste = ['a', 'a', 'b', 'c']

inhalt = {}

for element in liste:
    if element not in inhalt:
        # neuer Eintrag startet bei 1
        inhalt[element] = 1
    else:
        # Eintrag vorhanden, wird um 1 erhöht
        inhalt[element] += 1

print(inhalt)
# Ausgabe: {'a': 2, 'b': 1, 'c': 1}
```

Die Bedingung in der Schleife lautet: Wenn der Schlüssel nicht vorhanden ist, lege den Schlüssel an und weise den Wert 1 zu, sonst addiere zum vorhandenen Wert des Schlüssels den Wert 1. Das ist auf jeden Fall eine grundsolide Lösung des Problems.

Dies lässt sich aber wieder verdichten und in einem einzigen Befehl programmieren, indem die Zuweisung des Dictionary-Eintrags eine If-Else-Bedingung enthält:

Häufigkeiten in einem Dictionary mit komplexer Zuweisung

```
for element in liste:

    inhalt[element] = 1 if element not in inhalt
    else inhalt[element] + 1
```

Das ist zwar kompakter, aber nicht unbedingt besser lesbar, weil die eine, einzige Zeile in der Schleife ziemlich lang ist. Aber das Problem lässt sich auch mit Hilfe der Setdefaultdict-Methode lösen, die jegliches if und else vermeidet, nicht vorhandene Einträge anlegt und diesen sofort den Wert 0 zuweist:

Häufigkeiten in einem Dictionary mit Setdefaultdict

```
for element in liste:

    inhalt.setdefault(element, 0)

    inhalt[element] += 1
```

WIE OFT?
HÄUFIGKEITEN ERMITTELN

In den vorigen Kapiteln wurde bereits erklärt, wie die Häufigkeiten von Elementen in einer Liste ermittelt werden können.
 Hier noch einmal eine halbwegs kompakte und gut lesbare Lösung mit Hilfe der Setdefault-Methode für die Aufgabe, bei der zumindest eine If-Else-Bedingung vermieden werden kann:

Häufigkeiten von Elementen in einer Liste

```
liste = ['a', 'a', 'b', 'c']
inhalt = {}

for element in liste:
    inhalt.setdefault(element, 0)
    inhalt[element] += 1

print(inhalt)
# Ausgabe: {'a': 2, 'b': 1, 'c': 1}
```

Eine weitere Lösungsmöglichkeit ist der Einsatz der Count-Methode. Die zählt, wie oft ein einzelnes Element in einer Liste vorhanden ist.
 Allerdings müssen Sie im Beispiel unten genau hinsehen, denn die Schleife läuft nicht mehr über die gesamte Liste, sondern nur über ein Set (`set(liste)`) davon (also alle darin enthaltenen Elemente ohne Dubletten):

Häufigkeiten von Elementen in einer Liste mit Set und Count

```
liste = ['a', 'a', 'b', 'c']

print(set(liste))
# Ausgabe: {'a', 'c', 'b'}

inhalt = {}

for element in set(liste):
    inhalt.setdefault(element,
liste.count(element))

print(inhalt)
# Ausgabe: {'a': 2, 'c': 1, 'b': 1}
```

In der Schleife werden also zwei völlig verschiedene Arbeiten auf einmal erledigt: Am Anfang wird eine neue Liste gebildet, die alle Elemente nur einmal enthält und dann wird durch diese neue Liste gelaufen und alle Einträge in das Dictionary übertragen sowie die Häufigkeit in der ursprünglichen Liste gezählt. Dieser Aufwand ist auf den ersten Blick gar nicht sichtbar.

Ganz einfach lässt sich diese Arbeit auch mit Hilfe der Collections-Bibliothek erledigen. Die darin enthaltene Counter-Methode ist genau für diese Aufgabe gemacht – allerdings entsteht dabei ein Counter-Objekt, das zur Sicherheit in ein Dictionary umgewandelt werden sollte

Häufigkeiten mit der Collections-Bibliothek

```
import collections

inhalt = dict(collections.Counter(liste))

print(inhalt)
# Ausgabe: {'a': 2, 'b': 1, 'c': 1}
```

Auf der Suche nach der besten Lösung trennt sich die Python-Gemeinde in zwei Lager: Die Nutzer von Bibliotheken und – auf der anderen Seite – die Fans des reinen Pythons.

Die Frage ist berechtigt, ob tatsächlich jede kleine Aufgabe gleich mit dem Import eines Befehls aus einer Bibliothek gelöst werden muss, aber viele Python-Erweiterungen glänzen mit Geschwindigkeit, wenn besonders viele Daten verarbeitet werden müssen: Beim Test mit einer Liste mit 10 Millionen Elementen benötigt die erste Lösung rund 4 Sekunden, Lösung Nummer zwei war mit 2 Sekunden etwa doppelt so schnell und die Collections-Bibliothek erzeugte das Dictionary in unter einer Sekunde.

Nebenbei: Die Menge an Daten nimmt unaufhaltsam zu und deren Verarbeitung wird immer aufwendiger. Wissenschaftler nehmen an, dass sich die digitalen Informationen derzeit alle zwei Jahre verdoppeln. Und das betrifft auch kleinere Hobby-Projekte, weil Musiksammlungen immer umfangreicher und Fotos größer und größer werden.

Deswegen lohnt es sich, in kleinen Experimenten die Geschwindigkeit unterschiedlicher Lösungen zu ermitteln, denn häufig ist der Unterschied gewaltig und sobald nicht nur ein paar wenige Elemente berechnet werden müssen, kann die Wahl der schnellsten Methode schon über Stunden oder Tage Rechenzeit entscheiden.

UMFANGREICH KOMBINIERT: PERMUTATIONEN

Wie viele verschiedene Zahlenkombinationen können aus den Ziffern 1, 2, 3 und 4 gebildet werden? 1 2 3 4, 4 3 2 1, 4 2 3 1... Viel Spaß beim Knobeln!

Das Berechnen der Anzahl (es sind 24) und die Darstellung der Kombinationen (Fachbegriff: *Permutationen*) ist in Python schnell programmiert. Dazu muss allerdings die Bibliothek *Itertools* hinzugezogen werden:

Permutationen erstellen mit Itertools

```python
import itertools


ziffern = [1, 2, 3, 4]


anzahl = len(list(itertools.permutations(ziffern)))

print(f'Permutationen: {anzahl}')
# Ausgabe: Permutationen: 24

for kombination in itertools.permutations(ziffern):

    print(kombination, end = ' ')
```

```
# Ausgabe: (1, 2, 3, 4) (1, 2, 4, 3) (1, 3, 2, 4)
(1, 3, 4, 2) (1, 4, 2, 3) (1, 4, 3, 2) (2, 1, 3, 4)
(2, 1, 4, 3) (2, 3, 1, 4) (2, 3, 4, 1) (2, 4, 1, 3)
(2, 4, 3, 1) (3, 1, 2, 4) (3, 1, 4, 2) (3, 2, 1, 4)
(3, 2, 4, 1) (3, 4, 1, 2) (3, 4, 2, 1) (4, 1, 2, 3)
(4, 1, 3, 2) (4, 2, 1, 3) (4, 2, 3, 1) (4, 3, 1, 2)
(4, 3, 2, 1)
```

Achtung: Beim Aufruf von itertools.permutations(ziffern) wird ein Iterator zurückgegeben, der nur *einmal* aufgerufen werden kann und nicht wiederverwendbar ist, sondern sich — sehr untechnisch ausgedrückt — danach in Luft auflöst.

Deswegen muss oben bei der Zuweisung von Anzahl und am Anfang der Schleife die gleiche Funktion (itertools.permutations(ziffern)) erneut aufgerufen werden, statt sie einmal am Anfang in eine Variable zu schreiben.

Dieses Phänomen kann für Einsteiger extrem verwirrend sein. Probieren Sie deswegen unbedingt aus, wie sich der folgende Code beim Ausführen verhält:

Verbrauchter Iterator

```
i = iter(range(10))
# mit i = range(10) verhält sich der Code völlig
anders

print(i)
# Ausgabe: <range_iterator object at
0x00000235E386C790>

print(list(i))
# Ausgabe: [0, 1, 2, 3, 4, 5, 6, 7, 8, 9]

print(list(i))
# Ausgabe: []
```

PYTHON FÜR FORTGESCHRITTENE

STRICKMUSTER: CODE STRUKTURIEREN

Neben ein paar wichtigen Unterschieden zwischen Python und anderen Programmiersprachen, finden Sie in diesem Abschnitt vor allem Hinweise, wie Code gut strukturiert wird und Abläufe übersichtlich gestaltet und vereinfacht werden können.

Die Python-Gemeinschaft veröffentlicht regelmäßig Richtlinien, wie ein Programm gestaltet werden sollte. Daher kommen auch die Vorgaben für Zeilenlängen oder das Einrücken von Code-Blocks.

Neben kosmetischen Aspekten sind von der Struktur eines Codes aber auch die Lesbarkeit, die Länge des Programms (Wiederholungen vermeiden und möglichst viele Zeilen wiederverwenden) und die Geschwindigkeit beim Ausführen abhängig.

WEHRET DEN KOMMAS: MEHRERE WERTE ZURÜCKGEBEN

*E*infach durch Kommas voneinander trennen", lautet die Antwort auf die Frage, ob und wie *mehrere* Werte von einer Funktion in Python zurückgegeben werden können. Ähnliche und ähnlich abschreckende Beispiele haben Sie bereits im Kapitel *"Werte wild zuweisen"* gesehen.

Das ist so einfach wie es klingt und mindestens genauso attraktiv – jedenfalls auf den ersten Blick, denn bei komplexen Programmen kann es sinnvoll sein, mehr als ein Ergebnis aus einer Funktion zurück zu liefern, zum Beispiel Name und Vorname einer Person.

Obwohl das auf einfachste Weise in Python möglich ist, hat es doch ein paar schwerwiegende Nachteile. Zum Einstieg ein Beispiel für so eine Mehrfach-Rückgabe:

Rückgabe mehrerer Werte

```
def Monster():
    name = 'Drache'
    attacke = 11
    energie = 99

    return name, attacke, energie
#monster#
```

```
print(Monster())
# Ausgabe: ('Drache', 11, 99)

print(type(Monster()))
# Ausgabe: <class 'tuple'>
```

Innerhalb der Funktion sind die Werte klar definiert. Einem Nutzer dieser Funktion werden die Werte der Variablen allerdings ohne weitere Erklärung als Tuple geliefert. Er kann nicht erkennen, ob die Werte 11 und 99 für Energie und Attacke oder für Attacke und Energie stehen.

Noch ungünstiger ist danach die Weiterverarbeitung der Werte, weil auf die Elemente des Tuples per Index-Nummer zugegriffen werden muss. Damit ist dann dem interessierten Code-Leser gar nicht mehr klar, welcher Wert wann oder wozu benutzt wird.

Zugriff auf Elemente eines Tuples

```
print(Monster()[0])

energie = Monster()[2]
```

Nicht sehr viel besser, aber in vielen Python-Büchern empfohlen, ist die Übergabe der Werte in mehrere Variablen innerhalb einer Zeile. Wenn Sie so eine Methode frisch geschrieben haben, mag das machbar erscheinen, aber ein Wiederverwender Ihres Codes müsste sich zuerst tief und lange in den Code einlesen – und es bleibt das Risiko, dass er dabei Fehler macht und Variablen verdreht oder vertauscht.

Gleichzeitige Zuweisung mehrerer Werte

```
name, attacke, energie = Monster()
```

Viel besser (weil besser lesbar) ist die Rückgabe eines Dictionaries statt eines Tuples. Konkret bedeutet das aber auch: Verzichten Sie darauf, mehrere Werte zurückzugeben, sondern packen Sie diese in einer Variablen zusammen.

Der Wechsel des Datentypen macht dem Programmierer allerdings etwas mehr Arbeit, denn das Dictionary muss innerhalb der Funktion erst erstellt werden werden:

Dictionary zur Rückgabe mehrerer Werte

```
def Monster():

    ret = {
    "Name" :    "Drache",
    "Attacke" : 11,
    "Energie" : 99,
    }

    return ret

#Monster#

# unschön:
print(Monster()["Name"])

# besser:
m = Monster()
print(m["Name"])
```

Spendieren Sie einen weiteren schnellen Blick auf den Unterschied in den beiden Print-Befehlen: Im ersten ist die Kombination aus Funktionsaufruf und gleichzeitigem Zugriff auf einen Schlüssel innerhalb des Dictionaries nicht besonders schön anzusehen. Das Aufteilen in zwei Codezeilen (wie im zweiten Print) sieht da schon deutlich besser aus.

Wem das Handling eines Dictionaries in einer Methode zu aufwendig ist, der kann die Konstruktion der Daten mit Hilfe einer Funktion komplett automatisieren, wobei das Beispiel unten eher eine Demonstration der Leistungsfähigkeit von Python ist und weniger ein Empfehlung für die Programmier-Praxis.

Dictionaries aus Variablen automatisch erstellen

```python
import re
import traceback


def var_dict(*werte):

    stack = traceback.extract_stack()
    f, l, n, Code = stack[-2]

    namen = re.compile(r'\
((.*?)\).*$').search(Code).groups()[0]
    namensliste = namen.replace(' ', '').split(',')

    return dict(zip(namensliste, werte))

#var_dict#


def Monster():

    name    = 'Drache'
    attacke = 11
    energie = 99

    return var_dict(name, attacke, energie)

#Monster#

print(Monster())
# Ausgabe: {'Name': 'Drache', 'Attacke': 11, 'Energie': 99}
```

An dieser Stelle muss erwähnt werden, dass die oben gezeigte Methode zwar funktioniert, aber völlig gegen jeden guten Ton in Python verstößt, da eigentlich eine Funktion den Namen einer Variablen, die als Argument übergeben wird, nicht erkennen kann, sondern nur den Wert, der darin steckt. Aber mit ein paar Tricks aus der Code-Kiste von Python ist so etwas durchaus machbar.

Wenn Sie eine regelkonforme Lösung bevorzugen, dann wäre eine Klasse zur Rückgabe von Werten eine empfehlenswerte Lösung (die allerdings kaum weniger Tipparbeit erfordert als das Dictionary). Dafür wird zuerst eine leere Klasse angelegt, die innerhalb der Methode über die Attribute (Name, Attacke, Energie) befüllt und damit zum Monster gemacht wird.

Rückgabe mehrerer Werte mit Hilfe einer Datenklasse

```
class Datenklasse():
    pass
#Datenklasse#


def Monster():

    name    = 'Drache'
    attacke = 11
    energie = 99

    ret = Datenklasse()
    ret.name    = name
    ret.attacke = attacke
    ret.energie = energie

    return ret

#Monster#

m = Monster()
print(m.name)
print(m)
# Ausgabe: <__main__.Datenklasse object
at 0x00000224E6288208>
```

Leider verrät der zweite Print-Befehl nicht, um was für eine Klasse es sich handelt und was diese für Werte enthält. Mit ein paar weiteren Zeilen, lässt sich eine so genannte magische Methode implementieren (Englisch: *"magic method"* und zu erkennen an den doppelten Unterstrichen vor und hinter dem Namen: __str__). Mit deren Hilfe werden aussagekräftige Strings erzeugt, die alle Geheimnisse über die enthaltenen Daten preisgeben, wenn die Funktion in eine Print-Befehl geschickt wird.

Variante der Datenklasse

```
class Datenklasse():

    def __str__(self):
        ret = ''
        for attribut in dir(self):
            if attribut.startswith('__'): continue
            Ret += attribut + ' : ' + str(getattr(self, attribut)) + '\n'
        return ret
    #__str__#

#Datenklasse#


def Monster():
    # gleicher Inhalt wie vorher


m = Monster()

print(m)
# Ausgabe:

# Attacke : 11
# Energie : 99
# Name :    Drache
```

Zum Schluss die nicht ganz seriöse Kür, für alle, denen die vorigen Methoden zu kompliziert waren, aber die dem Benutzer der Funktion trotzdem eindeutig mitteilen möchten, was er geliefert bekommt.

Der Schwachpunkt des Beispiels unten: Bei der Methode kann allerdings keine Variablen-Auswahl getroffen werden, sondern es werden *alle* lokalen Variablen der Funktion als Dictionary retourniert, was bei einfachen Funktionen wie in diesem Beispiel noch ganz gut funktioniert, aber bei der Verwendung vieler Variablen (Hilfsvariablen und Zähler) innerhalb einer Funktion vermutlich zu hoffnungsloser Verwirrung führen dürfte. Deswegen: Nur anschauen, aber im richtigen digitalen Leben nicht nach machen!

Rückgabe aller lokalen Variablen einer Funktion

```
def Monster():

    name    = 'Drache'
    attacke = 11
    energie = 99

    return locals()

#Monster#


print(Monster()['name'])
# Ausgabe: Drache

print(Monster())
# Ausgabe: {'Name': 'Drache', 'Attacke': 11, 'Energie': 99}
```

Die Beispiele in diesem Kapitel zeigen, dass es viele und teilweise exotische Lösungen in Python gibt. Aber denken Sie daran, dass gutes Programmieren nichts mit besonders schrägen oder verrückten Lösungen zu tun hat. In Python sollten Sie nicht alles tun, was machbar ist! Der letzte Code ist eines der besten Beispiele dafür.

WENIGER VERRÜCKT: CODEBLOCKS VERMEIDEN 1

Struktur durch Abstand vom linken Rand – das ist ein eigenartiges Prinzip von Python, während andere Sprachen zum Trennen von Code-Blocks in vielen Fällen Klammern benutzen, die vom Benutzer passend platziert werden müssen.

Ein (damit eingebauter) Vorteil von Python ist, dass nicht mehrere Befehle oder sogar ganze Funktionen in einer Zeile aufgereiht werden können, was die Lesbarkeit von selbst massiv verbessert. Definitiv ein Nachteil ist die Tatsache, dass Leerzeichen und Tabulatoren auf dem Bildschirm nicht unbedingt sichtbar sind und damit eine uneinheitliche Einrückung (vor allem die Mischung von Tabs und Leerzeichen) schwer zu erkennen und mühevoll zu berichten ist, weil dies Fehler produziert und den Code am Laufen hindert. Zum Glück berichtigen viele Entwicklungsumgebungen den Zeichen-Mix mittlerweile automatisch.

Außerdem wird es bei einem tief verschachtelten Programmierstil ebenfalls unübersichtlich, besonders, wenn die weit eingerückten Blöcke obendrein aus vielen Zeilen bestehen und die Höhe des Bildschirms überragen.

Aber solange es mit der Einrückung nicht übertrieben wird, lässt sich der so gegliederte Code recht gut lesen. Zwei Grundsätze sollten Sie daher befolgen:

1. Stark eingerückte Blöcke sollten kurz sein (deutlich kürzer als das Sichtfeld des Monitors)

2. Halten Sie den gesamten Code so flach wie möglich, was manchmal nicht ganz einfach ist, denn alleine die Befehle in der Methode einer Klasse ragen bereits drei Stufen nach rechts, ohne dass der Programmierer eine einzige Zeile mit Befehlen geschrieben hätte.

Um die Abstufung lesbarer zu machen, können Software-Erweiterungen helfen: Eines der beliebtesten Add-Ons für Visual Studio Code von Microsoft ist Indent-Rainbow, das die Einrückungen im Editor in bunten Farben hervorhebt. Die fast 2,5 Millionen Downloads zeigen, dass Leer-Raum im Code durchaus herausfordernd ist und visuelle Unterstützung braucht.

Bestes Rezept: Beim Schreiben von Python-Code sollte die Struktur der Blocks also so flach wie möglich gehalten werden. Bei Bedingungen kann eine weitere Stufe nach rechts vermieden werden, indem statt eine positive Entscheidung einzurücken einfach eine negative Entscheidung getroffen und der folgende Block übersprungen wird.

In der Praxis sieht das zum Beispiel so aus: In einer Schleife sollen nur Zahlen bearbeitet werden, die auf 3, 6 und 7 enden. Normalerweise würden diese Zahlen über eine Bedingung gefiltert und dann in einem Code-Block weiterverarbeitet werden.

Im Beispiel unten ist die positive Bedingung dargestellt, wie sie vermutlich in Millionen von Programmen zu finden ist:

Positive Entscheidung mit Einrückung

```
for zahl in range(1, 1000):

    if str(zahl)[-1] in ['3', '6', '7']:
        print('diese', zahl)

# Ausgabe:
# ...
# diese 987
# diese 993
# diese 996
# diese 997
```

Um stattdessen die Einrückung zu vermeiden, müssen dem Code nur zwei Wörter hinzugefügt werden. Die Bedingung wird einfach mit not und continue in eine pessimistische Aussage verwandelt und falls eine Zahl nicht auf die drei Ziffern endet, wird der Print-Befehl übersprungen und die Schleife läuft weiter:

Negative Entscheidung ohne Einrückung

```
for zahl in range(1, 1000):

    if str(zahl)[-1] not in ['3', '6', '7']: continue

    print('diese', zahl)
```

Im Code oben wurden die Formatierungs-Gebote von Python ignoriert. So steht die Rauswurf-Bedingung in nur einer Zeile. Der Code wird so kompakter. Mit ein wenig Übung lassen sich positive Bedingungen leicht in solche negativen Entscheidungen inklusive Abbruch-Befehl umschreiben.

FRÜHAUSSTEIGER – CODE-BLOCKS VERMEIDEN 2

Genauso wie in Schleifen kann auch in Funktionen und Methoden eine übermäßige Einrückung durch zeitige Ausstiege vermieden werden. Sobald sich die Gelegenheit bietet, sollte eine Funktion sofort durch den Return-Befehl abgebrochen werden:

Funktionen frühzeitig beenden

```
def do(a):
    if a == 1:
        return "raus hier"
    print(a)
```

Aber das funktioniert nicht nur in Methoden! Wenn Sie sich das Beispiel oben noch einmal genau ansehen, kann auf die gleiche Weise auch ein Else-Befehl vermieden werden. Haben Sie eine Lösung für das Beispiel unten?

Doppelter Ausstieg mit Else-Befehl

```
def do(a):
    if a == 1:
        return "gewonnen"
    else:
        return "verloren"
```

Sollte im Block nach der Bedingung ein Return-Befehl stehen, kann das Programm auch ohne Else weiterlaufen und damit eine weitere Einrückung vermieden werden.

So simpel der Code unten auch sein mag, kann diese Vorgehensweise gerade bei längeren Programmen für eine Menge mehr Übersicht sorgen. Deswegen sollten Sie diese Bauweise fest in Ihren geistigen Python-Werkzeugkasten integrieren!

Else-Befehl & Einrückung vermeiden

```
def do(a):
    if a == 1:
        return 'done'

    return 'not done'
```

ZEILEN-SPAR-FUCHS: WENIGER IST GLEICH GUT!

Auch wenn in Python an manchen Stellen der Code mehr Luft und Lücken hat: Quelltext in Python kann sehr knapp und sparsam geschrieben werden. Um das zu zeigen, verwandeln wir das letzte Beispiel aus dem vorigen Kapitel in einen Einzeiler.

Das ursprüngliche Original mit `else` hatte fünf Zeilen und die Fassung ohne die Ausnahme war vier Zeilen lang. Wenn Sie nun keine neue Zeile nach der Bedingung beginnen, wird der Code kürzer und schrumpft auf drei Zeilen zusammen, verletzt damit allerdings leicht die Python-Stil-Regeln:

Schlanke Funktion mit If ohne Else

```
def do(a):
    if a == 1: return 'done'
    return 'not done'
```

Und der Minimalismus kann weiter gesteigert werden, denn die Bedingung kann ebenso in den Return-Befehl eingefügt werden, was allerdings die Lesbarkeit des Codes etwas schmälert, aber wieder den Stilregeln von Python entspricht:

Return-Befehl mit integrierter Bedingung

```
def do(a):
    return 'done' if a == 1 else 'not done'
```

Und wem der Zweizeiler immer noch zu viel Code ist, reduziert die Funktion auf eine einzige Zeile. Der Doppelpunkt am Ende der Definitions-Zeile macht das – wie beim If-Befehl – möglich.

Nebenbei: Wenn mehrere Befehle hintereinander geschrieben werden, dann können diese sogar mit einem Semikolon getrennt werden und in eine Zeile geschrieben werden (beides ist wieder nicht stilecht), aber da hat Python ein klassisches Trennzeichen aus anderen Sprachen übernommen.

Einzeilige Funktion

```
def do(a): return 'done' if a == 1 else 'not done'
```

Ein wiederum erwünschter Befehls-Stil zur weiteren Verknappung ist der Einsatz einer anonymen Funktion (auch Lambda-Funktion genannt / später werden Sie noch mehr darüber lesen).

Damit wird die gesamte Funktion auf eine Zeile reduziert und die Code-Regeln von Python werden ebenfalls strikt eingehalten:

Bedingung als anonyme Funktion

```
do = lambda a: 'done' if a == 1 else 'not done'

# Aufruf:
print(do(2))
```

Es gibt zahlreiche Diskussionen darüber, ob es Unterschiede bei der Abarbeitung zwischen einer normalen Funktion und einer Lambda-Funktion gibt, aber beide werden von Python mit der gleichen Geschwindigkeit ausgeführt. Es macht also für Programmierer und Nutzer keinen Unterschied, ob Sie knapp oder großzügiger codieren.

WAS GEHT REIN?
ARGUMENTE BENENNEN

Argumente können in Python auf zwei Weisen definiert werden: Ohne und mit vorgegebenem Wert. Bei der Benennung wird unterschieden zwischen Positions-Argumenten, die über ihren Platz in der Reihe definiert sind, und Schlüssel(wort)-Argumenten, bei denen ein Standardwert mitgeliefert wird und der beim Aufruf nicht zwingend mitgeliefert werden muss.

Beide Formen können gemischt werden, wobei zwei Regeln gelten:

1. Argumente ohne vorgegebenen Wert stehen **vor** Argumenten mit Wert-Vorgabe.

2. Argumente mit Vorgabewert müssen beim Aufruf nicht angegeben werden (fehlt der Wert, dann nutzt die Funktion einfach die Vorgabe).

In der Praxis kann eine Funktion damit sehr unterschiedlich aufgerufen werden:

Eingabe von Argumenten in eine Funktion

```
def test(eins, zwei = 2):
    print(eins, zwei)

test(0, 1)
test(2)
```

```
test(eins = 3)
test(4, zwei = 5)
test(eins = 6, zwei = 7)

# genau hinschauen:
test(zwei = 8, eins = 9)


# funktioniert nicht:

# def test(eins = 1, zwei):
#     print(eins, zwei)

# Ausgabe: non-default argument follows default
argument
```

Beachtenswert ist der letzte Funktionsaufruf des Beispiels (test(zwei = 8, eins = 9)). Wenn Sie konsequent alle Argumente mit Namen eingeben, dann spielt deren Position beim Aufruf keine Rolle und Sie können eine beliebige Reihenfolge wählen (sollten Sie aber vermeiden, weil die ursprüngliche Reihenfolge immer logisch korrekter ist).

Die Verwendung von Schlüsselwort-Argumenten hat zwei weitere Vorteile: Der erste ist die Lesbarkeit des Codes für andere. Stellen Sie sich vor, eine Funktion benötigt mehrere Zahlen, um aufgerufen zu werden. Ohne den Hinweis, welches Argument dahinter steckt, kann so ein Aufruf völlig unverständlich sein:

Unverständlicher Aufruf einer Funktion:

```
def berechnung(radius, durchmesser, alter, note = 1):
    pass

berechnung(1, 5.4, 17, 3)
```

Wenn Sie den Argument-Namen mit eintragen, wird der Aufruf verständlich (und es muss nicht mehr zur Funktion und wieder zurück gesprungen werden, um die Zeile zu verstehen). Dabei muss es sich nicht einmal um Schlüsselwort-Argumente handeln, denn die Nennung des Namens funktioniert auch bei Positions-Argumenten.

```
berechnung(radius = 1, durchmesser = 5.4,
    alter = 17, note = 3)
```

Zweitens sollte eine spätere Erweiterung einer Methode am besten mit Hilfe von Schlüsselwort-Argumenten stattfinden, weil dadurch die Funktionsaufrufe, die vielleicht über den ganzen Code verstreut sind, unverändert bleiben können und nicht mit Suchen und Ersetzen umgeschrieben werden müssen.

Im Extremfall können Sie Funktionen in Bibliotheken erweitern, während alte Programme, die diese Bibliothek nutzen, gar nicht aktualisiert werden müssen. Stellen Sie sich vor, sie wollen die Funktion im Beispiel unten um ein zusätzliches Argument erweitern:

Funktion mit einem Argument

```
def test(a):
    print(a)

test('Blumen')
```

Zur Erweiterung benutzen Sie nun ein Schlüsselwort-Argument. So müssen Sie den Aufruf in der letzten Zeile nicht ändern, können aber zukünftig die Funktion im alten oder im neuen Format nutzen:

Erweiterte Funktion mit Schlüsselwort-Argument

```
def test(a, b = ''):
    print(a, b)

# bisheriger Aufruf:
test('Blumen')

# neu eingefügter Aufruf:
test('Blumen', 'Bienen')
```

I JUST CALL...
CODE SAUBER HALTEN
DURCH RÜCKRUFE

Verstrickungen vermeiden ist einer der wichtigsten Grundsätze, um guten Code zu produzieren, der wiederverwendet und leicht gepflegt werden kann.

Eine besondere Herausforderung sind dabei Funktionsaufrufe innerhalb von anderen Funktionen. Wie dadurch im Code schnell ein fieses Problem entstehen kann, zeigt das nächste Beispiel, in dem die Mehrwertsteuer für Preise von Produkten berechnet wird:

Verstrickte Funktionen

```
def mehrwertsteuer_deutschland(betrag):
    return betrag * 1.19


def kalkulation(preis):

    print('ohne Mehrwertsteuer:', preis)
    print('Mehrwertsteuer(%):', mehrwertsteuer_deutschland(1) - 1)

    verkaufspreis = preis + mehrwertsteuer_deutschland(preis)
    print('inklusive Mehrwertsteuer:', verkaufspreis)

    return verkaufspreis
```

```
#kalkulation#

apfel = 0.20

kalkulation(apfel)

# Ausgabe:
# ohne Mehrwertsteuer: 0.2
# Mehrwertsteuer(%): 0.18999999999999995
# inklusive Mehrwertsteuer: 0.438
```

Die Mehrwertsteuer-Funktion ist fest in die Kalkulation eingebaut. Aber nun macht Ihr Programm zufällig internationale Karriere und soll zukünftig in Ungarn eingesetzt werden. Dort werden aber 27 Prozent Mehrwertsteuer erhoben. Sie legen also eine entsprechende Funktion für Ungarn an:

Erweiterung um einen zusätzlichen Mehrwertsteuer-Satz

```
def mehrwertsteuer_ungarn(betrag):
    return betrag * 1.27
```

Angenommen beide Funktionen befinden sich in einem längeren Code, dann ist Suchen und Ersetzen angesagt, um Deutschland aus der Kalkulations-Funktion zu entfernen und Ungarn einzusetzen. Schlimmer noch, wenn das Programm in noch mehr Ländern benutzt werden soll. Auf den ersten Gedanken müsste für jedes Land eine eigene Kalkulations-Funktion erstellt werden.

Deswegen sollten Methoden, die im Inneren einer anderen Funktion benutzt werden, als Argument übergeben werden, genauso wie alle anderen Argumente (Werte) auch. Dieses Vorgehen wird *Callback* genannt. Damit lassen sich Änderungen leichter vornehmen und außerdem wird der Code flexibler, wenn er später erweitert werden soll:

Innere Funktionen als Argument

```python
def mehrwertsteuer_deutschland(betrag):
    return betrag * 1.19


def mehrwertsteuer_ungarn(betrag):
    return betrag * 1.27


def kalkulation(preis, steuer):

    print('ohne Mehrwertsteuer:', preis)
    print('Mehrwertsteuer(%):', steuer(1) - 1)

    verkaufspreis = preis + steuer(preis)
    print('inklusive Mehrwertsteuer:', verkaufspreis)

    return verkaufspreis

#kalkulation#


apfel = 0.20

kalkulation(apfel, mehrwertsteuer_deutschland)

kalkulation(apfel, mehrwertsteuer_ungarn)
```

Diese Vorgehensweise ähnelt dem Strategie-Muster aus dem Werkzeugkasten der objektorientierten Programmierung, das weiter unten noch erklärt wird.

Gerade in umfangreichen Programmen ist dies eine tolle Methode, den Code übersichtlich und flexibel zu halten, denn Funktionsaufrufe sind nicht mehr in einer anderen Funktion versteckt, sondern transparent im Kopf und gleich am Anfang als Argument angegeben.

Schauen Sie sich das Beispiel von oben in Ruhe an. Der Code wird durch die Funktion als Argument beim Aufruf deutlich vereinfacht und lässt sich hervorragend erweitern.

KLEINE KNIFFE, GROSSE WIRKUNG

In diesem Teil verlassen wir nun gelegentlich den guten Anstand des Programmierens und schauen tief in die trocken-logische Struktur der Programmiersprachen, um die eine oder andere Abkürzung zu entdecken, die im Alltag jedoch nicht unbedingt eingesetzt werden sollte.

Code ist meistens aufgeräumt, glasklar und leider auch ein wenig langweilig. Überraschungen und kreative Kreationen sind beim Entwickeln von Software eigentlich unerwünscht, den nicht jeder in einem Team von Programmierern versteht vielleicht die hochgradig kreativen Einfälle des anderen.

Trotzdem kann (und darf) ein begabter Programmierer Zeilen schreiben, die andere zum Staunen bringen!

BAUKASTEN: DYNAMISCHE FUNKTIONSLISTEN

In Python ist es möglich, nicht nur Daten und harte Fakten in Variablen zu speichern, sondern auch Funktionen. Mit Hilfe einer Liste lässt sich so eine Reihe von Funktionen erstellen und ausführen – das funktioniert sogar dynamisch, zum Beispiel die Zuweisung unterschiedlicher Funktionen in einer If-Abfrage, während ein Programm ausgeführt wird:

Dynamische Liste von Funktionen ausführen

```
def ausgabe_1():
    print("Hallo!")

def ausgabe_2():
    print("Guten Tag!")


liste = [ausgabe_1, ausgabe_1, ausgabe_1]

for aktion in liste:
    aktion()

# Ausgabe:
# Hallo!
# Hallo!
# Hallo!
```

```
liste[1] = ausgabe_2

for aktion in liste: aktion()

# Ausgabe:
# Hallo!
# Guten Tag!
# Hallo!
```

Wenn die Funktionen mit Parametern aufgerufen werden sollen, muss eigentlich nur die letzte Zeile des Codes oben geändert werden. Aber schauen Sie sich die letzte Zeile des folgenden Codes genau an:
 Der Aufruf von `aktion` erfolgt dabei ohne die Klammern am Ende. Das kann für einen Leser des Programms verwirrend sein, weil Aktion dort ohne weitere Angaben steht (was es in Python sonst so gut wie gar nicht gibt):

Dynamische Liste von Funktionen mit Parametern

```
def ausgabe(name):
    print('Hallo', name)

liste = [
    ausgabe('Lisa'),
    ausgabe('Rudi'),
    ausgabe('Peter'),
]

for aktion in liste:
    # Achtung: keine Klammern am Ende!
    aktion
```

Eine einfachere aber unkonventionelle Alternative ist, die Funktionen inklusive Argumente als String in der Liste abzulegen. Die Zeichenketten werden dann mit Hilfe der Funktion `eval` in Python-Code umgewandelt und ausgeführt.

Beachten Sie gleichzeitig die mehrfache Verwendung von Anführungszeichen in Python: Die äußeren Anführungszeichen sind in diesem Fall doppelt. Im Innern des Ausdrucks müssen dann die einfachen Hochkommas benutzt werden (oder umgekehrt).

Dynamische Liste von Funktionen mit Parametern (und mit eval)

```
def ausgabe(name):
    print('Hallo', name)

liste = [
    # Achtung: Anführungszeichen!
    "ausgabe('Lisa')",
    "ausgabe('Rudi')",
    "ausgabe('Peter')",
]

for aktion in liste:
    eval(aktion)
```

Der Einsatz der Eval-Funktion in Python ist umstritten, obwohl das Umwandeln von Strings in ausführbaren Code sehr viele Dinge beim Programmieren ermöglicht. Zum Beispiel lässt sich damit blitzschnell ein Taschenrechner programmieren, für den sonst ein aufwendiger Parser geschrieben werden müsste:

Benutzereingabe berechnen

```
eingabe = '2 * 3 * 4'

ergebnis = eval(eingabe)
```

Ohne eine grundsätzliche Empfehlung zu geben, sollten Sie die Eval-Methode nicht nutzen, um große Teile eines Codes dynamisch zu erstellen oder sogar aus einer Datei einzulesen. Hier ein paar Nachteile und Risiken, die diese Methode hat:

- Benutzer können falschen oder sogar gefährlichen Code in Ihre Software einspeisen.

- Eval und mit Eval übersetzter Code arbeitet extrem langsam.

- Bei kompilierten Programmen können Probleme auftreten.

- Wenn Sie einen Debugger benutzen, sind Fehler gar nicht oder nur schwer zu finden, obwohl der Python-Compiler bei nicht ausführbaren Strings keine Eval-Fehler, sondern den falschen Befehl anzeigt.
  Probieren Sie mal: `print(eval('1/0))`.

LANGE LEITUNG – PIPELINES VERLEGEN

Weil zunehmend große und komplexe Datenmengen verarbeitet werden müssen, sind sogenannte *Pipelines* ein aktueller Trend im Programmieren. Dahinter steckt eigentlich nichts anderes als das, was Sie im vorigen Kapitel bereits kennengelernt haben, nämlich das Erstellen einer Kette von Befehlen, die wiederverwendet und neu angeordnet werden können.

Eine einfache Pipeline kann in Python schnell geschrieben werden. Im Beispiel unten wird eine Zeichenkette durch drei Funktionen der Reihe nach verändert:

Simples Pipeline-Modell

```
def leerzeichen_entfernen(s):
    return s.replace(' ', '')

def kleinschreibung(s):
    return s.lower()

def umkehren(s):
    return s[::-1]
```

```
def pipeline(wert, funktionen):
    for funktion in funktionen:
        wert = funktion(wert)
    return wert
#pipeline#


schritte = [
    leerzeichen_entfernen,
    kleinschreibung,
    umkehren,
]


wort = 'Re lief pfeil er!'


print(pipeline(wort, schritte))
# Ausgabe: !reliefpfeiler
```

Auf diese Weise programmierte Software besteht aus vielen kleinen Modulen, die flexibel kombiniert und wiederverwertet werden können – also insgesamt aus einer übersichtlichen und klaren Struktur.

Gerade wenn Programme viele kleine und kurze Methoden nutzen, bietet diese Vorgehensweise unglaublich viele Möglichkeiten!

DRECKIG, ABER GUT: VARIABLEN- & ARGUMENT-TYPEN ERKENNEN

In Python muss nicht definiert werden, welche Arten von Daten in einer Variable gespeichert werden. Der gleichen Variablen kann zuerst ein String und dann eine Zahl zugewiesen werden. Statische Sprachen würden bei so etwas einen Fehler produzieren. So werden folgende Zeilen in Python fehlerfrei ausgeführt, während ähnliche Versuche in anderen Sprachen (zum Beispiel in C) zu Fehlern führen:

Variablen mit unterschiedlichen Datentypen belegen

```
a = 1
a = 'Test'
```

Durch diese Flexibilität können Funktionen unterschiedliche Daten aufnehmen und entsprechend unterschiedliche Ergebnisse produzieren. Probieren Sie aus, was folgende Zeilen beim Ausführen anzeigen:

Funktion mit unterschiedlichen Argument-Typen

```
def zwei(eingabe):
    return eingabe * 2

print(zwei(2))
# Ausgabe: 4
```

```
print(zwei('zwei '))
# Ausgabe: zwei zwei
```

Was auf den ersten Blick nützlich aussieht, jagt gestandenen Programmierern einen schrecklichen Schauer über den Rücken. Die statische Typisierung (Englisch: *"static typing"*), also die eindeutige Definition, welche Sorte von Daten eine Variable enthalten darf, betrachten Anfänger als mühevoll, das sorgt aber in Wirklichkeit für mehr Stabilität im Code und weniger Fehler beim Ausführen.

Gerade bei umfangreichen Projekten werden deswegen eher statische Sprache benutzt und auch für Python wird eine statische Typisierung immer wieder diskutiert.

In den meisten Fällen dürfte das Füttern von Funktionen mit unerwünschten Daten-Arten zu Fehlern führen. Beim leicht abgeänderten Beispiel von oben, endet das Ausführen mit einem String als Eingabe-Argument in einem unangenehmen Laufzeitfehler:

Funktion mit Fehler durch falschen Eingabe-Typ

```
def plus_eins(eingabe):
    return eingabe + 1

print(plus_eins(2))
# Ausgabe: 3

# funktioniert nicht:
print(plus_eins('zwei '))
```

Besonders wenn mehrere Programmierer zusammenarbeiten, sollte klar sein, welchen Typ eine Variable annehmen darf. Um die Wahrscheinlichkeit auf Fehler zu reduzieren, kann in Python der Daten-Typ einer Variablen bei Bedarf (mehr oder weniger unverbindlich) festgelegt werden.

Zusätzlich kann in der Kopfzeile der Funktion angegeben werden, welche Sorte von Daten die Funktion am Ende ausgibt. Die erweiterte Funktion sieht so aus - und würde jeden C-Programmierer zum freudigen Strahlen bringen:

Funktion mit Typen-Hinweisen

```
def zwei(eingabe : int) -> int:
    return eingabe * 2

print(zwei(2))
# Ausgabe: 4

# funktioniert trotzdem:
print(zwei('Hallo '))
# Ausgabe: Hallo Hallo
```

Aber Achtung: Der Code mit dem eigentlich falschen Daten-Typ in der letzten Zeile läuft trotz aller getippten Empfehlungen ohne Fehler durch. Die Ergänzungen in der Kopfzeile der Funktion sind lediglich unverbindliche Hinweise für den Programmierer (so genannte *"Type Hints"*, verfügbar ab Python 3.5). Ein Prüfen der Daten-Typen oder gar eine Fehlermeldung bei unpassender Eingabe findet in Python nach wie vor nicht statt!

Diese Hinweise können aber nicht nur in Funktionen hinterlegt werden, sondern auch beim Definieren von Variablen, wobei diese Syntax genauso gegen einen Kommentar ausgetauscht werden könnte:

Typen-Hinweis bei Variablen-Definitionen

```
name : str = 'Werner'

# Hinweis als Kommentar:
name = 'Lisa' # > str

liste : list = [1, 2, 3]
liste = 'Hallo'  # funktioniert trotzdem!
```

Eine Alternative dazu ist es, statt an eine Funktion undefinierte Argumente zu übergeben, leere Schlüsselwort-Argumente zu benutzen. So kann ein (Fremd-)Leser auf den ersten Blick erkennen, welcher Typ erforderlich ist. Ganz gut: Viele Entwicklungsumgebungen zeigen beim Tippen von Funktionsnamen die erforderlichen Argumente automatisch an.

Bei dieser Art zu programmieren ist allerdings zu bedenken, dass sich das Programm bei falschen oder fehlenden Argumenten nicht wie gewünscht verhält:

Typen-Hinweise mit Schlüsselwort-Argumenten

```
def drei(name = ""):
    return name + "!"
    pass

# funktioniert nicht
drei(4)
```

Statt unverbindliche Empfehlungen zu geben, kann das, was in eine Funktion geschüttet wird, auch gleich am Anfang mit scharfem Blick kontrolliert werden. Wenn eine Funktion nur eine Sorte von Daten akzeptieren soll, dann hilft dabei ganz einfach der Type-Befehl:

Funktion mit manueller Typ-Prüfung

```
def zwei(eingabe):

    if type(eingabe) != int: return
    # oder: if not isinstance(Eingabe, int):

    return eingabe * 2

print(zwei('Hallo'))
# Ausgabe: None

print(zwei(2))
# Ausgabe: 4
```

Durch die Bedingung am Anfang werden nur noch Daten vom Typ Integer verarbeitet – bei allen anderen Sorten und Arten von Daten erfolgt der Abbruch. So liefert der unterste Aufruf statt einem verdoppelten String nur noch None zurück. Dieser Prüf-Aufwand lohnt sich zum Beispiel, wenn Daten benutzt werden, die Fehler enthalten können oder bei Eingaben durch andere Benutzer.

Statt sich über Fehler und falsche Datentypen Gedanken zu machen, lässt sich eine Typprüfung auch nutzen, um unterschiedliche Datentypen gezielt zu verarbeiten. Die unten abgebildete Funktion enthält praktisch zwei Funktionen in einer, wobei der Programmierer sich keine Gedanken machen muss, welchen Daten-Typ er als Argument angibt.

Funktion mit Datenprüfung und passender Konvertierung

```
def integer(eingabe):

    if type(eingabe) == float:
        return round(eingabe)

    if type(eingabe) == str:
        return int(eingabe)
#integer#


print(integer(2.1))
# Ausgabe: 2

print(integer('2'))
# Ausgabe: 2

print(type(integer('2')))
# Ausgabe: <class 'int'>
```

Konservativen Programmierern gefällt diese Sorte Code natürlich nicht besonders gut. Wer saubere Programme schreiben will, muss die Arbeit auf zwei getrennte Funktionen verteilen. Mit zwei zugedrückten Augen sieht das Beispiel dennoch attraktiv aus. In bestimmten Fällen – wie bei Funktionen, die Typen konvertieren – kann diese Flexibilität sinnvoll sein.

Etwas weiter gedacht, kann eine Funktion (je nach Datentyp) unterschiedliche Ergebnisse liefern. Richtig nützlich sind so genannte Flipper-Funktionen, in denen Daten ständig von einem in das andere Format und wieder zurück konvertiert werden, zum Beispiel bei Informationen aus Datenbanken, in denen alle Werte als Strings gespeichert werden.

So kann zum Beispiel mit Hilfe einer einzigen Funktion zwischen String und Datumsobjekt hin und her gesprungen werden:

Konvertierung von Werte in zwei Richtungen in einer Funktion

```
from datetime import datetime

def datumskonverter(eingabe):
    if type(eingabe) == str:
        return datetime.strptime(eingabe, '%d.%m.%Y')
    else:
        return eingabe.strftime('%d.%m.%Y')
#datumskonverter#


d = datumskonverter('20.01.2021')

print(d)
# Ausgabe: 2021-01-20 00:00:00


d = datumskonverter(d)

print(d)
# Ausgabe: 20.01.2021
```

NICHT MEIN TYP: EINFACHE, STATISCHE TYPISIERUNG MIT KLASSEN

Die hohe Flexibilität von Python kann gelegentlich ein Nachteil sein. Die so genannte statische Typisierung – also das Festlegen eines bestimmten Daten-Typs für Variablen – sorgt in anderen Sprachen für weniger Fehler im Code. Gerade bei komplexen Programmen kann Pythons Flexibilität zu mühevoller und langwieriger Fehlersuche führen. Durch den Einsatz einer Klasse kann in Python aber dafür gesorgt werden, dass eine Variable immer mit einer bestimmten Art von Daten gefüttert wird.

Wenn Sie das Programm unten nicht auf Anhieb verstehen, können Sie es zunächst in Ihren Code übernehmen und einfach nur benutzen – genauso wie wir es auch bei Methoden in Bibliotheken tun, wo wir auch nicht verstehen, was hinter den Kulissen vor sich geht.

Statische Typisierung mit Hilfe einer Klasse

```
class Var():

    def __init__(self, value):
        self.type = type(value)
        self._v = value

    @property
    def v(self):
        return self._v
```

```
    @v.setter
    def v(self, value):
        if type(value) == self.type:
            self._v = value
        else:
            raise ValueError(f'{self.Type.__name__}
erforderlich')

#Var#

a = Var(1)
print(a.v)

# funktioniert nicht:
a.v = 'a'
# Ausgabe: ValueError: int erforderlich
```

Mit dem Setter-Dekorator wird eine Funktion beim Zuweisen eines Werts ausgeführt. Dort findet die Prüfung statt, ob der Typ des neuen Werts dem der ersten Zuweisung entspricht.

Nachteil dieser Methode ist, dass mit so einer Klasse nicht wie mit einer richtigen Variable gearbeitet werden kann – sowohl bei der Definition als auch beim Abrufen des Werts, wo immer Variablenname plus das Attribut angegeben werden muss, in dem sich der eigentliche Wert befindet (hier: a.v).

SCHÖNE ERINNERUNGEN: FUNKTIONEN MIT GEDÄCHTNIS

Klassen werden von Programmierern oft bevorzugt benutzt, weil sie einen Mix aus Methoden und Attributen darstellen, während Funktionen oft ins schlechte Licht gerückt werden, weil sie kein Gedächtnis haben und sich an nichts erinnern können, was mit ihnen gemacht wurde.

Einer Funktion können aber durchaus Attribute zugewiesen werden, die gespeichert bleiben. Das ist vor allem nützlich, wenn Funktionen nicht mehr nur kleine und einfache Aufgaben erfüllen sollen.

Vor allem, wenn zum Beispiel Berechnungen sehr viel Zeit in Anspruch nehmen, macht es Sinn, bereits erledigte Aufgaben im Speicher zu behalten. Das folgende Beispiel ist etwas für geduldige Programmierer:

Beispiel für eine zeitaufwendige Funktion

```
import time

def dauert(x):
    # stellvertretend für eine aufwendige Berechnung:
    time.sleep(5)
    return x + 1

print(dauert(1))
print(dauert(1))
```

Es liegt nahe, für bereits berechnete Ergebnisse die Funktion nicht erneut bemühen zu müssen, um sehr viel Zeit zu sparen. Aber statt bereits berechnete Ergebnisse außerhalb der Funktion zu speichern, lassen sich diese besser direkt und innerhalb der Funktion ablegen:

Funktion mit Ergebnis-Speicher

```
import time

def dauert(x):

    if hasattr(dauert, 'liste'):
        if x in dauert.liste:
            return dauert.liste[X]
    else:
        dauert.liste = {}

    time.sleep(5)

    ergebnis = x + 1
    dauert.liste[x] = ergebnis
    return ergebnis

#dauert#

print(dauert(1))

print(dauert(1))
```

Im Code oben wird die Ähnlichkeit zwischen einer Funktion und einer Klasse in Python sichtbar, weil die eher Klassen-typische Abfrage `hasattr` hier in einer Funktion benutzt wird.

Die Vorteile dieser kleinen Erweiterung sind offensichtlich: Es muss nicht nachgeschlagen werden, wo und ob ein Ergebnis bereits vorliegt und die Funktion kann ohne vorherige Prüfung beliebig oft aufgerufen werden, wiederholt aber bereits erledigte Aufgaben nicht von neuem.

Ein Nachteil ist der zusätzliche Aufwand beim Schreiben. Wer das Anlegen der Liste und die Prüfung von deren Existenz (hasattr()) vermeiden möchte, müsste dies als zusätzliche Zeile außerhalb der Funktion anlegen. Insgesamt würde der Code damit deutlich kürzer (mit dem klaren Nachteil der Definition der Ergebnis-Liste außerhalb der Funktion):

Kompaktere Version des Ergebnis-Speichers

```
import time

def dauert(x):

    if x in dauert.liste:
        return dauert.liste[x]

    time.sleep(5)

    dauert.liste[x] = x + 1
    return dauert.liste[x]

#dauert#


dauert.liste = {}

print(dauert(1))
# Ausgabe: 2

print(dauert(1))
# Ausgabe: 2
```

Das gleiche Ergebnis lässt sich mit Hilfe eines Dekorators erzielen. Allerdings ist damit der Code besser lesbar, universell einsetzbar und die ursprüngliche Funktion muss nicht erweitert werden.

Ergebnisse einer Funktion mit Hilfe eines Decorators speichern

```
import time

def speicher(f):

    def wrapper(x):
        if x in liste: return liste[x]

        funktion = f(x)

        liste[x] = f(x)
        return funktion
    #wrapper#

    liste = {}
    return wrapper
#speicher#


@speicher
def dauert(x):
    time.sleep(5)
    return x + 1
#dauert#


print(dauert(1))
print(dauert(1))
```

Eine weitere Idee zum Schluss dieses Abschnitts: Wer wirklich aufwendige Berechnungen durchführt, der sollte die Liste der berechneten Ergebnisse zusätzlich in einer Datei oder Datenbank ablegen. So kann bereits geleistete Arbeit auch nach dem Neustart des Codes oder auf einem anderen Rechner wiederverwendet werden.

VORDEFINIERTE FUNKTIONS-ARGUMENTE FALSCH VERSTANDEN

Was im vorigen Kapitel ein Vorteil war, kann auch als fataler Fehler enden: In Funktionen werden in Python Daten ab dem ersten Aufruf gespeichert, zum Beispiel, wenn optionale Argumente definiert werden. Das kann zu Verwirrung beim Programmieren führen.

Schauen Sie sich das Beispiel unten genau an, das auf den ersten Blick ganz harmlos erscheint, sich aber völlig unerwartet verhält:

Leere Liste als optionaler Parameter

```
def merken(wert, liste = []):
    liste.append(wert)
    return liste
#merken#


print(merken(1))
# Ausgabe: [1]

print(merken(2))
# Ausgabe: [1, 2]
```

Vermutlich gibt die Funktion nicht zurück, was der Programmierer erwartet oder beabsichtigt hatte.

Wenn keine Liste als Argument angegeben wird, sollte die Funktion eigentlich nur eine Liste retournieren, die den Inhalt der aktuell gelieferten Variablen enthält.

Aber ab jetzt wissen Sie: Python initialisiert optionale Parameter beim ersten Aufruf der Funktion – und nicht erneut bei jedem Aufruf. Ergänzen Sie den Code um folgende Zeilen und achten Sie wieder darauf, wie unterschiedlich das Programm ich nun verhält:

Weitere Aufrufe ohne und mit gespeicherten Werten

```
print(merken(3,['X']))
# Ausgabe: ['X', 3]

print(merken(4))
# Ausgabe: [1, 2, 4]
```

Werden zwei Argumente übergeben, dann arbeitet die Funktion wie erwartet (oberster Aufruf). Der zweite Aufruf mit einem Argument wechselt zurück auf die anfangs leere und später durch die Aufrufe erweiterte Liste und fügt dieser weitere Werte hinzu.

Eine Funktion, die der Absicht des Programmierers entspricht, fällt leider etwas umfangreicher aus:

Leere Liste als optionaler Parameter mit richtiger Rückgabe

```
def merken(wert, liste = []):

    if not liste:
        return [wert]

    liste.append(wert)

    return liste

#merken#
```

```
print(merken(1))
# Ausgabe: [1]

print(merken("x"))
# Ausgabe: ['x']
```

Um aus dem scheinbaren Fehler ein Feature zu machen, ließe sich das Verhalten des scheinbar falschen Beispiels zum Beispiel auch sehr gut zum Protokollieren aller Aufrufe benutzen.

UNAUFHALTSAM: TRY-EXCEPT RICHTIG EINSETZEN

Fehler mit der Befehls-Kombination Try-Except abzufangen ist verführerisch, denn damit läuft Python-Code weiter, wo sonst ein vielleicht unerklärlicher Fehler das Programm anhalten würde. Beim Verarbeiten von Daten schlechter Qualität oder dem Lesen von Informationen aus dem Internet hilft der Befehl enorm, weil Schuld am Abbruch dort nicht unbedingt ein Fehler im Code, sondern Fehler in den Daten oder keine Verbindung zum Internet sein kann.

Alle Befehle, die in die Struktur unten, oder andere, ähnliche Konstruktionen eingefügt werden, laufen unaufhaltsam weiter:

Nicht zu stoppender Code

```
try:
    while True:
        # hier wird etwas gemacht
        ...
except:
    pass
```

Der Code hat allerdings einen Nachteil, denn er lässt sich mit herkömmlichen Mitteln nicht mehr anhalten – auch nicht mit der üblichen Tastenkombination [Ctrl] + [C]. Im schlimmsten Fall muss der Rechner neu gestartet werden, um die so heraufbeschworenen Code-Geister zu bändigen.

Der perfekte Code-Zombie wird vom Programmierer zusätzlich in einem Thread platziert und damit zuverlässig endlos im Hintergrund ausgeführt. Dann gibt es nur noch den Neustart, um das Heraufbeschworene zu stoppen oder den ganz tiefen Griff hinein ins System.

Aber das Biest lässt sich auch bändigen: Das Anhalten über die gewohnte Tastenkombination kann nämlich im Try-Except-Block angegeben werden, damit der Code vom Programmierer wie gewohnt angehalten werden kann:

Korrekte Minimal-Version von Try-Except

```
try:
    while True:
        ...

except KeyboardInterrupt:
    ...
```

Und bitte nicht und niemals ein komplettes Programm zwischen diese Zeilen klemmen. Immer wieder tauchen solche Codes auf, die mit der Brechstange am Leben gehalten werden, um sämtliche lästigen Nebeneffekte (Fehler in Daten, Verbindungsabbrüche im Netzwerk) zu ignorieren.

Obwohl diese brachiale Lösung ziemlich bequem aussieht, lohnt es sich immer, eine Software sorgfältig auf Fehler und Ausnahmen hin zu überprüfen und diese Probleme mit anderen Mitteln abzufangen oder ganz zu vermeiden.

PYTHON FÜR FORTGESCHRITTENE

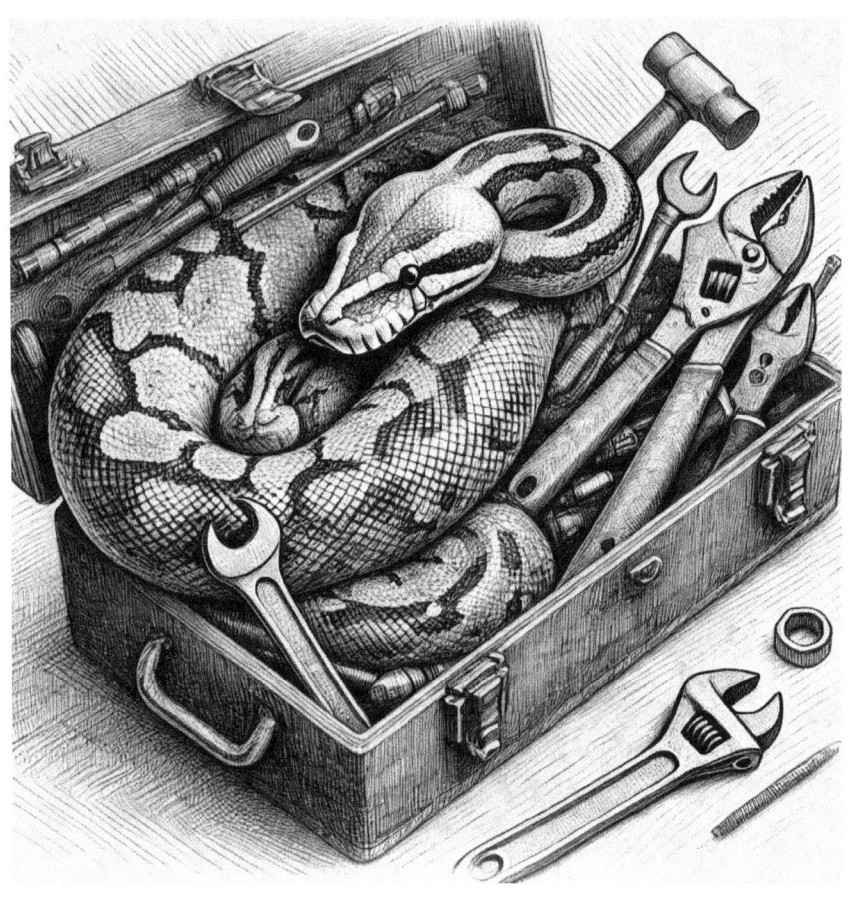

MEHR AUS FUNKTIONEN HERAUSHOLEN

Wie Sie bereits gelesen haben, können Funktionen weit mehr als Werte aufnehmen, verarbeiten und wieder zurückgeben. Mit wenigen Handgriffen können darin Informationen gespeichert werden und so verhält sich eine schlichte Funktion sogar fast wie ein richtiges Objekt mit allem Drum und Dran.

In diesem Abschnitt werden Sie weitere Möglichkeiten kennenlernen, um noch mehr aus Ihren selbst programmierten Python-Befehlen zu machen.

VOLL FLEXIBEL: VARIABLE ANZAHL VON ARGUMENTEN

Wenn in einer Funktion zum Beispiel Zahlen addiert werden sollen, dann kann die flexible Anzahl von Parametern, mit denen eine Funktion gefüttert wird, eine recht interessante Lösung sein. Schließlich ist dann nicht vorgeschrieben, dass nur zwei Zahlen zusammengezählt werden, sondern es können auch mehr Zahlen als Argumente gebracht werden.

Und: Sogar Aufrufe der Funktion unten mit nur einer oder gar keine Zahl sind möglich und führen nicht zu einem Fehler.

Funktion mit variabler Argument-Anzahl

```
def summe(*args):
    ret = 0
    for zahl in args:
        ret += zahl
    return ret
#summe#

print(summe())
# Ausgabe: 0
```

```
print(summe(1))
# Ausgabe: 1

print(summe(1, 2, 3))
# Ausgabe: 6
```

Warum sollte so nicht programmiert werden, weil es offensichtlich machbar ist? Der Grund dafür ist, dass Funktionen nicht nur vom Programmierer, sondern auch durch das Programm selbst aufgerufen werden. Klar, der Programmierer kann im Beispiel oben die Zahlen ohne Aufwand und Nachdenken eintragen, aber wie würde der Code die Funktion aufrufen, wenn er mal zwei und ein anderes mal drei oder vier Zahlen addieren soll?

Eine Liste als einzigen Wert in die Funktion einzuspeisen ist die deutlich bessere Lösung, weil Listen auch vom Programm selbst erzeugt werden können:

Funktion mit einem Argument variabler Länge

```
import random

def summe(liste = [0]):
    # in diesem Beispiel vereinfacht
    return sum(liste)
#summe#


zahlen = [
    random.randint(1, 9)
    for i in range(random.randint(1, 9))
]

# erster Aufruf:

print(zahlen)
# Ausgabe: [2, 6, 7, 6, 6, 2, 3, 2]

print(summe(zahlen))
# Ausgabe: 34
```

```
# zweiter Aufruf:

print(zahlen)
# Ausgabe: [9, 2, 6]

print(summe(zahlen))
# Ausgabe: 17
```

Um den Ruf der variablen Anzahl von Argumenten zu retten und dass Sie nicht ganz auf den Komfort dieser Lösung verzichten müssen: In Python kann eine Liste stellvertretend für die Argumenten-Reihe übergeben werden.

Genauso wie bei der Definition der Funktion wir der Liste im Funktionsaufruf einfach ein * vorangestellt. So kann die Funktion sowohl von einem (menschlichen) Benutzer als auch von einer Maschine auf unterschiedliche Weise genutzt werden.

Liste in Funktions-Argumente konvertieren

```
def summe(*args):
    # vereinfacht
    return sum(args)
#summe#

liste = [1, 2, 3]

ergebnis = summe(*liste)

print(ergebnis)
# Ausgabe: 6


print(summe(1, 2, 3))
# Ausgabe: 6
```

MASSENAKTIONEN: DATEN EFFEKTIV VERÄNDERN

Was liegt näher und entspricht unserem Verhalten in der Wirklichen Welt (Stichwort: Einkaufszettel oder Vokabel- und Aufgabenliste): Wenn viele Daten, die zum Beispiel in einer Liste gespeichert sind, durch eine Funktion verändert werden sollen, wird das häufig mit Hilfe einer Schleife umgesetzt:

Daten mit einer Schleife verändern

```
def anrede(name):
    return 'Frau' + ' ' + name

namen = ['Müller', 'Meier', 'Schmitt']

liste = []

for name in namen:
    liste.append(anrede(name))

print(liste)
# Ausgabe: ['Frau Müller', 'Frau Meier', 'Frau Schmitt']
```

Python hat jedoch mehrere Mittel und Wege, diese Prozedur effektiver und mit weniger Zeilen zu erledigen. Oft benutzt sind Listen-Vergleiche (Englisch: *"List-Comprehensions"*), von denen Sie weiter oben bereits gelesen haben, bei denen die For-Schleife in einen einzigen

Ausdruck zusammengeschrumpft wird. Kombiniert mit Funktionen sieht das dann so aus:

Daten mit einem Listenvergleich ändern

```
namen = ['Müller', 'Meier', 'Schmitt']
liste = [anrede(name) for name in namen]
print(liste)
```

In höchster Ausbaustufe kann der Listenvergleich zusätzlich um eine Bedingung ergänzt werden, falls nicht alle Daten in der neuen Liste landen sollen:

Listenvergleich mit Bedingung

```
liste = [anrede(Name) for name in namen if name != 'Meier']
```

Listen-Vergleiche mit komplexeren Bedingungen sind sicher nicht die am besten lesbare Methode, ein paar Zeilen Code zu sparen. Eine Alternative mit noch mehr Möglichkeiten bietet der Map-Befehl. Damit können komplexe Arbeitsschritte als Funktion zu den Daten gemischt werden:

Listenverarbeitung mit dem Map-Befehl

```
def anrede(name):
    return 'Frau ' + name

namen = ['Müller', 'Meier', 'Schmitt']

map_objekt = map(anrede, namen)
```

Wie am Namen der Variablen bereits zu erkennen ist, gibt map() keine Liste zurück, sondern – wie sollte es anders sein – ein Map-Objekt, das weiterverarbeitet werden muss.

Map-Objekt in eine Liste konvertieren

```
# Schleife

map_objekt = map(anrede, namen)

liste = []

for name in map_objekt:
    liste.append(name)

print(liste)


# List-Befehl

map_objekt = map(anrede, namen)

liste = list(map_objekt)

print(liste)
# Ausgabe: ['Frau Müller', 'Frau Meier', 'Frau Schmitt']
```

Schauen Sie sich den Code oben ganz genau an: Das Map-Objekt wird zweimal zugewiesen – und das ist tatsächlich nötig, da es sich wie ein Iterator verhält, also nur einmal genutzt werden kann (wie Sie bereits weiter oben gelesen haben). Fehlt im zweiten Teil des Codes die Zuweisung, wird eine leere, nutzlose Liste erzeugt.

Ganz ähnlich wie die Map-Funktion arbeitet die Filter-Funktion. Dabei werden die Werte aus der Liste nicht durch die im Parameter genannte Funktion verändert, sondern durch diese bewertet:

Listenelemente aussortieren mit der Filter-Funktion

```
def gerade(zahl):

    if zahl % 2 == 0:
        return True

    return False

#gerade#


zahlen = [1, 2, 3, 4, 5, 6]

liste = list(
   filter(gerade, zahlen)
)

print(liste)
# Ausgabe: [2, 4, 6]
```

Je nachdem, ob die angegebene Funktion wahr oder falsch zurückgibt, wird das Element in die neue Liste übernommen oder nicht, wobei der zweite Eingabeparameter das jeweilige Element der Liste ist.

IRGENDWAS WAHR? LISTEN AUF WAHRE BEDINGUNGEN PRÜFEN

Schon wieder ein Problem, das viel zu häufig mit einer Schleife gelöst wird: Eine Reihe von Daten sollten daraufhin überprüft werden, ob eine davon eine bestimmte Bedingung erfüllt oder nicht.

Natürlich hat jeder Programmierer sofort die Kombination aus `for` und `if` im Kopf. Aber auch dafür gibt es in Python eine eingebaute Lösung: den any-Befehl.

Prüfen, ob ein Listenelement wahr ist

```
liste = [False, False, True, False]

if any(liste):
    print('Eins davon ist True!')
```

In dieser Form ist der any-Befehl in der Praxis kaum nutzbar, da Listen selten nur `True` und `False` enthalten, oder der Programmierer kommt auf die Idee, eine Liste zu erzeugen, die mit solchen Daten gefüllt ist. Zum Glück lässt sich der any-Befehl einfach und schnell mit einer Bedingung kombinieren.

Schauen Sie bitte wieder ganz genau hin: Hier werden alle erforderlichen Arbeitsschritte in eine Zeile gepackt. Es ist keine Schleife nötig, keine weitere Liste und keine Extra-Bedingung!

Any-Befehl mit eingebauter Bedingung

```
zahlen = [1, 3, 4, 5 , 7]

wahr = any(zahl % 2 ==0 for zahl in zahlen)

print(wahr)
```

Genauso einfach – aber dafür noch besser lesbar – ist die Überprüfung mit Hilfe einer Funktion, die einen Boolean-Wert zurückliefert:

Any-Befehl mit Prüf-Funktion

```
def gerade(zahl):
    return Zahl % 2 == 0

zahlen = [1, 3, 4, 5 , 7]

wahr = any(gerade(zahl) for zahl in zahlen)

print(wahr)
```

Der ausführliche Bruder von any() ist der Befehl all(). Dieser besteht allerdings darauf, dass alle Elemente wahr sind und nicht nur ein einzelnen. Beachten Sie dabei bitte, dass die negative Schreibweise etwas gewöhnungsbedürftig ist:

Listen mit dem All-Befehl überprüfen

```
d = {
    1 : 1 == 1,
    2 : 2 == 2,
    3 : 3 == 3,
}
```

```
print(all(d.values()))
# Ausgabe: True


d[2] = 3 == 4

print(all(d.values()))
# Ausgabe: False

print(not all(d.values()))
# Ausgabe: True
```

ENTSCHIEDENER EINSATZ: FUNKTIONEN IN ZUWEISUNGEN AUSWÄHLEN

Im Kapitel über Daten ist der Ternary-Befehl bereits vorgestellt worden – also das Zuweisen einer Variablen mit Hilfe einer Bedingung (a = 3 if b == 4 else 2).

Genauso wie damit Werte zugewiesen werden können, lässt sich der Ternary auch auf Funktionen anwenden:

Funktion mit Bedingung anwenden

```
def mal_zwei(x):
    return x * 2

def mal_drei(x):
    return x * 3


welche = 'Zwei'

zahl = (mal_zwei if welche == 'Zwei' else mal_drei)(1)

print(zahl)
# Ausgabe: 2
```

Einfach gesagt: *Nicht machen!* Die dritte Zeile von unten mit den Klammern am Ende und vor einem Ternary verbirgt hervorragend, dass es sich eigentlich nur um den Aufruf einer Funktion handelt. Selbst erfahrene Programmierer würden bei dem Anblick für eine Sekunde die Stirn in Falten legen.

Nur weil so eine Konstruktion in Python machbar ist, muss sie nicht gleich so geschrieben werden. Zwar macht die Entscheidung über die Verarbeitung der Daten auf diese Weise durchaus Sinn, sollte aber besser auf zwei Zeilen verteilt werden. Im Beispiel unten übernimmt die Wahl-Arbeit eine Funktion, deren Ergebnis in einer Variablen vor dem Aufruf zwischengespeichert wird:

Verteilte Funktions-Auswahl

```
def mal_zwei(x):
    return x * 2

def mal_drei(x):
    return x * 3

def waehlen(s):
    if s == "Zwei":
        return mal_zwei
    return mal_drei


welche = 'Zwei'

f = waehlen(welche)
zahl = f(1)

print(zahl)
# Ausgabe: 2
```

NAMENLOSE MINI-FUNKTIONEN: LAMBDA

Lambda-Funktionen (aus dem Griechischen für ein *Neutrum*) werden auch *anonyme Funktionen* genannt und sind kurze Funktionen ohne die üblichen Dekorationen und Förmlichkeiten. Diese sind hervorragend geeignet für einen besonders knappen und effizienten Programmierstil!

Unten sehen Sie den Unterschied zwischen normaler Funktion und einer Lambda-Funktion. Wichtig ist dabei vor allem, dass die Lambda-Funktion von vornherein einer Variablen zugewiesen wird!

Normale Funktion im Vergleich zu einer Lambda-Funktion

```
def plus_eins(x):
    return x + 1

mini_plus = lambda x : x + 1


print(plus_eins(1))

print(mini_plus(1))
```

Diese Mini-Funktionen haben eine einfache Syntax: Vor dem Doppelpunkt stehen die Eingabe-Argumente und dahinter der Return-Wert. Als anonyme Funktion werden solche Ausdrücke bezeichnet, weil sie auch benutzt werden können, ohne einer Variablen zugeordnet zu sein, zum Beispiel in einer Filter-Funktion:

Lambda innerhalb eines Funktionsaufrufs

```
liste = [2, 4, 7]

f = filter(lambda x : x % 2 == 0, liste)

print(list(f))
# Ausgabe: [2, 4]
```

Aber dieser Funktionstyp kann noch viel mehr. So können Vorlagen für Funktionen erstellt werden, die durch gezielte Konfiguration später völlig unterschiedlich arbeiten. Dabei spart der Programmierer sich das Anlegen mehrerer, ähnlicher Teile im Code.

In der Praxis könnte das dann so aussehen: Sie brauchen zum Beispiel eine Funktion, die einen Wert mit einer beliebigen Zahl multipliziert, die erst später definiert werden soll – und davon gleich mehrere mit unterschiedlichem Faktor. Dazu kombinieren wir eine normale Funktion mit einer Lambda-Funktion:

Anonyme Funktion im Praxiseinsatz

```
def vielfaches(x)):
    return lambda a : a * x
```

Jetzt können damit beliebige, weitere Funktionen erstellt werden, bei denen zuerst x festgelegt wird und danach erst a zum Eingabe-Parameter der neuen Funktion wird:

Definition und Aufruf einer Anonymen Funktion

```
def vielfaches(x):
    return lambda a : a * x


# x definieren / konkrete Funktionen erzeugen
doppelt = vielfaches(2)
dreifach = vielfaches(3)


# a als Argument der neuen Funktion
print(doppelt(2))
# Ausgabe: 4

print(dreifach(3))
# Ausgabe: 9
```

Ein weiteres interessantes Beispiel aus der Praxis sind Lambda-Funktionen, die in einem Dictionary gespeichert werden.

So lassen sich kleine Daten-Operationen geschickt zusammenfassen und aufrufen. Auch wenn die Übersichtlichkeit dabei etwas auf der Strecke bleibt, soll Ihnen dieser Code zur Inspiration nicht vorenthalten werden.

Set von anonymen Funktionen in einem Dictionary

```
funktion = {
    'Plus'  : lambda x, y : x + y,
    'Minus' : lambda x, y : x - y,
    'Mal'   : lambda x, y : x * y,
}

print(funktion['Plus'](1, 2))

print(funktion['Minus'](3, 4))

print(funktion['Mal'](5, 6))
```

FUNKTIONS-FABRIKEN MIT CLOSURES

Mit Hilfe von Funktionsabschlüssen (Englisch: "closures") können neue Funktionen zunächst konfiguriert und dann erst abschließend erstellt werden. Die vom Programmierer vorgenommenen Einstellungen bleiben beim Aufruf verborgen.

Bereits bei den Lambda-Funktionen oben ist ein Beispiel für eine Closure gezeigt worden (`doppelt(x)` und `dreifach(x)`).

Auch Dekoratoren (von denen Sie später detailliert lesen werden) nutzen dieses Prinzip, dass eine Funktion eine andere (neue) Funktion zurückgibt. Schauen Sie sich das Beispiel unten in Ruhe an und übertragen Sie es vielleicht sogar in die eigene Entwicklungsumgebung, um damit ein wenig herum zu experimentieren.

Einfache Closure

```
test = '''Das ist ein Test,
         mit dem die Closure
         erklärt werden soll.
         '''

def anzahl_zeichen(zeichenkette):

    def zaehle(zeichen):
        zeichen = zeichen.lower()
        reihe = zeichenkette.lower()
        return reihe.count(zeichen)
```

```
    return zaehle
#anzahl_zeichen#


buchstaben = anzahl_zeichen(test)

print(buchstaben('i'))
# Ausgabe: 4

print(buchstaben('a'))
# Ausgabe: 1
```

Closures sollen die Verwendung von globalen Variablen reduzieren oder sogar ganz vermeiden. Zum Beispiel können so Namen von Konfigurationsdateien in einer Closure angegeben werden. Ein weiterer Vorteil ist, dass andere Programmierer die Funktion nutzen können, ohne sich um die Einstellungen (zum Beispiel den Namen der Konfigurationsdatei) zu kümmern. Unten sehen Sie eine stark verkürzte Version einer solchen Codes:

Vorkonfiguration von Funktionen mit Closures

```
def nachschlagen(datei):

    def suche(wort):
        print("suche in", datei)
        return True

    return suche
# nachschlagen

t1 = nachschlagen("datei_eins.dat")
t2 = nachschlagen("datei_zwei.dat")

print(t1("Hallo!"))

# Ausgabe:
# suche in datei_eins.dat
# True
```

```
print(t2("Hallo!"))

# Ausgabe:
# suche in datei_zwei.dat
# True
```

Eigentlich können Closures auch direkt aufgerufen werden, dann geht allerdings die Übersichtlichkeit ein wenig verloren. Die Zeilen unten sind eine Ergänzung zum Programm oben:

Direkter Aufruf einer Closure

```
print( nachschlagen("datei_drei.dat")("Hallo!") )

# Ausgabe:
# suche in datei_drei.dat
# True
```

KNAPPE WERTUNG: FUNKTIONEN STARK VERKÜRZEN

In diesem Kapitel sehen Sie noch einmal die verschiedenen Möglichkeiten, Funktionen kurz, knapp und übersichtlich zu programmieren. Früh lernt der Python-Programmierer, was folgende Befehle ausgeben, wenn sie entweder innerhalb eines Print-Befehls oder ohne diesen direkt in der Python-Konsole eingegeben werden:

Bedingungen in Print-Befehlen

```
print(5 % 2 == 0)

print('a' in 'Hallo')
```

Oft wird übersehen, dass die gleiche Logik in einfache Bewertungs-Funktion eingebaut werden kann, und die damit stark verkürzt werden kann. Der typische Aufbau einer Funktion sieht eigentlich so aus:

Typische Bewertungsfunktion

```
def mit_x(wort):

    if 'x' in wort:
        return True
```

```
        else:
            return False
```

#mit_x#

```
print(mit_x('Hallo, nach Xanten!'))
# Ausabe: False
```

Die Bedingung kann aber auch gleich hinter das return geschrieben werden. Das Ergebnis ist klar, knapp und beeindruckend kurz:

Stark verkürzte Bewertungsfunktion

```
def mit_x(wort):

    return 'x' in wort
```

Und die gleiche Funktionalität verpackt in eine Lambda-Funktion ist dann der pure Minimalismus:

Bewertung mit Lambda

```
mit_x = lambda wort : 'x' in wort
```

Statt die oben gezeigte Lambda-Funktion auf den Buchstaben x festzulegen, kann zunächst eine allgemeine Lambda-Funktion geschrieben werden, die später auf spezielle Auswahlkriterien konfiguriert werden kann.

Von der allgemeinen zur speziellen Lambda-Funktion

```
def mit(buchstabe):
    return lambda text : buchstabe in text


mit_x = mit("x")
mit_y = mit("y")

print(mit_x("Nix!"))
# Ausgabe: True

print(mit_y("Test!"))
# Ausgabe: False


# machbar, aber nicht machen:
print(mit("a")("Buchstabe!"))
# Ausgabe: True
```

IHR NAME? VARIABLENNAMEN IN ARGUMENTEN ERZWINGEN

Werte in Argumenten im Voraus zu definieren ist praktisch, weil diese damit beim Aufruf einer Funktion nicht zwingend angegeben werden müssen. Besonders wenn Funktionen später erweitert werden, kann so auf die nachträgliche und vielleicht mühevolle Änderung aller Aufrufe im Code verzichtet werden:

Definierte Argumente im Kopf einer Funktion

```
def test(a = 1, b = 2):
    print(a, b)
```

```
test(3)
```

```
test(3,4)
```

```
test(b = 5)
```

Im Gegensatz dazu kann bei der Übergabe von Argumenten auch diese Flexibilität teilweise oder komplett abgeschaltet werden. Ein Stern vor den Variablen macht es beim Aufruf der Funktion erforderlich, den Namen des Arguments unbedingt mit anzugeben:

Funktionsaufrufe mit erforderlichen Argument-Namen

```
def test_1( *, a, b):
    print(b, b)

test_1(a = 1, b = 2)

# geht nicht:
# test_1(1, 2)
# test_1(a = 1, 2)



def test_2(a, *, b):
    print(a, b)

test_2(3, b = 4)
test_2(a = 3, b = 1)

# geht nicht:
# test_2(3, 4)
```

Werden die nach dem Stern aufgelisteten Argumente nicht benannt, endet der Aufruf in einem Fehler. Sollten Sie Funktionsaufrufe auf diese Art benutzen wollen: Das Komma nach dem Stern auf keinen Fall vergessen! Außerdem sollten Sie den Einsatz solcher Maßnahmen gut überlegen, denn er könnte andere Nutzer Ihres Codes verwirren oder gar zur Verzweiflung treiben.

Über den Sinn dieser Praxis lässt sich diskutieren, zumal bei einem ganz normalen Aufruf die Namen der Argumente genauso angegeben werden können, ohne dass ein Zwang dazu besteht. Sogar die Reihenfolge der Argumente spielt bei Angabe der Namen keine Rolle (siehe letzte Zeile im Code unten):

Namen von Argumenten in einer normalen Funktion

```
def test(a, b):
    print(a, b)

test(2, 3)

test(2, b = 3)

# funktioniert nicht:
# test(a = 2, 3)

test(a = 2, b = 3)

test(b = 1, a = 2)
```

Aber auch bei dieser Methode gibt es eine Einschränkung: Werte ohne Variablennamen müssen immer vor der Kombination aus Name und Wert stehen. Der Aufruf `test(a = 2, 3)` würde wiederum einen Fehler erzeugen.

PYTHON FÜR FORTGESCHRITTENE

STUFE HÖHER – FORTGESCHRITTENE PROGRAMMIERTECHNIKEN

Lassen Sie uns einsteigen, in die umfangreichen Beispiele und damit in komplexere Programmiertechniken, wo Sie die volle Leistungsfähigkeit von Python bestaunen und ausnutzen können.

Ein kleiner Nachteil ist, dass vieles davon nicht mehr in wenigen Zeilen dargestellt werden kann. Sollten Sie die Möglichkeit haben, die Beispiele in die Zwischenablage zu kopieren und selbst ausprobieren können, dann tun Sie das unbedingt, denn Code sieht in einem Buch ganz anders aus als in der eigenen Entwicklungsumgebung.

Und wenn Sie die Programme nicht einfach übernehmen können, dann sollten Sie Beispiele, deren Benutzung Sie besonders interessiert, vielleicht doch abschreiben, um die Funktionsweise live erleben zu können.

BREAKPOINT: FEHLER FINDEN MIT PYTHONS DEBUGGER

*E*s läuft, bis es nicht mehr läuft! Je umfangreicher ein Programm wird, desto weniger gilt dieses Motto. Dass Programmierer nicht auf den Absturz warten oder ihren Code mit Print-Befehlen spicken müssen, ist bekannt.

Allerdings beschäftigen sich Anfänger nur selten mit dem Einsatz von Debuggern, obwohl diese die Arbeit enorm erleichtern können und Python einen guten, eingebauten Debugger an Bord hat. Aufgerufen wird dieser – je nach Python-Version – durch zwei verschiedene Befehle:

Integrierten Python-Debugger aufrufen

```
# ab Python 3.7:

breakpoint()


# bis Python 3.6 (und neuer):

import pdb

pdb.set_trace()
```

Das Programm wird damit vor der nächsten ausführenden Zeile gestoppt und im Terminal wird angezeigt, in welcher Datei sich das

Programm gerade befindet, in welcher Funktion und in welcher Zeile. Außerdem wird ein Codeausschnitt gezeigt und die Stop-Position mit einem Pfeil markiert. Ab da können Sie in die Konsole wechseln und mit einer Menge von Befehlen den Status des laufenden Codes untersuchen:

- q (quit) beendet Debugger und den laufenden Programmcode.

- p entspricht dem Print-Befehl in Python und dient der Ausgabe von Variablen-Inhalten, zum Beispiel p a oder p a, b – alternativ funktioniert auch p(a) und p(a,b) oder sogar pp (print-pretty), wenn längere Listen oder umfangreiche Dictionaries angezeigt werden sollen.

- c (continue): Der Code läuft weiter bis zum nächsten Haltepunkt.

- n (next line) führt die nächste Zeile aus (gefolgt von der gleichen Ausgabe wie beim Start des Debuggers).

- s (step) lässt den Code so lange weiterlaufen, bis in eine andere Funktion gesprungen wird.

- <Enter> oder <Return>: Der letzte Befehl wird wiederholt (besonders praktisch nach den Kommandos n und s).

- Mit l (list) und ll (long list) werden kürzere oder längere Code-Ausschnitte an der aktuellen Position angezeigt.

- h (help) zeigt alle verfügbaren Befehle an. h gefolgt von einem Befehl gibt einen kurzen Hilfe-Text aus.

Sollten Ihnen das zu kompliziert und zu umfangreich sein: Weiter unten lernen Sie die Bibliothek *Iceream* kennen, die ebenfalls für die Fehlersuche gemacht ist, aber weniger Funktionen enthält und leichter bedient werden kann.

VON UNGEFÄHR: ÄHNLICHKEITEN VON STRINGS ERMITTELN

Mit der künstlichen Intelligenz endet die mathematische Präzision der Computersprachen. Aber schon vorher stellt sich oft die Frage nach dem Ungefähr. Zum Beispiel bei der Texterkennung, die zwar immer besser wird, aber eben nicht immer die präzisen Musterbeispiele aus dem Wörterbuch zurückliefert.

Ähnlichkeiten zwischen Äpfeln und Bananen können bereits ohne neuronale Netzwerke und mit wenigen Zeilen Code rechnerisch ermittelt werden. Das Ergebnis ist einfach zu verstehen: Je kleiner der ermittelte Wert, desto unähnlicher die Zeichenketten:

Ähnlichkeit von Strings berechnen

```
from difflib import SequenceMatcher

def aehnlichkeit(wort_1, wort_2):

    return SequenceMatcher(
        None,
        wort_1,
        wort_2,
    ).ratio()

#aehnlichkeit#
```

```
print(aehnlichkeit('Apfel', 'Banane'))
# Ausgabe: 0.18181818181818182

print(aehnlichkeit('Apfel', 'Apple'))
# Ausgabe: 0.6
```

Zugegeben: Die mathematischen Verfahren, um solche Berechnungen zu machen, sind zahlreich. Bemühen Sie die Suchmaschine nach folgenden Namen zur Stichwortsuche: Hamming, Levenshtein, Damerau und Jaro-Winkler, um nur einige wenige zu nennen.

Wer sich ernsthaft mit ungefähren Vergleichen beschäftigen will, sollte unbedingt immer versuchen zu verstehen, wie diese Funktionen arbeiten, um für jeden Fall das beste Ergebnis zu erzielen.

LISTE BLEIBT LISTE: VERÄNDERBARE DATENTYPEN

Alles ist ein Objekt! Bei diesem Motto von Python geraten Anfänger immer wieder in Schwierigkeiten. Besonders der Unterschied zwischen veränderlichen und unveränderlichen Datentypen macht in diesem Zusammenhang häufig und gerne Probleme, wie das folgende Beispiel zeigt:

Veränderbare Datentypen mit unterschiedlichen Bezeichnern

```
liste_1 = ['Susi', 'Anne', 'Rita']

liste_2 = liste_1

liste_2[1] = 'Dieter'


print(liste_1)
# Ausgabe: ['Susi', 'Dieter', 'Rita']

print(liste_2)
# Ausgabe: ['Susi', 'Dieter', 'Rita']

print( id(liste_1) == id(liste_2) )
# Ausgabe: True
```

Die Ausgaben am Ende des Codes zeigen nicht nur dieselbe Liste, sondern die letzte Zeile beweist, dass sich hinter den beiden Variablen tatsächlich ein und dieselbe Liste verbirgt (die Funktion id() gibt eine Python-interne, einzigartige Seriennummer für Objekte zurück, die innerhalb des Print-Kommandos verglichen wird).

Anfänger denken oft, sie haben zwei unabhängig voneinander existierende Listen erzeugt. So einfach ist das in Python allerdings nicht. Wer eine komplett neue Liste erzeugen will, muss dies mit dem Copy-Befehl tun (der auch mit Dictionaries und anderen veränderbaren Datentypen funktioniert):

Unabhängige Kopie einer Liste erstellen

```
liste_1 = ['Susi', 'Anne', 'Rita']

liste_2 = liste_1.copy()

print(id(liste_1), liste_1)
# Ausgabe: 1516743512648 ['Susi', 'Anne', 'Rita']

print(id(liste_2), liste_2)
# Ausgabe: 1516743513160 ['Susi', 'Anne', 'Rita']

print( id(liste_1) == id(liste_2) )
# Ausgabe: False
```

Alternativ kann auch mit Hilfe des Slicings die gesamte Liste kopiert werden (wenn sonst einer Variablen durch Slicing nur Teile einer Liste zugewiesen werden, handelt es sich dabei auch immer und eine unabhängige Kopie). Wird die ganze Liste so übertragen, wird ebenfalls eine Kopie der ursprünglichen Liste erzeugt:

Kopie einer Liste durch Slicing

```
liste_1 = ['Susi', 'Anne', 'Rita']

liste_2 = liste_1[:]
```

```
print( id(liste_1) == id(liste_2) )
# Ausgabe: False
```

Nebenbei: Die Leerzeichen innerhalb eines Print-Befehls (vorletzte Zeile von oben), führen nicht zu Fehlern im Programm. Diese helfen, die Zeilen besser lesen zu können. Allerdings sollte zum Beispiel nur für die Ausgabe und Darstellung von logischen Ausdrücken benutzt werden. Wenn Zeichenketten aufgeführt sind, schreiben Sie alles besser dicht zusammen.

Unten sehen Sie ein kleines Beispiel, um sich selbst einen optischen Eindruck machen zu können:

Leerzeichen innerhalb von Zeilen

```
print(1==2)

# besser:
print( 1 == 2 )

# machbar bei längeren Zeilen:
print(
    1 == 2,
)

# gar nicht gut:
print("a:",        3, "= "      +       str(4))

# besser:
print("a:", 3, "=", 4)

# oder wieder verteilt:
print(
    "a",
      3,
    "=",
    str(4),
)
```

KEINE ZEIGER: POINTER IN PYTHON

Wie im vorigen Kapitel gezeigt, können veränderbare Typen mit unterschiedlichen (Variablen-)Namen versehen werden, die eigentlich alle auf die gleichen Daten zeigen.

Hinter einer scheinbar anderen Variablen verbirgt sich häufig das gleiche Objekt. Deswegen ist es wichtig für den Programmierer, genau zu wissen, wann er nur mit einem Verweis auf die gleichen oder mit ganz anderen Daten arbeitet.

Verschiedene Namen, gleiche Liste

```
liste_1 = ['Susi', 'Anne', 'Rita']
liste_2 = liste_1

print(liste_1 == liste_2)
# Ausgabe: True
```

In der Sprache C können solche Pointer auf alle möglichen Variablen gesetzt werden. In Python funktionieren diese Verweise jedoch (leider) nicht in jedem Fall, sondern nur mit unveränderbaren Objekten.

Unbequem ist das zum Beispiel beim Zugriff auf Listenelemente, wenn diese geändert werden sollen. Den direkten Zugriff über den Index kann der Programmierer kaum vermeiden, weil sich keine Verweise auf bestimmte Elemente setzen lassen. So arbeitet die Variable gefunden im Beispiel unten nicht wie erwartet.

Zugriff auf Elemente einer Liste

```
liste = ["Susi", "Anne", "Rita"]

gesucht = "Anne"

for element in liste:

    if element == gesucht:
        gefunden = element

print(gefunden)
# Ausgabe: Anne

print(id(gefunden) == id(liste[1]))
# Ausgabe: True


# funktioniert nicht, wie vielleicht vermutet
gefunden = "Rudi"

print(liste)
# Ausgabe: ['Susi', 'Anne', 'Rita']
```

Obwohl der Vergleich mit dem id-Befehl auf das gleiche Objekt hinweist, kann dieses Element der Liste nicht über die Variable geändert werden. Aber sogar schon beim Lesen verweigert Python jegliche Flexibilität.

Schauen Sie sich das Beispiel unten genau an, weil es wiederum nicht so funktioniert, wie der Anfänger vielleicht erwarten würde:

Pointer auf eine Liste auslesen

```
liste = ["a", "b", "c"]

element = liste[1]

print(element)
# Ausgabe: b
```

```python
# element und liste[1] zeigen auf das GLEICHE Objekt
print(id(element) == id(liste[1]))
# Ausgabe: True

liste[1] = "x"

print(liste)
# Ausgabe: ['a', 'x', 'c']

# element und liste[1] zeigen NICHT mehr auf das
# gleiche Objekt
print(id(element) == id(liste[1]))
# Ausgabe: False

print(element)
# Ausgabe: b
```

Also bereits beim Auslesen ist Vorsicht geboten, wenn die Liste zwischendurch geändert wird. Zuverlässiger und richtig ist es, jeglichen Zugriff auf Elemente einer Liste über den Index zu regeln. Dabei können die Missverständnisse von oben nicht entstehen. Jedenfalls nicht, solange das gewünschte Element auf der Liste nicht seine Position verändert.

Zugriff auf Elemente einer Liste mittels Index

```python
for position, element in enumerate(liste):

    if element == gesucht:
        gefunden = position


liste[gefunden] = "Rudi"

print(liste)
# Ausgabe: ['Susi', 'Rudi', 'Rita']
```

Um Pointer auf Elemente einer Liste zu ermöglichen, müssen die einzelnen Elemente der Liste veränderbare Objekte sein. Das Beispiel unten zeigt nur einen recht groben Ansatz, wie so etwas programmiert werden kann.

Was im Zugriff auf die Elemente vorteilhaft erscheint, kann aber bei der späteren Weiterverarbeitung mühevoll werden. Deswegen – so unbequem der Weg über den Index auch scheinen mag – sollten Sie solche Konstruktionen wie im folgenden Beispiel eher vermeiden und nicht in der Praxis einsetzen:

Simulation von Pointern mittels veränderbarer Objekte

```
class Data():

    def __init__(self, value):
        self.value = value

    def __repr__(self):
        return str(self.value)

#Data#


l = [
    Data("Susi"),
    Data("Anne"),
    Data("Rita"),
]

a = l[1]
a.value = "Rudi"

print(l)
# Ausgabe: [Rudi, Anne, Rita]
```

Achtung: Bei der Ausgabe des Codes schauen Sie bitte ganz genau hin, weil die Namen in der Liste nicht in Anführungszeichen gesetzt sind, was Sie vielleicht erwarten würden.

In der Programmier-Praxis ist diese Lösung allerdings kaum sinnvoll, denn sie erleichtert die Arbeit beim Umgang mit simplen Werten nicht. Sollten Sie allerdings Objekte in einer Liste ablegen, dann können Variablen, wie gerade gezeigt, als Pointer eingesetzt werden.

UNTER STROM: GENERATOREN

Generatoren werden in vielen Tutorials nicht besonders gut erklärt. Das Problem entsteht häufig schon ganz am Anfang, denn oft bleibt die Frage offen, wofür Generatoren tatsächlich benutzt werden sollen und warum Schleifen und Listen nicht genauso gut eingesetzt werden können. Hier ein paar gute Gründe, warum Sie sich mit dem Thema beschäftigen sollten:

1. Große Dateien, die zum Beispiel nicht komplett in den Speicher des Rechners geladen werden können.

2. Reihen, die unendlich sind (siehe Beispiel unten).
   Reihen, bei denen das Erzeugen der Elemente viel Zeit in Anspruch nimmt (der Generator rechnet dagegen erst, wenn ein Element benötigt wird).

3. Wenn Elemente aus dem Generator an unterschiedlichen Stellen im Code oder nicht fortlaufend benötigt werden (vergleichbar mit Spielkarten von einem Stapel zu nehmen).

4. Wenn der Abruf der Elemente unterbrochen und später wieder aufgenommen wird.

5. Generatoren brauchen weniger Speicher und werden meistens schneller abgearbeitet als Listen (siehe Kapitel "Generatoren schnell generieren").

Im Beispiel unten wird eine aufwendige Berechnung (Verdopplung eines Werts) auf zwei getrennte For-Schleifen verteilt. Das ist zwar kein besonders praxisnahes Beispiel, aber es zeigt die Stärken eines Generators sehr gut.

Einfache Generator-Funktion

```
def doppelt(nummer = 2):
    while True:
        yield nummer
        nummer *= nummer
#doppelt#


generator = doppelt()

for i in range(10):
    print(next(generator))

for i in range(10):
    print(next(generator))
```

Der Yield-Befehl ist das Herzstück eines Generators. Er markiert die Stelle, wo das Ergebnis der Funktion wiederholt zurückgegeben wird (`yield` ersetzt return).

Allerdings würde in einer normalen Funktion der Code dahinter nicht mehr ausgeführt werden. Hier ist das anders!

Beachtenswert ist außerdem, dass die Generator-Funktion zunächst einer Variablen (in diesem Fall `generator`) zugewiesen werden muss. Ein direkter Aufruf von `next(doppelt)` ist nicht möglich und würde einen Fehler erzeugen.

Während Listen immer ein Ende haben, können Generatoren unendlich viele Werte hervorbringen.

Endloser Generator

```
def naechster():
    start = 0
    while True:
        yield start
        start += 1
#naechster#


n = naechster()

print(next(n))
print(next(n))
print(next(n))
...
```

Auf den ersten Blick sieht das nicht besonders spektakulär aus, aber wenn Sie sich vorstellen, dass der Generator an unterschiedlichen Stellen im Code eingesetzt werden kann, oder – wie oben bereits gezeigt – auch komplexere Berechnungen ausführen und zurückliefern kann, werden Sie diese Art des Programmierens schnell schätzen lernen. Übrigens kann ein Generator genauso gut endlich sein:

Begrenzter Generator

```
import random

def naechster(ende):
    start = 0
    while start < ende:
        yield start
        start += random.randint(0, 10) / 10


n = naechster(2)
```

```
while True:
    print(next(n))

# endet irgendwann mit: StopIteration
```

Der Generator oben ist durch das zufällige Addieren eines Werte unberechenbar: Das Ende der Reihe kann nicht abgesehen und auch nicht geprüft werden.

Soll das Programm nicht mit dem oben gezeigten Fehler enden, dann muss dieser mit Hilfe des Try-Except-Befehl abgefangen werden. Nicht ganz elegant, aber durchaus geläufige Praxis:

Ende eines Generators abfangen

```
# hier fehlt die Generator-Funktion von oben

n = naechster(2)

while True:
    try:
    print(next(n))
    except StopIteration:
    break

print("Ende")
```

GENERATOREN SCHNELL GENERIEREN

Generatoren können sehr schnell und auf die gleiche Weise erzeugt werden wie Listen durch Listen-Vergleiche. Der einzige Unterschied besteht in der Form der Klammern. Unten sehen Sie Gemeinsamkeiten und Unterschiede beider Programmiertechniken:

Generatoren durch Listenvergleich erzeugen

```
liste = [zahl for zahl in range(100_000) if zahl % 2 ==0]
generator = (zahl for zahl in range(100_000) if zahl % 2 ==0)

print(type(liste))
# Ausgabe: <class 'list'>

print(type(generator))
# Ausgabe: <class 'generator'>
```

Sieht sich ziemlich ähnlich, oder? Und lässt sich tatsächlich auch völlig identisch nutzen – zumindest beim Aufruf innerhalb einer Schleife. Leider versagt die Liste in anderen Fällen, weil diese den Befehl next() nicht kennt.

Zugriff auf Liste und Generator

```
liste = [zahl for zahl in range(5) if zahl % 2 ==0]
generator = (zahl for zahl in range(5) if zahl % 2
==0)

for element in liste:
    print(element)
# Ausgabe
# 0
# 2
# 4


print("einzelner aufruf", next(generator))
# Ausgabe: 0


for element in generator:
    print(element)
# Ausgabe:
# 2
# 4
```

Wie groß der Unterschied zwischen den beiden Zuweisungen im eigentlich unsichtbaren Hintergrund von Python ist, zeigt der Speicherbedarf für Liste und Generator:

Vergleich des Speicherbedarfs von Liste & Generator

```
import sys

liste     = [zahl for zahl in range(100_000) if zahl % 2 ==0]
generator = (zahl for zahl in range(100_000) if zahl % 2 ==0)

print(sys.getsizeof(liste))
# Ausgabe: 406496
```

```
print(sys.getsizeof(generator))
# Ausgabe: 120
```

Während die Liste etwas mehr als 400 KBytes im Speicher belegt, kommt der Generator mit nur 120 Bytes (also 0,12 KByte) aus. Ein weiteres, gutes Argument für Generatoren.

Um am Ende dieses Abschnitts noch den Ruf der Liste zu retten: Auch diese kann sich wie eine Generator verhalten, allerdings muss dazu der Inhalt verändert (Element für Element gelöscht) werden.

Liste verhält sich mit pop() wie ein Generator

```
liste = list(range(10))

while liste:
    element = liste.pop(0)
    print(element)
```

Wenn Sie die Liste von vorne nach hinten abarbeiten wollen, muss der Pop-Befehl mit dem Argument 0 in den Klammern für die Position aufgerufen werden. Ohne Argument nimmt und löscht das Kommando das jeweils letzte Element von der Liste.

Aber es gibt auch einen Befehl, der aus einer Liste einen Generator macht. Mit `iter()` verhält sich die konvertierte Liste genauso wie ein echter Generator – nur der Nachteil mit dem größeren Speicherbedarf bleibt bestehen.

Liste in Generator konvertieren

```
liste = list(range(10))

generator = iter(liste)

print("einzeln:", next(generator))

for element in generator:
    print(element)
```

GENERATOR GENIAL!

In den letzten beiden Kapiteln haben Sie gesehen, wie Generatoren aus Listen (mit dem Befehl iter()), mit Hilfe von abgewandelten Listen-Vergleichen (mit runden statt eckigen Klammern) und modifizierten Funktionen (yield statt return) gemacht sein können.

Aber auch ganz normale Funktionen können in einen Generator verwandelt werden.

Damit Sie die unterschiedlichen Möglichkeiten der Anwendung verstehen, starten wir mit einem einfachen Generator, der einen unendlichen Würfel simuliert:

Einfacher Würfel-Generator

```
import random

def wuerfel():
    while True:
        yield random.randint(1, 6)

w = wuerfel()

print(next(w))
# Ausgabe: 3 (oder ein anderer Zufallswert)
```

Die Aufgabe lässt sich genauso gut mit einer ganz normalen Funktion lösen. Die Benutzung ist etwas einfacher, weil der Generator keiner Variablen zugewiesen werden muss und kein next() für ein Ergebnis geschrieben wird.

Funktions-Würfel

```
import random

def wuerfel():
    return random.randint(1, 6)

print(wuerfel())
```

Die Funktion kann nun und ohne Änderungen mit dem Iter-Befehl in einen Generator umgewandelt werden. Vorteil dieser Methode ist, dass der Würfel sowohl als Funktion als auch als Generator benutzt werden kann, was bei der Yield-Variante nicht funktioniert.

Funktion in Generator verwandeln

```
import random

def wuerfel():
    return random.randint(1, 6)

print(wuerfel())

w = iter(wuerfel, "")

print(next(w))
```

Schauen Sie sich die vorletzte Zeile genau an: Obwohl die Funktion Integer-Zahlen zurück liefert, wird ein Leerstring als Argument angegeben. Ohne das zweite Argument würde die Umwandlung nicht funktionieren. Dieser sogenannte Sentinel (übersetzt *"Beobachter"* oder *"Wächter"*), gibt an, wann das Ende des Generators erreicht ist.

Wenn der Generator endlos weiter laufen soll, dann muss hier ein Wert eingetragen werden, den die Funktion niemals erreicht (7 oder ein leerer String bietet sich bei einer Würfel-Funktion an). Wird dagegen ein erreichbarer Wert eingetragen, bieten sich interessante Möglichkeiten, zum Beispiel, wenn gewürfelt werden darf, bis eine sechs erreicht wird.

Begrenzter Würfel-Generator

```
import random

def wuerfel():
    return random.randint(1, 6)


print(wuerfel())

for ergebnis in iter(wuerfel, 6):
    print(ergebnis)
```

Aber auch hier lohnt es sich, die Ausgabe des Programms genau anzuschauen, denn wenn die sechs erreicht ist, bricht der Generator ab, *ohne* das Ergebnis zurück zu liefern. Die auf dem Bildschirm angezeigte Liste enthält also niemals den angegebenen Zielwert.

KLEINE GENERATOREN-KIFFE

Bisher noch nicht in einem Beispiel gezeigt, aber bei Generatoren sind auch mehrere Yield-Kommandos möglich – genauso wie beim Return-Befehl innerhalb einer Funktion, aber manchmal eben doch etwas anders:

Mehrere Yield-Befehle

```
def generator():

    yield 3
    yield 2
    yield 1
    yield 0

#generator#


g = generator()

print(next(g))
```

Mit Hilfe einer einfachen Zeile können Sie zum Ende eines Generators springen. Das ist wieder eine exotische, aber ziemlich praktische Lösung für ein alltägliches Python-Programmier-Problem.

Generator am Ende

```
def generator(ende):
    start = 0
    while start < ende:
        yield start
        start += 1


g = generator(3)

*_, letztes = g

print(letztes)
# Ausgabe: 2
```

Die Lösung ist nicht preisverdächtig, funktioniert aber wunderbar einfach und spart in der Praxis den Einsatz einer in diesem Fall eher lästigen Schleife.

Auch können Generatoren statt mit dem Try-Except-Befehl und dem Auflauern auf die Meldung "StopIteration" (siehe oben) noch einfacher gestoppt werden. Dazu muss lediglich die Next-Funktion mit einem weiteren Argument aufgerufen werden, dass der Generator zurückliefert, wenn er am Ende angekommen ist.

Definiertes Ende eines Generators

```
def generator(ende):
    start = 1
    while start < ende:
        yield start
        start += 1
```

```
g = generator(3)
se = 1

while e:
    e = next(g, None)
    print(e)
```

Ab Python-Version 3.8 kann die Schleife durch Zuweisung der Variablen e hinter dem While-Befehl sehr elegant vereinfacht werden. Unten sehen Sie nur noch den letzten Teil des Codes

Definiertes Ende durch Zuweisung am Anfang der Schleife

```
g = generator(3)

while e := next(g, None):
    print(e)
```

Kurze Randbemerkung: In vielen Beispielen im Internet ist (immer noch) der Aufruf des Next-Befehls mit `generator.next()` zu lesen. Sollte das bei Ihnen nicht funktionieren, dann wird es daran liegen, dass Sie eine neuere Version benutzen. Der angehängte Next-Aufruf war so nur bis Version 2 möglich.

BIS ZUR UNENDLICHKEIT...
FOR-SCHLEIFEN OHNE LIMIT

Das gehört fast in die Kategorie "*völliger Unsinn*"! Aber trotzdem ist das Beispiel unten ein gutes Lehrstück oder zumindest ein kleines »*Aha!*« wert. Es geht um For-Schleifen, die mit Hilfe eines Generators unendlich weiterlaufen können. Macht insgesamt wenig Sinn, ist aber tatsächlich machbar:

Die unendliche For-Schleife

```
# niemals endender Generator

def unendlich():
    nummer = 1
    while True:
        yield nummer
        nummer += 1
#unendlich#


generator = unendlich


for i in generator():

    print(i, end = ' ')
```

KONTROLLIERTES EIN- UND AUSSTEIGEN: KONTEXT-MANAGER

Den `with`-Befehl hat jeder schon einmal benutzt, zum Beispiel zum Öffnen und Auslesen von Dateien, aber was hinter dem unscheinbaren Wort wirklich alles steckt, wissen die wenigsten.

Schauen wir uns das gerade erwähnte Beispiel zum Start in das Thema einmal an:

Datei mit with öffnen und lesen

```
with open('test.txt) as datei:
    daten = datei.read()
```

Hinter dem `with` steht ein spezielles Objekt, das sich Kontext-Manager nennt und das Ausführen bestimmter Befehle sicherstellt, damit diese vom Programmierer nicht vergessen werden. Ohne `with` würde das Beispiel oben so aussehen:

Datei ohne with öffnen und schließen

```
datei = open('test.txt')

daten = datei.read()

# wird gerne vergessen:
datei.close()
```

Der Nutzer schreibt alle Kommandos in einen Codeblock, der mit dem Befehl eröffnet wird. Ist die Einrückung am Ende, erledigt der Manager automatisch weitere, erforderliche Kommandos im Hintergrund. Beim Start und am Ende wird also im Hintergrund Code ausgeführt, um den sich der Nutzer nicht selbst kümmern muss.

Solche Kontext-Manager können auch selbst geschrieben werden. Dabei handelt es sich um Objekte, bei denen die magischen Methoden __enter__ und __exit__ die Befehle beim Start und am Ende ausführen Ein einfaches Beispiel ist ein Manager, der die Laufzeit innerhalb eines Codeblocks misst:

Zeit messen mit einem Kontext-Manager

```
import time

class Stoppuhr:

    def __enter__(self):
        self.startzeit = time.time()
        print('gestartet um', self.startzeit)
    #__enter__#

    def __exit__(self, *args):
        print('gestoppt um', time.time())
        print('Laufzeit:', time.time() - self.startzeit)
    #__exit__
#Stoppuhr#

with Stoppuhr():
    time.sleep(1)
```

Ganz einfach, oder? Der große Vorteil bei dieser Art zu programmieren ist, dass nicht mehrere Funktionen geschrieben werden müssen, die miteinander verknüpft sein müssen.

Leicht verändert kann ein Kontextmanager auch als Instanz genutzt werden. Achten Sie auf die Änderungen des Codes am Ende der __enter__-Funktion und auch ganz am Ende beim Aufruf über with ... as:

Kontext-Manager als Instanz nutzen

```
import time

class Stoppuhr:

    def __enter__(self):
        self.start = time.time()
        return lambda: self.ende - self.start
    #__enter__#

    def __exit__(self, *args):
        self.ende = time.time()
    #__exit__
#Stoppuhr#


with Stoppuhr() as timer:
    time.sleep(1)

print(timer())
# Ausgabe: 1.0110034942626953
```

Zum Schluss dieses Kapitels noch einmal eine ganz einfache Klasse, die von Ihnen als Vorlage genutzt werden kann:

Einfacher Kontext-Manager

```
class Manager:
    def __enter__(self, i = "Start"):
        self.i = i
        print(self.i)
        return lambda: self.i
    #__enter__#
```

```
        def __exit__(self, *args):
            self.i = "Ende"
            print(self.i)
        #__exit__

#Stoppuhr#


m = Manager()

with m:
    print("in der Mitte")

# Ausgabe:
# Start
# in der Mitte
# Ende

# funktioniert in diesem Fall nicht:
print(m())
```

Achten Sie hier auf die Unterschiede zum vorigen Beispiel. Der Manager wird vor der Nutzung als Instanz des Objekts in eine Variable geschrieben. Damit ist unten der Aufruf der Funktion nicht mehr möglich. Dazu müsste der With-Befehl wieder ins Format **with Manager() as m** umgeschrieben werden.

Selten benötigt, aber trotzdem interessant ist die Rückgabe von Werten. Hier gibt es zwei verschiedene Methoden, von denen Sie eine bereits in den Programmen oben gesehen haben – nämlich die Rückgabe mit Hilfe einer Lambda-Funktion.

Return mit Lambda-Funktion

```
class Manager:
    def __enter__(self):
        self.i = "Start"
        return lambda: self.i
```

```
        def __exit__(self, *args):
            self.i = "Ende"
#Manager#


with Manager() as m:
    print(m())
    # Ausgabe: Start

print(m())
# Ausgabe: Ende
```

Etwas gewöhnungsbedürftig ist, dass der Rückgabe-Wert über die Enter-Methode gesteuert wird und nicht – wie vielleicht erwartet – über den Ausstieg. Die Lambda-Funktion sorgt dafür, dass der zurückgegebene Wert aktualisiert wird. Schauen Sie sich genau den Unterschied in der Ausgabe innerhalb des Blocks und am Ende an.

Wird auf die Lambda-Funktion verzichtet, verhält sich der Kontext-Manager völlig anders – sowohl beim Aufruf als auch beim zurückgelieferten Wert:

Return ohne Lambda-Funktion

```
class Manager:
    def __enter__(self):
        self.i = "Start"
        return self.i

    def __exit__(self, *args):
        self.i = "Ende"
#Manager#


with Manager() as m:
    print(m)
    # Ausgabe: Start

print(m)
# Ausgabe: Start
```

ARGUMENTE UND METHODEN IM KONTEXT-MANAGER

Im vorigen Kapitel sind nur einfache Kontext-Manager erklärt worden. Aber diese können auch Argumente aufnehmen (with open"test.dat"...) und genauso Methoden enthalten. Wie so erweiterte Manager aussehen, erfahren Sie in diesem Artikel. Schauen wir uns zuerst einen Kontext-Manager mit zusätzlicher Methode an:

Methoden in einem Kontext-Manager

```
class Manager:
    def __enter__(self):
        print("Start")
        return self

    def __exit__(self, *args):
        print("Ende")

    def do(self, what):
        print("do:", what)
#Manager#

with Manager() as m:
    m.do("walk")

# Ausgabe:
# Start
# do: walk
# Ende
```

Sieht fast so aus wie die vorigen Beispiele allerdings mit einem kleinen Unterschied: Damit Methoden aufgerufen werden können, muss im __enter__-Abschnitt das Objekt selbst zurückgegeben werden (return self). Um den Manager um Attribute und Start-Argumente zu erweitern, muss – wie bei normalen Klassen auch – die Init-Methode eingefügt werden:

Kontext-Manager mit Init-Methode

```
class Manager:

    def __init__(self, name):
        self.name = name

    def __enter__(self):
        print("Start")
        return self

    def __exit__(self, *args):
        print("Ende")

    def do(self, what):
        print("name:", self.name)
        print("do:", what)
#Manager#


with Manager("Toni") as m:
    m.do("walk")

# Ausgabe:
# Start
# name: Toni
# do: walk
# Ende
```

Im Beispiel oben wird der Manager hinter dem With-Befehl erzeugt. Wenn dieser jedoch wiederverwendet werden soll, bevorzugen manche Programmierer einen andere Art der Erzeugung und Nutzung:

Recycling eines Kontext-Managers

```
m = Manager()

with m(name = "Toni") as x:
    print(x.name)
```


Hier würde die Arbeit mit der Init-Methode nicht funktionieren, weil bei der initialen Zuweisung in der ersten Zeile kein Argument angegeben wird. Um diese Art der Nutzung zu ermöglichen, wird eine weitere magische Methode (__call__) benutzt.

Magische Methoden innerhalb einer Klasse werden der Reihenfolge nach abgearbeitet. Schauen Sie sich das Beispiel oben genau an – vor allem den auskommentierten Print-Befehl in der Enter-Methode (in dem auf das Attribut noch nicht zugegriffen werden kann).

Recyclebare Manager-Klasse

```
class Manager:

    def __call__(self, name):
    self.name = name
    return self

    def __enter__(self):
    print("Start")
    # funktioniert nicht:
    # print(self.name)
    return self

    def __exit__(self, *args):
    print("Ende")
#Manager#
```

```
m = Manager()

with m(name = "Toni") as x:

    # funktioniert:
    print(x.name)


with m(name = "Lisa") as y:
    print(y.name)
```

VOLLER KOMFORT: GENERATOREN ALS KONTEXT-MANAGER

Viel einfacher – aber auch mit etwas weniger Möglichkeiten – können Generatoren (also Funktionen mit yield statt mit return) – in Kombination mit der fest verbauten Contextlib und einem Dekorator zu Kontext-Managern umfunktioniert werden. Das Ergebnis ist einfacher und gut lesbarer Code:

Dekorierter Generator als Kontext-Manager

```
from contextlib import contextmanager

@contextmanager
def manager(name = "unbekannt"):

    print("Start")

    yield (name + " ") * 3

    print("Ende")

with manager("Lisa") as manager:
    print("in der Mitte")
    print(manager)

# Ausgabe:
# Start
# in der Mitte
# Lisa Lisa Lisa
```

OOPS STATT UPPS! OBJEKTORIENTIERTES PROGRAMMIEREN

Alles ist ein Objekt – diesem Grundsatz von Python folgend hätte das Kapitel viel weiter vorne im Buch platziert sein müssen. Aber so reizvoll es auch ist, Code zu schreiben, der ein Abbild von Objekten in der wirklichen Welt ist: mit guten Funktionen lassen sich viele Probleme bereits gut lösen. Nein, es muss nicht immer alles ein Objekt sein!

Aber gerade wenn Anfänger Objekte programmieren, verstricken sie sich (und die Objekte) gerne in wirren Verbindungen untereinander, bis irgendwann gar nichts mehr geht. "Ich habe eine Horde Hunde programmiert, aber ich weiß nicht, wie ich sie in die Hütte zurück bekomme", hat ein Blogger über Objektorientierte Programmierung (OoP) geschrieben.

In diesem Kapitel bekommen Sie ein paar griffige, gute Tipps, um Objekte und den Code drumherum sauber zu organisieren, damit alles perfekt läuft!

Beachten Sie bitte, dass es sich bei den folgenden Kapiteln nicht um eine Einführung in die Objektorientierte-Programmierung handelt. Bevor Sie weiterleiten, sollten Sie bereits ein wenig Erfahrung im Umgang mit Objekten in Python haben.

LOGISCH(ER): METHODEN IN ATTRIBUTE VERWANDELN

Objekte haben Eigenschaften (Attribute) und Fähigkeiten (Methoden). Manchmal gibt es aber auch Attribute in einer Klasse, die dynamisch erzeugt (also ständig neu berechnet) werden müssen, zum Beispiel die Durchschnittsgeschwindigkeit bei einem Auto in Abhängigkeit von Fahrtzeit und Entfernung.

In so einem Fall kann in Python eine Methode mit Hilfe des Property-Dekorators in eine Eigenschaft umgewandelt werden. Der Aufruf erfolgt dann wie bei einem ganz normalen Attribut (ohne Klammern am Ende):

Methoden in Attribute verwandeln

```
class Auto():

    def __init__(self, kilometerstand, fahrzeit):
        self.kilometerstand = kilometerstand
        self.fahrzeit = fahrzeit
    #__init__#

    @property
    def durchschnittsgeschwindigkeit(self):
        return self.kilometerstand / self.fahrzeit
    #durchschnittsgeschwindigkeit#

#Auto#
```

```
a = Auto(60, 1)

print(a.durchschnittsgeschwindigkeit)
# Ausgabe: 60.0
```

Wird eine Methode zur Property, können keine Argumente mehr in die verwandelte Methode übergeben werden. Soll das Attribut dennoch konfigurierbar sein, kann dies mit dem Setter-Dekorator erreicht werden.

Dieser Dekorator kann zwar nicht direkt beim Aufruf mit einbezogen werden, erlaubt aber dennoch eine halbwegs logische Anwendung des Attributs:

Konfigurierbare Properties

```
class Test():
    def __init__(self, wert):
        self.wert = wert
        self._teiler = 2

    @property
    def teil(self):
        return self.wert / self._teiler

    @teil.setter
    def teil(self, teiler):
        self._teiler = teiler

a = Test(7)
print(a.teil)
# Ausgabe: 3.5

a.teil = 5
print(a.teil)
# Ausgabe: 1.4
```

UNTER DER HAUT: INHALTE AUFLISTEN

Gute Entwicklungsumgebungen zeigen die Inhalte von Objekten während des Programmierens an. Dennoch wird das Auflisten der Inhalte oft in Foren diskutiert, weil es gerade bei der Nutzung von Bibliotheken mühevoll ist, direkt in den Quellcode zu schauen oder eine lange Referenz durchzublättern.

Um Einblick in eine Klasse zu erhalten, gibt es unterschiedliche Möglichkeiten, von einfach bis umfangreich. Die Attribute einer Klasse können unter anderem mit der magischen Methode __dict__ angezeigt werden:

Attribute schnell Anzeigen

```
print(Klasse.__dict__)
```

Die in Python eingebaute Vars-Funktion liefert das gleiche Ergebnis:

Attribute mit der Vars-Funktion anzeigen

```
attributes = vars(Klasse)

for key, val in attributes.items():
    print(f"{key} : {val}")
```

Achtung: In beiden Fällen wird nicht alles angezeigt, was sich in der Klasse befindet. Schauen Sie sich die Klasse und die Ausgabe im Beispiel unten genau an:

Sichtbare und unsichtbare Attribute

```
class Klasse():

    unsichtbar = "Hallo!"

    def __init__(self):
        self.sichtbar = "Guten Tag!"


print(Klasse().__dict__)
# Ausgabe: {'sichtbar': 'Guten Tag!'}


print(vars(Klasse()))
# Ausgabe: {'sichtbar': 'Guten Tag!'}
```

Attribute und Methoden listet das magische `__dir__()` auf. Dabei würde für das Beispiel oben `unsichtbar` mit aufgelistet werden.

Bei Aufruf – und der Ausgabe – die Klammern am Ende nicht vergessen. Wer die Standard-Inhalte nicht sehen will, filtert einfach alle Elemente weg, die mit einem doppelten Unterstrich (`__`) beginnen (mit Hilfe eines Listenvergleichs ganz unten im folgenden Quelltext).

Attribute und Methoden anzeigen

```
class Klasse():

    unsichtbar = "Hallo!"

    def __init__(self):
        self.sichtbar = "Guten Tag!"
```

```
# funktioniert nicht wie erwartet:
print(Klasse().__dir__)
# Ausgabe: <built-in method __dir__
# of Klasse object at 0x0000013B48A68048>


# funktioniert:
print(Klasse().__dir__())
# Ausgabe:
# ['sichtbar', '__module__', 'unsichtbar',
# '__init__', '__dict__', '__weakref__',
# '__doc__', '__repr__', '__hash__',
# '__str__', '__getattribute__',
# '__setattr__', '__delattr__', '__lt__',
# '__le__', '__eq__', '__ne__', '__gt__',
# '__ge__', '__new__', '__reduce_ex__',
# '__reduce__', '__subclasshook__',
# '__init_subclass__', '__format__',
# '__sizeof__', '__dir__', '__class__']


# besser:
print(
    [x for x in Klasse().__dir__()
    if not x.startswith("__")]
)
# Ausgabe: ['sichtbar', 'unsichtbar']
```

Und für den Blick ganz tief in ein Objekt hinein, kann die in Python integrierte *Inspect*-Bibliothek benutzt werden, aber für das Lesen der Ausgabe sollten Sie sich vorher einen Kaffee kochen und ein paar Minuten Zeit nehmen:

Ausführliche Liste aller in einem Objekt enthaltenen Elemente

```
import inspect

for i in inspect.getmembers(Klasse):
    print(i)
```

SCHARFE NUMMER: OBJEKTE ÜBER DIE ID ANSPRECHEN

Jedes Objekt hat in Python eine Nummer zur Identifikation, die kaum bekannt und wahrscheinlich so gut wie gar nicht genutzt wird. Außer Sie wollen wissen, ob zum Beispiel unterschiedliche Variablen auf den gleichen Inhalt im Speicher, den gleichen Wert oder das gleiche Objekt zeigen.

Objekte über die ID identifizieren

```
class A():
    pass

a = A()
b = a

print(id(a))
# Ausgabe: 2328203976776

print(id(b))
# Ausgabe: 2328203976776

print(id(a) == id(b))
# Ausgabe: True
```

Mit Hilfe der GC-Bibliothek (GC = *Garbage Collection*) können die Objekte auch über diese Identifikationsnummer angesprochen werden:

Objekte über die ID aufrufen

```
import gc


def objekt(id):
    for obj in gc.get_objects():
        if id(obj) == id:
            return Obj


class A():
    def __init__(self):
        passy

    def hallo(self):
        print('Hallo')


a = A()
a_id = id(a)

b = Objekt(a_id)
b.Hallo()
```

Werte aus Variablen können mit einem Befehl aus dem Ctypes-Modul ebenfalls auf die gleiche Weise ausgelesen werden:

Variablenwerte über ID auslesen

```
import ctypes

a = 'Hallo!'
a_id = id(a)
print(ctypes.cast(a_id, ctypes.py_object).value)
```

WER TOT IST, HEBT DIE HAND! OBJEKTE LÖSCHEN 1

Python ist auf vollen Komfort beim Programmieren ausgelegt – das gilt auch für das automatische Speicher-Management (Englisch: "Garbage Collector" = Müllsammler). Nicht benutzte Variablen und Objekte werden automatisch aus dem Speicher gelöscht. In C dagegen muss dies der Programmierer selbst übernehmen – klingt lästig, macht die Programmiersprache aber schneller, weil im Hintergrund nicht geprüft werden muss, was bleiben soll und was entfernt werden kann.

Trotzdem ist es interessant, sich mit dem gezielten Entfernen von Objekten in Python zu beschäftigen, statt Unbenutztes einfach nur so und irgendwo im Speicher herumliegen zu lassen. Außerdem kann ein Objekt mit Hilfe der magischen Methode __del__ vor dem Löschen noch selbst Code ausführen:

Code beim Löschen eines Objekts ausführen

```
class A():

    def __init__(self):
        print('erzeugt')

    def __del__(self):
        print('entfernt')

a = A()
# Ausgabe: erzeugt
```

```
# Objekt wird überschrieben:
a = 1
# Ausgabe: entfernt
```

Interessant wird es, wenn die Referenz zu dem Objekt nach Ablauf des Codes bestehen bleibt. Das Objekt wird zwar nicht innerhalb der Laufzeit gelöscht, der Code in der Del-Methode aber trotzdem ausgeführt – und zwar, wenn alles andere bereits erledigt ist. Ändern Sie die letzten beiden Zeilen des Codes folgendermaßen ab und schauen Sie was passiert:

Del-Methode wird am Ende des Programms ausgeführt

```
a = A()
# Ausgabe: erzeugt

print('Programmende')

# Ausgabe: entfernt
```

Sogar wenn das Programm mit einem Fehler abbricht, wird die Del-Methode der Instanz noch vom Compiler aufgerufen.

Das kann praktisch sein, um zum Beispiel bestimmte Daten vor dem Beenden zu speichern – sogar, wenn es zu Problemen beim Ausführen kommt. Probieren Sie es aus, indem Sie die letzten beiden Zeilen nochmals ändern:

Del-Methode wird trotz Abbruch durch Fehler ausgeführt

```
a = A()
# Ausgabe: erzeugt

# Fehler erzeugen:
print(1/0)
# Ausgabe: ZeroDivisionError: division by zero

# Ausgabe: entfernt
```

HOLZPFLOCK & SILBERKUGEL – OBJEKTE LÖSCHEN 2

So attraktiv die magische Del-Methode aus dem vorigen Kapitel erscheinen mag: Es ist nicht immer einfach, in Python Objekte zuverlässig zu löschen. Um das zu erklären, benutzen wir das vorherige Beispiel mit geänderten Zeilen am Schluss:

Löschen eines Objekts mit zwei Referenzen

```
class A():
      def __init__(self,):
      print('erzeugt')
      def __del__(self):
      print('entfernt')

a = A()
# Ausgabe: erzeugt
b = a

del a
# Keine Ausgabe!

print(b)
# Ausgabe: <__main__.A object at 0x00000263F74C8108>

del b
# Ausgabe: entfernt
```

Mit dem del-Befehl sollte die Instanz der Klasse gelöscht sein. Allerdings zeigt der Befehl nicht die erwartete Ausgabe auf dem Bildschirm an. Bei der Ausgabe der zweiten Referenz (print(b)) zeigt sich, dass die Instanz weiterhin vorhanden ist. Würde Python die Organisation der Objekte im Hintergrund nicht automatisch erledigen, dann hätte mit dem Löschen die Variable b den Wert None angenommen.

Um ein Objekt endgültig zu entfernen, wird empfohlen, alle Referenzen zu entfernen.

Aber diese sind beim Programmieren zwar schnell erstellt, aber gerade in längeren Codes manchmal schwer zu finden. Helfen kann dabei die Getrefcount-Methode aus der Sys-Bibliothek:

Anzahl der Referenzen auf ein Objekt anzeigen

```
import sys

class A():
    def __init__(self,):
        print('erzeugt')
    def __del__(self):
        print('entfernt')


a = A()
# Ausgabe: erzeugt

b = a

print(sys.getrefcount(b))
# Ausgabe: 3

a = None

print(sys.getrefcount(b))
# Ausgabe: 2

# Ausgabe: entfernt
```

Bei der ersten Ausgabe werden bereits drei Referenzen angezeigt. Gezählt wird dabei das Anlegen des Objekts und die beiden Referenzen auf die beiden Variablen. Leider gibt es keine zuverlässige Lösung, um sich die Referenzen auf ein Objekt in Python anzeigen zu lassen. Dem Programmierer wird nur die Anzahl angezeigt (und auch die kann Anfänger verwirren).

Wer sich das Zählen und Suchen der Referenzen sparen möchte, greift zur Weakref-Bibliothek, mit der schwache Referenzen erzeugt werden können, die beim Löschen des Objekts automatisch deaktiviert werden:

Schwache Referenzen erzeugen

```
import weakref

class A():
    pass

a = A()
b = weakref.proxy(a)

del a

# erzeugt einen Fehler:
print(b)
```

HOSENTRÄGER & GÜRTEL – OBJEKTE NACH ÄNDERUNG ZURÜCKGEBEN

Objekte verhalten sich wie veränderbare Variablen – und damit ganz anders als zum Beispiel Zahlen oder Strings. Soll ein String verändert werden, muss dieser nach Änderung einer Variablen neu zugewiesen werden:

Unveränderliche Datentypen (zum Beispiel Strings)

```
t = 'Text'

print(t.upper())

print('unverändert:', t)

# t.upper() funktioniert nicht
t = t.upper()

print('verändert:', t)
```

Dagegen ist eine Liste ein veränderlicher Datentyp. Wird innerhalb der Liste ein Element geändert oder weitere Elemente hinzugefügt, entsteht keine neue Liste:

Veränderliche Datentypen (zum Beispiel Listen)

```
l = [1, 2, 3]

l.append(4)

l[1] = 99

print(l)
# Ausgabe: [1, 99, 3, 4]

# funktioniert nicht wie gewünscht:
l = l.append(5)

print(l)
# Ausgabe: None
```

Die letzte Zuweisung in dem Beispiel oben liefert keine neue Liste, sondern den Wert None zurück. Sollten Sie sich noch nicht eingehend mit dem Verhalten unterschiedlicher Datentypen beschäftigt haben: Es lohnt sich, den Unterschied genau im Kopf zu haben und wann ein Gleichheitszeichen erforderlich ist (eins = eins + 1) und wann nicht (liste.append("x")).

Objekte sind ebenfalls *veränderbar*, werden in Python also ähnlich wie die Liste gehandhabt. Unten sehen Sie, wie Veränderungen an Objekten meistens programmiert werden:

Funktionen, die Objekte verändern

```
class Test():
    def __init__(self, augenfarbe):
        self.augen = augenfarbe


def blaue_augen(objekt):
    objekt.augen = 'blau'


t = Test('grün')
```

```
blaue_augen(t)   # funktioniert

print(t.augen)
# Ausgabe: blau

# funktioniert nicht wie erwartet:
t = blaue_augen(t)

print(t)
# Ausgabe: None
```

Der Urheber des Codes hat alles richtig gemacht – bis auf die letzte Zuweisung, die nicht einmal mit einer Fehlermeldung reagiert.
  Allerdings ist nur eine winzige Änderung in der Klasse erforderlich, um auch diese Zeile wie erwartet arbeiten zu lassen und gleichzeitig den Bedienungskomfort des Objekts deutlich zu verbessern:

Rückgabe eines Objekts nach Änderung

```
def blaue_augen(objekt):
    objekt.augen = 'blau'

    # das ist neu:
    return objekt


blaue_augen(t)   # funktioniert

t = blaue_augen(t)   # funktioniert jetzt ebenfalls
```

Auch hier sei wieder darauf hingewiesen, dass die reine Lehre der Programmiersprache Python damit un-elegant umgangen wird. Tatsächlich wird in der unteren Zeile das ursprüngliche Objekt mit einem neuen überschrieben. Aber der Zweck der Vermeidung von Fehlern könnte die eine oder andere Ausnahme vielleicht gestatten.

CODE AUSFÜHREN, WENN DER WERT EINER VARIABLE SICH ÄNDERT

Wie praktisch wäre es, wenn das Programm selbst bemerkt, wenn Werte in Variablen sich ändern? Das würde dem Programmierer ganz viele Abfragen und Bedingungen ersparen.

So etwas ist in Python tatsächlich machbar. Am besten, Sie übertragen das folgende Beispiel in die eigenen Entwicklungsumgebung:

Änderung von Werten beobachten

```python
class player():
    def __init__(self):
        self._position = 1

    @property
    def position(self):
        return self._position

    @position.setter
    def position(self, newPosition):
        self._position = newPosition
        print("Postition geändert!")

p = player()

print(p.position)
# Ausgabe: 1
```

```
p.position = 2
# Ausgabe: Position geändert!

print(p.position)
# Ausgabe: 2
```

Die eigentliche Variable (`position`) besteht dabei nicht aus einem Attribut, sondern aus einer sogenannten Property (übersetzt "Merkmal"). Der eigentliche Wert ist in einem versteckten Attribut (`_position`) abgelegt. Wird nun die Position abgefragt, greift der Programmierer nicht auf einen echten Wert zu, sondern es wird das Attribut dahinter zurückgeliefert.

Bis dahin ist lediglich der Aufwand beim Schreiben des Codes gestiegen. Allerdings und im Unterschied zu normalen Attributen kann Python erkennen, wenn einem Merkmal ein Wert zugewiesen wird (`@position.setter`). In dem Fall kann im Setter weiterer Code ausgeführt werden.

Im Beispiel oben wird nur eine Meldung ausgegeben. Unten sehen Sie einen lauffähigen Code, der sich um die Position des Spielers in einem zweidimensionalen Koordinatensystem kümmert. Dabei wird bei der Zuweisung der Position nur die Veränderung gegenüber den bisherigen Werten (also der Spielzug) eingegeben. Verlässt die Figur das Spielfeld, dann wird die Änderung ignoriert.

Figur auf einem Spielbrett bewegen

```
MAX = (4, 4)

class Player():
    def __init__(self, x, y):
        self._position = (x, y)

    @property
    def position(self):
        return self._position
```

```
        @position.setter
        def position(self, pos):
            x_neu = self._position[0] + pos[0]
            if not (0 < x_neu < MAX[0]): return

            y_neu = self._position[1] + pos[1]
            if not (0 < y_neu < MAX[1]): return

            self._position = (x_neu, y_neu)

p = Player(2, 1)
p.position = (1, 1)

print(p.position)
# Ausgabe: (2, 3)
```

ALLES OFFEN: ZUGRIFF AUF PRIVATE VARIABLEN IN KLASSEN

Grundsatz einer guten Klasse ist, dass einem Benutzer klar definierte Attribute und Methoden zur Verfügung gestellt werden. Was innerhalb der Klasse vor sich geht, ist reine Privatsache.

Um den Zugriff von außen zu schützen, müssen in Python solchen Attributen *zwei* Unterstriche (__) vorangestellt werden:

Private Attribute in Klassen mit zwei vorangestellten Unterstrichen

```
class Test():
    def __init__(self):
        self.name      = 'öffentlich'
        self._spitzname = 'geschützt'
        self.__passwort = 'privat'


a = Test()

# funktioniert
print(a.name)


# funktioniert ebenfalls:
print(a._spitzname)

a._spitzname = "irgendwas"
```

```
print(a._spitzname)


# funktioniert nicht:
print(a.__passwort)
```

Auf den ersten Blick scheinen private Attribute vor fremdem Zugriff geschützt zu sein. Tatsächlich ist aber in Python *alles* öffentlich (ganz nach dem Grundsatz, dass alle Programmierer verantwortungsbewusste Menschen sind, vor denen nichts verborgen oder versperrt werden muss).

Der Python-Compiler benennt das letzte Attribut (__passwort) nur um (und erzählt dem Benutzer vor dem Bildschirm nichts davon). In der Fachsprache heißt dieses Verfahren *Name-Mangling* (übersetzt: Namen vermangeln). Um die Kontrolle über so ein Attribut zu erlangen, muss der Klassenname mit einem Unterstrich davor eingefügt werden.

Mit der richtigen, heimlich geänderten Bezeichnung kann auch auf das Passwort in der Klasse zugegriffen werden – auch wenn das wiederum kein guter Programmierstil ist:

Auf private Attribute in Klassen zugreifen

```
# funktioniert:
print(a._test__Passwort)
# Ausgabe: privat
```

GIB MIR MEIN SELF ZURÜCK: KASKADIEREN

Bei Methoden wird oft und leider kein Wert zurückgegeben, zum Beispiel wenn nur Änderungen innerhalb der Klasse vorgenommen werden. Aber die Rückgabe kann durchaus sinnvoll sein, weil sie die Verkettung von Aufrufen ermöglicht, wie zum Beispiel bei mehrfachen Listen- und String-Änderungen, die in Python eigentlich üblich sind und häufig vorkommen:

Verkettung von String-Modifikationen

```
s = "Test!"

neu_s = s.replace("e", "x").upper().split("S")

print(neu_s)
# Ausgabe: ['TX', 'T!']
```

Damit das bei einer selbst geschriebenen Klasse genauso funktioniert, wird bei jeder Operation die Klasse selbst (`self`) zurückgegeben. Das ist etwas, woran sich Programmierer, die aus anderen Sprachen kommen, vermutlich erst einmal gewöhnen müssen.

Kaskadierende Methoden

```
class Test():

    def __init__(self, zahl):
        self.zahl = zahl

    def plus(self, wert):
        self.zahl += wert
        return self

    def minus(self, wert):
        self.zahl -= wert
        return self


a = Test(1)

# funktioniert:
a.minus(4).plus(11)

print(a.zahl)
# Ausgabe :11

# funktioniert ebenfalls:
b = a.plus(2).minus(3).plus(4).minus(5)

print(b.zahl)
# Ausgabe: 6

# Achtung:
b.minus(1)
print(a.zahl)
```

Kleine Erinnerung an die Erklärungen weiter oben (zu sehen in den letzten drei Zeilen): Achten Sie darauf, dass sich in diesem Beispiel hinter beiden Variablen das *gleiche Objekt* befindet und *keine Kopie* davon erstellt wird (`return self`).

ETWAS WENIGER MEHR: ATTRIBUTE BEGRENZEN

In Python kann praktisch alles verändert und angepasst werden – selbst dann, wenn der Programmierer das gar nicht möchte. Fehlt in der Instanz eines Objekts ein Attribut, so kann dies ohne weiteres später hinzugefügt werden:

Beliebige Attribute ergänzen

```
class Person():
    def __init__(self, name, vorname):
        self.name = name
        self.vorname = vorname


a = Person("Werner", "Herbert")

# nicht vorhandenes Attribut:
a.alter = 33
```

Obwohl das Attribut `alter` im Objekt nicht vorgesehen ist, kann es ohne Fehlermeldung ergänzt werden. Diese Flexibilität ist nicht immer ein Vorteil. Vor allem dann nicht, wenn Instanzen um unterschiedliche Attribute erweitert werden.

Beim Lauf durch eine Gruppe von Personen würde im Beispiel oben Chaos entstehen und es Fehlermeldungen hageln, wenn das Alter manchmal vorhanden ist und manchmal fehlt.

Wer die Vergabe von Attributen kontrollieren will, kann dies durch eine einfache Erweiterung der Klasse erreichen. Dabei werden die Attribute festgelegt, die benutzt werden dürfen. Jede ungewollte Erweiterung wird von der Klasse verweigert.

Kontrollierte Attribut-Vergabe

```
class Person():

    __slots__ = "name", "alter"

    def __init__(self, name):
        self.name = name


a = Person("Werner")
a.alter = 33

# erzeugt einen Fehler:
a.nachname = "Meier"
```

Obwohl `alter` nicht innerhalb der Klasse, sondern später hinzugefügt wird, läuft das Codebeispiel von oben fehlerfrei, da das Attribut `alter` in `__slots__` gelistet ist. Jede weitere Ergänzung der Instanz führt zu einem Fehler (`nachname` steht nicht in der Liste der erlaubten Attribute und Python verweigert damit seine Zuweisung).

Der Einsatz von Slots hat zwei positive Nebeneffekte: Instanzen, bei denen die Zahl der Attribute begrenzt wird, belegen weniger Speicher als dynamische Objekte. Und der Zugriff auf Attribute erfolgt deutlich schneller als bei Klassen, in denen der Raum der erlaubten Namen nicht begrenzt ist (in Versuchen können Geschwindigkeitsvorteile von etwa 30 Prozent gemessen werden).

In einem Ein-Mann-Projekt lohnt sich der Aufwand kaum, Objekte auf diese Art einzuschränken. Aber wenn mehrere Personen an einem Programm arbeiten oder wenn ein Code als Bibliothek weiterverwendet wird, können solche Begrenzer durchaus sinnvoll sein.

EINFACHERE SUPER-VERERBUNG

Klassen aus anderen Klassen zu erzeugen ist eigentlich Standard bei der Objektorientierten-Programmierung. Das geht bei Anfängern meistens so lange gut, bis Objekte mit einer Init-Methode, in der Werte mitgeliefert werden, über eine Vererbung erweitert werden sollen.

Bei der Vererbung von Objekten mit Argumenten muss in der __init__-Methode des neuen Objekts das __init__ der Basis-Klasse erneut aufgerufen werden. Das Ergebnis ist leider etwas sperrig:

Einfache Vererbung

```
class Rechteck():
    def __init__(self, seite_a, seite_b):
        self.seite_a, self.seite_b = seite_a, seite_b


class Quadrat(Rechteck):
    def __init__(self, seite):
        Rechteck.__init__(self, seite, seite)

q = Quadrat(2)
```

Leider lässt sich der Aufruf von __init__ in der neuen __init__ nicht vermeiden. Außerdem fällt bei der Syntax oben auf, dass der Name der Basisklasse zweimal auftaucht: Einmal oben in der Klassendefinition und nochmals bei Aufruf der __init__-Methode. Außerdem muss `self` zusätzlich in die Basisklasse übergeben werden.

Diese etwas holprige Syntax kann durch die Verwendung von super() zumindest ein wenig vereinfacht werden:

Vererbung mit super()

```
class SuperQuadrat(Rechteck):

    def __init__(self, seite):
        super().__init__(seite, seite)
```

Achtung! super() funktioniert in Python 2 ganz anders und nicht so einfach wie in Version 3 der Programmiersprache. Dort müssen als Argument sowohl der Name der neuen Klasse als auch ein self als Argumente angegeben werden – ein guter Grund, vom alten Python auf eine neuere Version umzusteigen.

Super-Syntax in Python 2

```
super(Rechteck, self).__init__(seite, seite)
```

OBJEKTE LADEN UND SPEICHERN

Mit dem vorher bereits beschriebenen Pickle-Modul können auch Instanzen von Objekten auf einem Datenträger abgespeichert werden. Im Beispiel unten wird eine Liste von Instanzen direkt in eine Datei geschrieben:

Instanzen als Liste speichern

```
import pickle

class Test():

    def __init__(self, name):
        self.name = name

    def zeige(self):
        print(self.name)


liste = [
    Test('Hallo 1'),
    Test('Hallo 2'),
]

# unschöne Erweiterung einer Instanz
liste[1].punkte = 1_111

pickle.dump(liste, open('objekte.dat', 'wb'))
```

Leider (oder zum Glück) ist ein Laden der Instanzen in einem anderen Code nur dann möglich, wenn die dazugehörige Klasse im Code aufgeführt ist, sonst kann die Datenstruktur nicht wieder in funktionierenden Code übersetzt werden.

Laden von Instanzen einer Klasse mit Pickle

```
import pickle

class Test():
    # erforderlich!
    ...

daten = pickle.load(open('objekte.dat', 'rb'))

daten[0].zeige()

print(daten[1].punkte)
```

Zu umständlich? Auch dafür gibt es in Python Mittel und Wege – auch wenn diese in die Extrem-Unanständig-Kategorie gehören. Lagern Sie die Definition der Klassen sowie die Liste mit Instanzen einfach in eine separate Textdatei aus. Die folgenden Zeilen werden in klasse.txt abgespeichert:

Code in einer externen Datei

```
class Test():
    def __init__(self, name):
        self.name = name

    def zeige(self):
        print(self.name)
```

```
liste = [
    Test('Hallo 1'),
    Test('Hallo 2'),
]

liste[1].punkte = 1_111
```

Nun lässt sich diese Datei laden und mit dem Exec-Befehl in Python ausführen. Danach können alle Bestandteile wie gewohnt aufgerufen und abgefragt werden. Wer es ganz verrückt mag, kann auf diese Weise Code-Teile dynamisch in seine Programme nachladen.

Externen Code einlesen und ausführen

```
with open('klasse.txt') as datei:
    daten = datei.read()

exec(daten)

liste[0].zeige()
```

Klare Empfehlung: Nicht machen! Was vielleicht reizvoll aussieht, ist später schwer zu überschauen und kaum noch vernünftig zu bearbeiten. Außerdem stellt das Ablegen von Codezeilen in einer Datei und das spätere Ausführen ein erhebliches Sicherheitsrisiko für Ihr Programm dar.

ZUGRIFF AUF METHODEN EINER KLASSE

Unveränderliche Attribute für alle Instanzen einer Klasse lassen sich leicht anlegen, indem diese auf der obersten Ebene (und außerhalb der Init-Methode) definiert werden.

Allerdings lässt Python einen etwas verwirrenden Zugriff auf diese Attribute zu. Zwei Nachteile beim Abrufen und beim Überschreiben sollten vermieden werden. Aber zuerst der Beispiel-Code:

Attribute von Klassen ändern

```
class Objekt():

    name = 'Testklasse'

    def __init__(self, nummer):
        self.nummer = nummer
        print(self.nummer)

        # funktioniert, ist aber unschön:
        print(self.name)

o = Objekt(1)
```

In der Init-Methode funktioniert der Befehl `print(self.Name)` tadellos. Die Verwendung von `self` an dieser Stelle ist allerdings verwirrend, weil der Eindruck entsteht, dass Name ein Attribut der Instanz ist. Funktional identisch, aber eindeutiger ist es, einerseits self für Attribute der Instanzen und andererseits die Bezeichnung der Klasse für Attribute der Klasse zu verwenden.

Mit einer kleinen Veränderung wird sofort ersichtlich, ob es sich um ein Attribut der Instanz oder der Klasse handelt:

Attribute von Klassen eindeutig bezeichnen

```
def __init__(self, nummer):
    self.nummer = nummer
    print(self.nummer)

    # besser:
    print(Objekt.name)
```

Beim Überschreiben des Attributs lässt sich der Aufruf über die Bezeichnung der Klasse nicht vermeiden. o.Name = ... erzeugt zwar keine Fehlermeldung, aber das Attribut der Klasse bleibt unverändert. Erst mit Objekt.Name = ... wird das Attribut danach erfolgreich überschrieben.

Attribute von Klassen ändern

```
class Objekt():

    name = 'Testklasse'

    def __init__(self, nummer):
        self.nummer = nummer
        print(self.nummer, self.name)


o1 = Objekt(1)
o1.name = "neu"

print(Objekt.name)
# Ausgabe: Testklasse
```

```
Objekt.name = "ganz neu"


o2 = Objekt(2)

print(o2.name)
# Ausgabe: ganz neu

# o1 bleibt unverändert!
print(o1.name)
# Ausgabe: neu
```

ALLE IM GRIFF – KOLLEKTIVER ZUGRIFF AUF INSTANZEN

Instanzen von Klassen werden am besten in einer Liste verwaltet. In vielen Codes ist dafür eine eigene Klasse zu finden, die für die Verwaltung der gesammelten Objekte zuständig ist. Logisch und praktisch ist es, alle Instanzen einer Klasse in der Klasse selbst abzulegen. Damit wird der Zugriff auf alle im Code erstellten Instanzen ziemlich einfach:

Instanzen in der Basisklasse speichern

```python
class Objekt():

    gruppe = []

    def __init__(self, name):
        self.name = name
        print('erzeuge', self.name)

        Objekt.gruppe.append(self)

    def delete(self):
        print('lösche', self.name)
        Objekt.gruppe.remove(self)

    def __str__(self):
        return 'Objekt ' + self.name
```

```
# Instanzen erzeugen
a = Objekt('A')
# Ausgabe: erzeuge A

Objekt('B')
# Ausgaber: erzeuge B

Objekt('C')
# Ausgabe: erzeuge C

# Instanzen entfernen
a.delete()
# Ausgabe: lösche A

# Zugriff auf alle Instanzen
for obj in Objekt.gruppe:
    print(obj)

# Ausgabe:
# Objekt B
# Objekt C
```

Damit sind alle Objekte an einem Platz abgelegt, ohne auch eine globale Liste bemühen zu müssen. Allerdings muss der Programmierer die entsprechende Variable (`Objekt.gruppe`) kennen, um darauf zugreifen zu können.

PARENT: KLASSE IN KLASSE IST KLASSE!

Objekte können andere Objekte enthalten. Einfach ist dabei der Zugriff nach unten. Etwas schwieriger ist es, aus einem untergeordneten Objekt nach oben Änderungen vorzunehmen.

Es gibt Sprachen (zum Beispiel *ActionScript* von Adobe), in denen eine Eltern-Kind-Beziehung zwischen Objekten fest eingebaut ist. Aber auch in Python ist das recht einfach machbar und ermöglicht ein hervorragendes Zusammenspiel über unterschiedliche Ebenen hinweg. Schauen Sie sich zuerst ein typisches Beispiel an, bei dem auf die untergeordneten Klassen zugegriffen werden, aber der umgekehrte Weg noch nicht eingerichtet ist:

Zugriff auf Unterklassen

```
class Hund:
    def reaktion(self, kommando):
        print("der Hund macht", kommando)


class Herrchen:
    def __init__(self):
        self.hund = Hund()

    def kommando(self, k):
        self.hund.reaktion(k)
```

```
herr = Herrchen()

herr.kommando("sitz")
# Ausgabe: der Hund macht sitz
```

Umgekehrt muss lediglich das `self` der oberen Klasse als Argument weitergegeben und für den späteren Zugriff in einem Attribut der Unterklasse abgespeichert werden. Schon funktioniert die Kommunikation in beide Richtungen.

Zugriff auf übergeordnete und untergeordnete Instanzen

```
class Move():

    def __init__(self, distanz, parent):
        self.distanz = distanz
        self.parent = parent

    def walk(self):
        # Zugriff auf übergeordnete Klasse
        self.parent.position += self.distanz


class Player():

    def __init__(self, position, reichweite):
        self.position = position
        self._move = Move(reichweite, self)

    def move(self):
        self._move.walk()

    def distanz_aendern(self, neu):
        # Zugriff auf Subklasse:
        self._move.distanz = neu
```

```
p = Player(position = 1, reichweite = 3)

print(p.position)
# Ausgabe: 1

p.move()

print(p.position)
# Ausgabe: 4


p.distanz_aendern(111)
# oder (unschön):
# p._move.distanz = 111

p.move()

print(p.position)
# Ausgabe: 115
```

Der untergeordneten Instanz wird einfach das entsprechende `self` der übergeordneten Klasse mitgeliefert und in einem Attribut gespeichert (`parent`), das als Pointer auf die Mutterklasse dient. Beim Griff nach oben muss nur sichergestellt werden, dass die geänderten Attribute auch vorhanden sind (hier `position`).

Im Beispiel oben ist der Zugriff auf die Unterklasse aufgeteilt, damit die Bewegung des Spielers beim Init konfiguriert werden kann. Pointer für die Subklasse ist `move`, während die tatsächliche Aktion in einer Methode (`move`) aufgerufen wird.

Wenn Ihnen diese Verstrickung zu exotisch ist, dann schauen Sie sich das Strategie-Entwurfsmuster an (https://de.wikipedia.org/wiki/Strategie_(Entwurfsmuster)), das ähnlich funktioniert wie das oben gezeigte Beispiel, allerdings schwieriger zu programmieren ist.

ALLE ACHTUNG! GRUPPEN-AUFRUFE VON METHODEN

Toll gemacht: In der Python *Arcade Library* (eine Sammlung für das Erstellen von Spielen) werden mehrere Grafiken (Monster, Wände etc.) in Gruppen zusammengefasst. Um solche Gruppen verwalten zu können, ermöglicht *Arcade* Methodenaufrufe nach dem Gruppennamen, zum Beispiel `Monster.update()`.

Um die gleiche Arbeitsweise bei einer Gruppe von Instanzen umzusetzen, gibt es kaum eine Alternative zur For-Schleife, um über alle Objekte zu iterieren, die zum Beispiel in einer Liste gespeichert sind:

Eine Gruppe von Objekten aufrufen

```
for objekt in objekte:
    objekt.update()
```

Wer den einzeiligen Aufruf bevorzugt, kann auf die Hilfe einer Lambda-Funktion zurückgreifen. Der Code wird dadurch allerdings kaum besser lesbar – eher im Gegenteil:

Gruppenaufrufe mit Hilfe einer Lambda-Funktion

```
# Python 3:
list(map(lambda x: x.update(), objekte))

# Python 2:
map(lambda x: x.update, objekte)
```

Wer dennoch einen klaren Aufruf für alle Instanzen in einer Gruppe programmieren möchte, kann die unten gezeigte Funktion verwenden. Diese verpackt die Schleife und die gewünschte Methode in einen einzelnen Aufruf, der zu einer halbwegs guten Syntax führt, aber natürlich das Ideal objekte.start() nur bedingt ersetzt:

Kompakte Gruppenaufrufe mit Hilfer einer Funktion

```
def gruppenaufruf(methode):

    def alle_aufrufen(objekte, *args, **kwargs):
        for objekt in objekte:
            getattr(objekt, methode)(*args, **kwargs)

    return alle_aufrufen



class Test():
    def start(self):
        print('!', id(self))

# Initialisierung
objekte = [Test(), Test(), Test()]
start = gruppenaufruf('start')

# Aufruf
start(objekte)
```

Um den gleichen Effekt wie in der *Arcade*-Bibliothek zu erreichen, müssen statt wie im Beispiel oben allerdings zwei Klassen angelegt werden:

Gruppenaufrufe von Instanzen

```
class Person():

    def __init__(self, name):
        print("neue Person", name)
        self.name = name
# unschön:
        Gruppe.liste.append(self)

    def sprechen(self):
        print("Ich bin", self.name)


class Gruppe():

    liste = []

    def vorstellungsrunde(self):
        for person in Gruppe.liste:
            person.sprechen()


g = Gruppe()

Person("Werner")
# Ausgabe: neue Person Werner

Person("Lisa")
# Ausgabe: neue Person Lisa

g.vorstellungsrunde()
# Ausgabe:
# Ich bin Werner
# Ich bin Lisa
```

Unschön ist in diesem Code allerdings die Verknüpfung der beiden Klassen. Das kann etwas übersichtlicher gestaltet werden, indem die Gruppen-Klasse eine Methode zum Erzeugen neuer Personen erhält:

Übersichtliche Gruppenaufrufe von Instanzen

```python
class Person():

    def __init__(self, name):
        print("neue Person", name)
        self.name = name

    def sprechen(self):
        print("Ich bin", self.name)


class Gruppe():

    liste = []

    def neue_person(self, name):
        Gruppe.liste.append(Person(name))

    def vorstellungsrunde(self):
        for person in Gruppe.liste:
            person.sprechen()


g = Gruppe()


g.neue_person("Werner")
# Ausgabe: neue Person Werner


g.neue_person("Lisa")
# Ausgabe: neue Person Lisa


g.vorstellungsrunde()
# Ausgabe:
# Ich bin Werner
# Ich bin Lisa
```

ZWEITE KLASSE: KLASSEN ALS DATEN-CONTAINER

Mit der Version 3.7 wurde in Python ein neuer Typ Klasse eingeführt, der darauf spezialisiert ist, Daten zu speichern. Wobei die **dataclass** fast genauso wie eine normale Klasse funktioniert, nur mit dem Unterschied, dass diese ein paar Spezialitäten und Eigenarten bietet, damit sie Attribute besser handhaben kann.

Daten in Klassen zu lagern ist eine Frage des Geschmacks. Manche Programmierer lieben es, alles und jeden im Code zu einem Objekt zu machen. Andere bevorzugen einfachere Datentypen wie Listen und Dictionaries (obwohl der Unterschied gar nicht so groß ist, wie Sie später und weiter unten sehen werden). Hier zunächst eine normale Klasse, die nur zur Aufnahme von Daten dient:

Klasse als Datenspeicher

```
class Person():

    def __init__(self, name, alter = 99):
        self.name = name
        self.alter = alter
```

Im Gegensatz dazu sieht der Code für eine Datenklasse völlig anders aus: Er ist nämlich kompakter (kein __init__, keine Wiederholung der Argumente beim Übertrag zum Attribut).

Außerdem sind alle Attribute (idealerweise) statisch typisiert – es sollte ein fester Datentyp angegeben werden. Wenn Sie die Definition bewusst vermeiden wollen, geben Sie als Typ einfach ... an, weil nach dem Doppelpunkt eine Angabe gemacht werden muss, wobei auf den Standardwert verzichtet werden kann.

Hier eine Datenklasse mit der gleichen Funktionalität wie die normale Klasse von oben:

Einfache Datenklasse

```
from dataclasses import dataclass

@dataclass
class DataClassPerson():
    name : str
    alter : int = 99
```

Instanzen werden in beiden Fällen gleich erzeugt. Leider stellt auch hier wieder die Angabe von Datentypen nur eine flexible Empfehlung dar, die problemlos überschrieben werden kann.

Benutzung von Klasse und Datenklasse

```
# normale Klasse
p2 = Person("Rudi", 66)
p1 = Person(alter = "66", name = "Rudi")

# Datenklasse
p3 = DPerson("Rudi")
p4 = DPerson(alter = 66, name = "Rudi")
```

Schon bei der Ausgabe mittels Print-Befehl ist die Datenklasse komfortabler für den Programmierer, weil der Inhalt angezeigt wird, während die normale Klasse nur ihre Identität verrät, aber den Inhalt nicht preisgibt. Trotzdem können Sich sich mit der magischen Methode __dict__ auch den Inhalt einer ganz normalen Klasse anzeigen lassen.

Anzeige des Inhalts einer Datenklasse

```
print(p1)
# Ausgabe:
# <__main__.Person object at 0x000001441AECEBC8>

print(p1.__dict__)
# Ausgabe:
# {'name' : 'Rudi', 'alter' : '66'}

print(p3)
# Ausgabe:
# DPerson(name='Rudi', alter=99)
```

Einer der größten Vorteile ist, dass die Datenklassen hinsichtlich ihres Inhalts vergleichbar sind, wo sich normale Klassen weigern würden und weitere Hilfe benötigen, um genauso zu funktionieren.

Vergleich des Inhalts bei Datenklassen

```
p1 = Person("Rudi", 66)
p2 = Person("Rudi", 66)

print(p1 == p2)
# Ausgabe: False


p3 = DPerson("Rudi")
p4 = DPerson("Rudi")

print(p3 == p4)
# Ausgabe: True
```

Und auch bei der Konvertierung bietet die Datenklasse eine etwas andere Syntax und die Möglichkeit, nicht nur in ein Dictionary, sondern auch in ein Tuple zu konvertieren:

Konvertierung in andere Datentypen

```
print(vars(p1))
# Ausgabe: {'name': 'Rudi', 'alter': 66}
# identisch mit print(p1.__dict__)


from dataclasses import astuple, asdict

print(vars(p3))
# Ausgabe: {'name': 'Rudi', 'alter': 66}

print(asdict(p3))
# Ausgabe: {'name': 'Rudi', 'alter': 66}

print(astuple(p3))
# Ausgabe: ('Rudi', 99)
```

Aber das ist nur ein sehr kleiner Ausschnitt der Möglichkeiten. Zum Beispiel können die Daten in der Klasse auch unveränderbar gemacht werden (über die Erweiterung des Dekorators @dataclass(frozen=True)).

Schauen Sie sich die offizielle Python-Dokumentation für eine ausführliche Beschreibung an:

https://docs.python.org/3/library/dataclasses.html

MEIN FLEXIBLER FREUND: ATTRIBUTE DYNAMISCH VERGEBEN

Wieder ein Beispiel aus der Kategorie "*Auf gar keinen Fall machen!*". Attribute von Objekten sollten klar definiert und einheitlich in mehreren Instanzen sein. Sonst entstehen beim Zugriff jede Menge Fehler. Viele Programmierer stört es, dass im __init__ einer Klasse die Namen von Variablen wiederholt werden müssen:

Drei Wiederholungen zum Anlegen von Klassen-Attributen

```
class Klasse():

    def __init__(vorname, name):
        self.vorname = vorname
        self.name = name
    #__init__#
```

Jede Bezeichnung wird immerhin dreimal wiederholt. Wer auf Zuweisungs- und Zugriffs-Sicherheit verzichten kann, programmiert eine Klasse, der Attribute dynamisch zugewiesen werden können:

Dynamische Zuweisung von Attributen

```
class Klasse():

    def __init__(self, **kwargs):
        self.__dict__ = kwargs

    def erweitern(self, dictionary):
        self.__dict__.update(dictionary)


a = Klasse(name = "Rudi", alter = 21, haarfarbe =
"braun")

b = Klasse(vorname = "Dieter", augenfarbe = "blau")

weitere = {"wohnort" : "Köln", "alter" : 66,
"vorname" : "Michael"}
b.erweitern(weitere)

print(b.vorname)
# Ausgabe: Michael
# überschriebenes Attribut
```

Beachten Sie den Unterschied zwischen der Init- und der Erweitern-Methode: Am Anfang wird das Klassen-eigene Dictionary komplett mit den gelieferten Schlüsselwort-Argumenten (kwargs) überschrieben, während beim Erweitern durch update der Bestand an Attributen erweitert oder – falls bereits in der Instanz der Klasse vorhanden – durch neue Werte ersetzt wird.

Was im Großeinsatz vermieden werden sollte, kann im Einzelfall dennoch nützlich sein. Gelegentlich nutzen Programmierer Klassen, wenn Funktionen einen Vielzahl von Werten zurückgeben. Statt mehrere Werte oder die Werte in einem Dictionary zurück zu senden, wird einfach eine Klasse benutzt (unten ist die Fortsetzung des Codes von oben dargestellt):

Rückgabe mehrerer Werte: einzeln, als Dictionary, als Instanz einer Klasse

```
def test(wie = "obj"):

    if wie == "var":
        return 1, 2, 3

    if wie == "dict":
        return {"eins" : 1, "zwei" : 2, "drei" : 3}

    if wie == "obj":
        return Klasse(eins = 1, zwei = 2, drei = 3)


print(test("var"))
# Ausgabe: (1, 2, 3)

print(test("dict"))
# Ausgabe: {'eins': 1, 'zwei': 2, 'drei': 3}

a = test("obj")

print(a.eins, a.zwei, a.drei)
# Ausgabe: 1 2 3
```

UNTERSCHIEBEN: METHODEN NACHTRÄGLICH HINZUFÜGEN

Davon wird ebenfalls dringend und unbedingt abgeraten: Es verschlingt Speicher und es zerstört die einheitliche Struktur der Instanzen einer Klasse. Trotzdem ist es reizvoll, eine Instanz nachträglich zu verändern, statt ständig neue Vererbungen anzulegen.

Typischer Anwendungsfall ist der Status eines Automaten, wenn die Zustände angepasst werden müssen. Dort für jeden Zustand eine frische Klasse anzulegen wäre – aller Programmier-Paradigmen zum Trotz – viel zu aufwendig.

Wer Attribute nachträglich hinzufügen will, der hat in Python wegen seiner Dynamik-Gene leichtes Spiel:

```
instanz.neues_attribut = 1
```

Bei Methoden wird es komplizierter, denn diese müssen an die Instanz gebunden werden (Stichwort: `self` im Kopf der Funktion). Aber mit dem Wissen, wie Attribute hinzugefügt werden und mit einem kleinen Trick, lassen sich auch Funktionen recht leicht an eine Instanz binden.

Die beste Vorgehensweise dabei ist, eine Funktion aus dem Types-Modul zu verwenden:

Methode nachträglich hinzufügen mit MethodType

```
import types


class Empty():
    def __init__(self, name):
        self.name = name


def call_me(self):
    print("Hallo,", self.name + "!")


a = Empty("Rudi")
a.hello = types.MethodType(call_me, a)

a.hello()
# Ausgabe: Hallo, Rudi!
```

Die vorletzte Zeile dieses Beispiels gleicht dem Hinzufügen eines Attributs und ist auch gut verständlich. Der größte Eingriff in den Code ist jedoch weiter oben zu sehen, weil jede Funktion, die später gebunden werden soll, als Argument ein `self` einhalten muss. Damit wird so eine Funktion für den Einsatz an anderer Stelle leider unbrauchbar.

Einfacher und ohne Einsatz von Bibliotheken funktioniert das Einbauen über die `__get__`-Methode einer Klasse bzw. Instanz. Tatsächlich ist der Unterschied im praktischen Einsatz nicht sichtbar. Gleichzeitig ist das Programm deutlich kompakter:

Methode hinzufügen über __get__

```
b = Empty("Emma")
b.hello = call_me.__get__(b)

b.hello()
# Ausgabe: Hallo, Emma!
```

Die dritte Variante hat den Charme, dass in die Klasse eine Methode zum Hinzufügen einer Methode eingebaut ist:

Eingebauter Instanz-Erweiterer

```
class NotEmpty():
    def __init__(self, name):
        self.name = name

    def add_method(self, method):
        exec('self.' + method.__name__ + ' = ' \
            + method.__name__ + '.__get__(self)')


c = NotEmpty("Lisa")
c.add_method(call_me)

c.call_me()
# Ausgabe: Hallo, Lisa!
```

Wer sich den ganzen Aufwand sparen will, kann die Funktion auch ganz normal aufrufen, allerdings muss das Argument self in dem Fall mit einer passenden Klasse gefüttert werden, die das angesprochene Attribut enthält:

Funktionsaufruf mit einer Klasse als Argument

```
a = Empty("Rudi")

call_me(a)
# Ausgabe: Hallo, Rudi!
```

Wenn Sie solche Aufrufe solider programmieren wollen, müssen Sie – um Fehler und Abbrüche zu vermeiden – eine Prüfung in die Funktion einbauen, ob das angesprochene Attribut vorhanden ist:

Funktion mit Prüfung auf Existenz des genutzten Attributs

```
def call_me(self):

        if "vorname" not in self.__dict__:
            print("Hallo, unbekannter!")
            return

        print("Hallo,", self.vorname + "!")

a = Empty("Werner")

call_me(a)
# Ausgabe: Hallo, unbekannter!

a.vorname = "Lisa"

call_me(a)
```

LÜCKENFÜLLER – ZWISCHEN KLASSE UND INSTANZ

Nicht schon wieder so ein Pizza-Beispiel! Aber in diesem Fall macht es Sinn, die Backscheiben als Vorbild zu nehmen, denn bei gleicher Basis (Hefeteig) lassen sich durch Belag (Schinken, Salami, Sardellen) viele Variationen erstellen, die in der digitalen Version der Pizzeria in zahllosen Klassen enden. Aber lohnt es sich tatsächlich, für eine Funghi, die sich nur durch Pilze von der Margherita unterscheidet, eine neue Klasse zu eröffnen? Die Frage beantwortet sich fast von selbst.

Deswegen lernen Sie in diesem Kapitel ein paar Möglichkeiten, um Klassen so zu tunen, dass mit weniger mehr erreicht werden kann. Statt eine Basisklasse zu vererben, können Varianten einer Klasse auch direkt in die Klasse selbst eingebaut werden. Schauen wir uns aber zunächst die beiden typischen Forme der Vererbung in Python an (wobei die Version mit super am geläufigsten ist):

Normale Vererbung mit und ohne super

```python
class Pizza():
    def __init__(self, belag):
        self.belag = belag


class Funghi(Pizza):
    def __init__(self):
        Pizza.__init__(self, "Pilze")
```

```
class Prociutto(Pizza):
    def __init__(self):
        super().__init__("Schinken")


p = Pizza("Pilze")

f = Funghi()

print(f.belag)
# Ausgabe: Pilze


s = Prociutto()

print(s.belag)
# Ausgabe: Schinken
```

Gerade bei kleinen Unterschieden zwischen den Objekten und vielen erzeugten Instanzen, die sich nur wenig unterscheiden, entsteht jede Menge Code, der seitenweise den Bildschirm füllt und eigentlich unnötig ist.

Die ausführlich programmierte Pizza oben lässt sich im Umfang jedoch deutlich reduzieren, wenn die zusätzlichen Klassen in die Basis-Klasse integriert werden. Sieht ungewöhnlich aus, funktioniert aber ganz wunderbar gut!

Objekt-Instanzen ohne Vererbung erzeugen

```
class Pizza():
    def __init__(self, Belag):
        self.Belag = Belag

    # Variante 1:
    def Funghi():
        return Pizza('Pilze')
```

```
# Variante 2:
def Prociutto():
    return Pizza('Schinken')
```

Die Methoden, die Varianten der Pizza erzeugen, könnten genauso gut außerhalb der Klasse stehen, aber durch das Platzieren innerhalb der Pizza-Klasse ergibt sich eine gute Syntax (`Pizza.[Variante]()`), die besser lesbar ist als bei der normalen Vererbung, bei der die Ursprungs-Klasse im Namen nicht angegeben werden muss:

Erzeugen von Objekt-Instanzen

```
p = Pizza("Sardellen")
# Nachher ist nicht mehr sichtbar, welchen Belag p hat!

f = Pizza.Funghi()

s = Pizza.Prociutto()
```

DAS STRATEGIE-MUSTER MAL ANDERS

Das Strategie-Muster gehört zu den meist verwendeten Standards in der objektorientierten Programmierung, vor allem weil es dabei hilft, Varianten einer Klasse zu reduzieren, indem die Klasse mit Hilfe von Modulen vorkonfiguriert werden kann. Eine sehr kompakte Version dieses Musters sieht so aus:

Vereinfachte, reine Form des Strategie-Musters

```
class StandardStrategie():
    def do(self):
        print('Standard')


class AlternativeStrategie():
    def do(self):
        print('Alternative')


class Test():
    def __init__(self, strategie =
Standard_Strategie):
        self.strategie = strategie()

    def do(self):
        self.strategie.do()
```

```
t1 = Test()
t1.do()

t2 = Test(AlternativeStrategie)
t2.do()
```

Es fällt auf, dass die Strategien keinen Bezug zur Klasse haben, in die sie implementiert werden (keine Übergabe von Argumenten sowie kein Zugriff auf Attribute und Methoden der Klasse).

In der reinen Lehre ist das auch richtig und gut so, denn diese Arbeitsweise folgt dem Prinzip der *losen Kopplung* (Englisch: *"Loose Coupling"*), wobei die Abhängigkeiten zwischen einzelnen Komponenten des Codes so gering wie möglich gehalten werden sollen. Der Zugriff auf Methoden und Attribute der Mutter-Klasse ist nicht vorhanden, sondern sollte durch Zuweisungen in der Klasse selbst codiert werden.

Wer es nicht so streng sieht mit den goldenen Regeln des Programmierens, kann das Strategie-Muster auch inklusive Zugriff auf die Klasse benutzen. Im Beispiel unten sind die Strategie-Klassen durch Funktionen ersetzt worden, wobei der Unterschied im praktischen Einsatz tatsächlich keine Rolle spielt – allerdings wird es etwas bequemer für den Programmierer.

Abwandlung des Strategie-Musters mit Klassen-Zugriff

```python
def do1(objekt):
    print('do 1', objekt.name)


def do2(objekt):
    print('do 2', objekt.name)


class T():
    def __init__(self, name, methode):
        self.name = name
        self._do = methode

    def do(self):
        self._do(self)


t = T('Werner', do1)
t.do()
# Ausgabe: do 1 Wener

s = T("Lisa", do2)
s.do()
# Ausgabe: do 2 Lisa
```

EXTREM KLASSE(N)! EIGENE DATEN-TYPEN ERSTELLEN

Python ist so flexibel, dass Programmierer in der Lage sind, Klassen zu programmieren, die sich wie Daten-Typen verhalten. Stellen Sie sich vor, in Ihrem Programm werden Punkte in einem zweidimensionalen Koordinatensystem verwendet. Einfach ließen sich diese als Tuple mit zwei Einträgen darstellen, aber Sie werden gleich sehen, dass es noch viel besser geht.

Einfacher 2D-Punkt als Tuple

```
Punkt = (1, 3)
```

Naheliegend ist natürlich, eine Punkt-Klasse aufzusetzen. Diese ist schnell geschrieben und könnte folgendermaßen aussehen:

Punkte-Klasse

```python
class Punkt():
    def __init__(self, x, y):
        self.x = x
        self.y = y
```

```
p = Punkt(1, 3)

print(p.x, p.y)
```

Die Klasse und deren Instanzen müssen nun erweitert werden, damit sie sich wie eine richtig normale Variable verhalten. Dazu werden die so genannten *Magic-Methods* von Python (auch *Dunder-Methoden* genannt) eingesetzt, die tief-liegende Eigenschaften und Verhaltensweisen von Objekten definieren. Erweitern Sie die Klasse zunächst um eine Ausgabe-Funktion, die X- und Y-Werte ansehnlich ausgibt:

__str__-Methode zur Ausgabe

```
def __str__(self):
    return 'Punkt(' + str(self.x) + '/' + str(self.y) + ')'

...

print(p)
# Ausgabe: Punkt(1/4)
```

Als nächstes wäre es interessant, zwei Punkte automatisch addieren zu können, um zum Beispiel eine Spielfigur, die auf einem Spielbrett steht, in unterschiedliche Richtungen zu bewegen (wie ein Springer im Schach).

Die Methode __add__ nimmt zusätzlich einen Parameter für den zweiten Punkt auf (der ebenfalls eine Instanz der gleichen Klasse sein muss, also die gleichen Attribute enthält):

__add__-Methode zum Addieren von zwei Punkten

```
def __add__(self, other):
    return Punkt(self.x + other.x, self.y + other.y)

...
```

```
P1 = Punkt(1, 4)

P2 = Punkt(1, 1)

P3 = P1 + P2

print(P3)
# Ausgabe: P(2/5)
```

Auch Vergleiche lassen sich in die Klasse einbauen. Dabei gibt es getrennte Methoden für Gleichheit (__eq__) und Ungleichheit (unter anderem __lt__ für *"less than"* also "kleiner als", aber noch viele mehr). Hier die relativ einfache Implementierung der Prüfung auf Gleichheit zweier Punkte:

__eq__-Methode zur Prüfung von Gleichheit in einer Bedingung

```
def __eq__(self, other):
    return self.x == other.x and self.y == other.y

...

P1 = Punkt(1, 4)

P2 = Punkt(1, 1)

P3 = Punkt(1, 4)


print(P1 == P2)
# Ausgabe: False

print(P1 == P3)
# Ausgabe: True
```

Hier noch einmal die komplette Klasse mit allem Drum und Dran:

Vollständige Punkt-Klasse

```
class Punkt():
    def __init__(self, x, y):
        self.x = x
        self.y = y

    def __str__(self):
        return 'P(' + str(self.x) + '/' +
               str(self.y) + ')'

    def __add__(self, other):
        return Punkt(self.x + other.x, self.y +
                     other.y)

    def __eq__(self, other):
        return self.x == other.x and self.y ==
               other.y
```

Wenn Sie tiefer in dieses faszinierende Thema einsteigen wollen in den Umgang mit Dunder-Methoden, schauen Sie in die Dokumentation des Datenmodells von Python:

https://docs.python.org/3/reference/datamodel.html

DEGRADIERT: KLASSEN ALS INTELLIGENTE VARIABLEN

Wie Sie bereits gelesen haben, können Funktionen in Python durchaus Informationen speichern, während der Aufruf von Variablen schlicht den darin gespeicherten Wert oder das verbundene Objekt zurückliefert.

Wer mehr von Variablen erwartet, kann Klassen so umbauen, dass diese sich auf den ersten Blick zwar wie eine ganz normale Variable aufrufen lassen, aber zusätzlichen Code ausführen können. Das lässt sich praktisch anwenden, um zum Beispiel zu zählen, wie oft ein Wert abgerufen wurde oder um den Inhalt der Variablen nach dem Abruf zu speichern.

Klasse als statische Variable

```python
class Var():
    def __init__(self, value):
        self.value = value

    def __str__(self):
        return str(self.value)

    @property
    def __call__(self):
        return self.value

a = Var([1, 2, 3])
print(a)
```

In der letzten Methode der Klasse werden zwei Dinge kombiniert: Durch die magische Methode `__call__` kann die Instanz der Klasse wie eine Funktion aufgerufen werden. Der Property-Dekorator verwandelt eine Methode in einen Attribut-Aufruf.

Durch die Kombination von beidem kann die Instanz also ohne Klammern angesprochen werden und verhält sich damit fast wie eine normale Variable. Allerdings muss der Code oben um weitere magische Methoden ergänzt werden, damit dieser sich – je nach Einsatzgebiet – genauso wie eine echte Variable verhält.

HÜBSCHER MACHEN – DEKORATOREN MAL EINFACH

Über das Dekorieren von Methoden und Funktionen gibt es im Internet viele Erklärungen zu lesen, weil es sogar Fortgeschrittene schnell überfordert.

Ein einfacher Dekorator erweitert eine Methode durch zusätzlichen Code vor und/oder nach dem Aufruf, ohne die Methode selbst zu verändern. Besonders nützlich ist die Anwendung, zum Beispiel für folgende Fälle:

- bei **Bibliotheken,** wenn die Werkzeuge darin angepasst werden sollen (zum Beispiel die Erweiterung einer Update-Methode bei Vererbung)

- zum **Protokollieren von Aufrufen:** Wann, wo und wie oft wurde eine Methode benutzt? Dabei sind gar keine richtigen Eingriffe in die Methode selbst erforderlich.

Um Methoden zu dekorieren, muss gar nicht viel gebastelt werden. Ein einfacher und universell einsetzbarer Dekorator sieht so aus:

Ein einfacher Universal-Dekrator

```python
def dekoration(f):
    def wrapper(*args, **kwargs):
        print('vorher')

        funktion = f(*args, **kwargs)

        print('nachher')
        return funktion

    return wrapper


@dekoration
def test(a):
    print(a)


test('Hallo!')
# Ausgabe:
# vorher
# Hallo!
# nachher
```

Um die Arbeitsweise und die Lesbarkeit zu verbessern, sollte jedoch in der praktischen Anwendung die pauschale Übergabe von Argumenten (*args, **kwargs), gegen konkrete Parameter ausgetauscht werden. Damit wird sofort erkennbar, welche Daten der Dekorator benutzt und verändert.

MEHRZWECK-HÜBSCH: DEKORATOREN MIT ARGUMENTEN

Eigentlich sollten die Beispiele in diesem Buch einfach sein, aber manchmal geht es nicht ganz so einfach. Und bevor im Code die speziell angepassten Dekoratoren wuchern, soll das folgende Beispiel zeigen, dass auch diese über Parameter an die Bedürfnisse von Methoden angepasst werden können.

Dafür ist eine weitere Verschachtelung innerhalb des Dekorators erforderlich, die das Programm nicht unbedingt leserlicher macht. Soll jedoch ein ähnlicher Dekorator mehrfach mit unterschiedlichen Parametern benutzt werden, dann kann sich die Mühe beim Tippen durchaus lohnen.

Wiederverwertbarer Dekorator mit Argumenten

```
def absender(bezeichnung):

    def wrapper_1(funktion):

        def wrapper_2(name):
            funktion(bezeichnung + ': ' + name)
        return wrapper_2


    return wrapper_1
```

```
@absender('Person')
def person(name):
    print(name)


person('Mustermann')
# Ausgabe:
# Person: Mustermann


@absender('Name')
def person(name):
    print(name)


person('Mustermann')
# Ausgabe:
# Name: Mustermann
```

DURCHLAUF-DEKORATOR: IN- & OUTPUT VON METHODEN BEOBACHTEN

Die Verwendung von Dekoratoren macht wenig Sinn, wenn der Programmierer direkt auf die angepeilten Methoden zugreifen kann. Statt diese mit einem Dekorator zu schmücken, ist es meistens leichter, den Code direkt zu ändern und damit ein Springen durch verschiedene Programmteile – und damit Verwirrung anderer Code-Leser – zu vermeiden.

Nützlich und sinnvoll sind aber Dekoratoren, die universell im Code benutzt und praktisch jeder Methode aufgesetzt werden können. Mit dem Dekorator im Beispiel unten können sämtliche Ein- und Ausgaben von Funktionen protokolliert werden. Dazu nutzt der Code die oben bereits beschriebene Möglichkeit, Daten in einer Funktion zu speichern.

Dekorator zum Beobachten der Ein- und Ausgaben von Funktionen

```
def monitor(func):

    # wenn nicht vorhanden:
    # Variable zum Speichern erzeugen
    if not hasattr(monitor, "data"):
        monitor.data = []
```

```python
    def wrapper_monitor(*args, **kwargs):

        # Eingabe speichern
        monitor.data.append({
            "fun" : func.__name__,
            "inp" : (args, kwargs), })

        result = func(*args, **kwargs)

        # Rückgabe speichern
        monitor.data.append({
            "fun" : func.__name__,
            "out" : result, })

        return result

    return wrapper_monitor


# jede Funktion ist einfach dekorierbar:
@monitor
def tell(name, alter = 99):
    return name.upper()


# normaler Aufruf der dekorierten Funktion:
tell("Lisa", 66)
tell("Rudi", alter = 99)


# Auflisten der gespeicherten Daten:
for item in monitor.data:
    print(item)
```

Im Code oben gibt es zwei Themen, bei denen es sich ebenfalls lohnt, etwas tiefer einzusteigen: Erstens sollten Sie mit den flexiblen Argumenten *args und **kwargs experimentieren.

Je nachdem, mit welchem Input eine Funktion gefüttert wird, ändert sich der Inhalt der beiden Variablen (was sich mit dem Dekorator oben gut beobachten lässt).

Zweitens ist der Zugriff auf die Bezeichnung einer Funktion mit der magischen Methode __name__ interessant. Mit Hilfe dieser Variablen kann zum Beispiel der Ablauf eines Programms sehr detailliert gesteuert werden.

OHNE @ AM ANFANG – ANDERS DEKORIEREN

Dekoratoren mit dem @-Zeichen direkt vor der Ziel-Methode sind Standard-Syntax in Python (bestes Beispiel dafür ist der @property-Dekorator innerhalb von Klassen). Dennoch wird dies oft als *syntaktischer Zucker* bezeichnet. Also eine Art des Programmierens, die den Funktionsumfang nicht erweitert, sondern einen Vorgang nur anders abbildet. Der Zucker im Code dient vor allem der Vereinfachung und Lesbarkeit.

Nachteil der Dekoration ist, dass gerade bei umfangreichen Programmen die Dekoration beim Aufruf einer Methode nicht erkennbar ist. Aber solche Dekoratoren lassen sich auch gut ohne das @-Zeichen nutzen (der Dekorator aus dem vorigen Beispiel ist im Code unten nicht abgebildet):

Dekorieren ohne @-Zeichen

```
def person(name):
    print(name)

# Aufruf mit Dekorator
absender('Person')(person)('Mustermann')

#Aufruf ohne Dekorator
person('Mustermann')
```

Dieser Aufruf inklusive Dekorator sieht umständlich aus (und ist es auch), aber der Einsatz von Dekoratoren ohne das @-Zeichen hat zwei Vorteile:

1. Die Methode lässt sich so **mit und ohne** Dekoration benutzen.

2. Es ist **sofort ersichtlich**, dass ein Dekorator benutzt wurde.

Als Alternative kann die Dekoration auch in einem Alias zusammengefasst werden. Beim Aufruf sieht es dann so aus, als handele es sich um zwei verschiedene Methoden:

Dekorieren ohne @ ermöglicht auch den Aufruf der Original-Methode

```
def person(name):
    print(name)

person_mit_absender = absender('Person')(person)


person('Mustermann')

person_mit_absender('Mustermann')
```

PYTHON FÜR FORTGESCHRITTENE

PYTHON FÜR FORTGESCHRITTENE

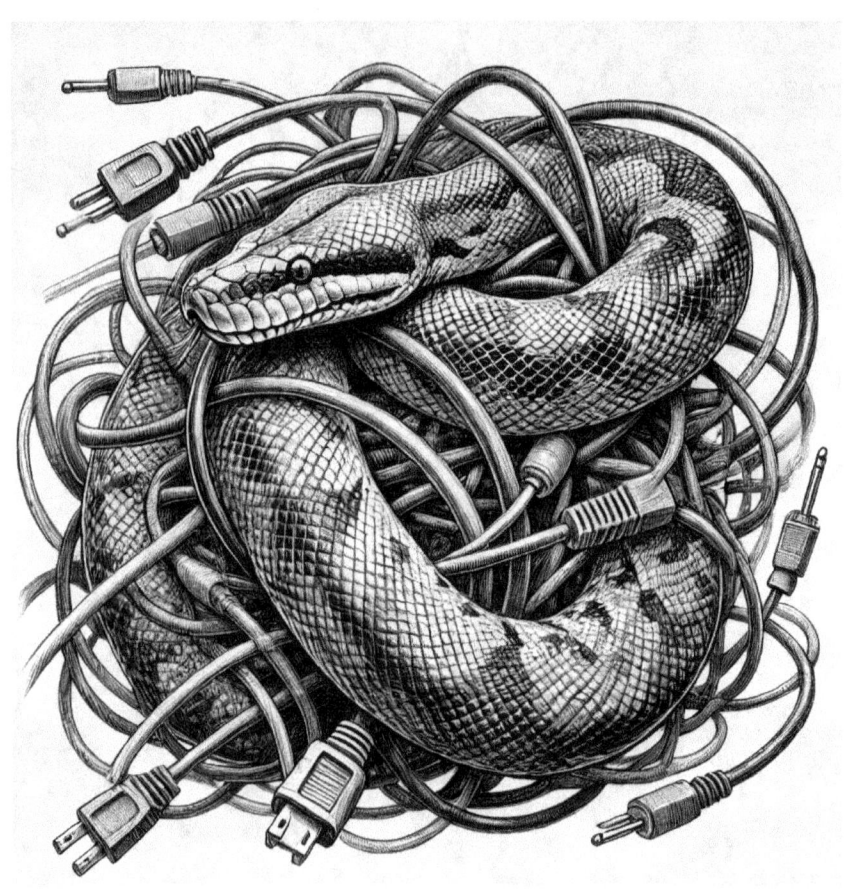

AB INS NETZ!
DIGITAL VERBUNDEN...

Anwendungen für alle Systeme und ausschließlich in Python zu programmieren ist teilweise Zukunftsmusik – leider. Was für die klassischen Betriebssysteme (Windows, Linux, Apple OS) im Terminal und sogar inklusive grafischer Oberfläche, in zwei und sogar drei Dimensionen bereits ganz gut funktioniert, ist für mobile Applikationen noch nicht denkbar.

Zwar versprechen manche Bibliotheken, darunter zum Beispiel *Kivy* und *BeeWare*, den Zugriff auf Android und iOS, aber ganz einfach wird das einem Anfänger nicht gemacht. Der Code ist nicht nur umständlich, sondern viele Bibliotheken lassen sich nicht auf diesen zum Laufen bringen.

Als Alternative lässt sich eine Anwendung am besten ins Internet verlagern – schließlich können Webseiten von wirklich jedem System aus aufgerufen und angezeigt werden. Hier ist Python bereits mit starken Erweiterungen viel weiter – unter anderem mit prominenten Bibliotheken wie *Django* und *Flask*. Besonders interessant ist das Web-Framework *CherryPy* – ein schlankes Schweizer Taschenmesser, mit dem komplette Internet-Anwendungen in Python programmiert werden können.

DER BLITZ-WEBSERVER

Man muss kein Administrator sein, um einen Server einzurichten. Wirklich nicht? In Python ist diese Funktion eingebaut und lässt sich mit einem einzigen Befehl starten, wenn Sie zum Beispiel ein Verzeichnis freigeben wollen, um auf die Dateien darin über das Netzwerk zugreifen zu können.

Öffnen Sie dafür die Eingabeaufforderung in Windows oder den Termin in Linux, navigieren Sie zu dem Pfad, auf den der Zugriff gewährt werden soll und geben Sie folgenden Befehl ein:

> `python -m http-server`

Je nach Python-Installation kann auch entweder `python3` statt `python` oder sogar > `python -m SimpleHTTPServer` bei einer älteren Python Version 2 Installation erforderlich sein.

```
▂▃▟▛▜▖▟▙▟ ▙▛▜:~/Python$ python3 -m http.server
Serving HTTP on 0.0.0.0 port 8000 (http://0.0.0.0:8000/) ...
192.168.2.112 - - [20/Sep/2021 09:28:06] "GET / HTTP/1.1" 200 -
192.168.2.112 - - [20/Sep/2021 09:28:10] "GET / HTTP/1.1" 200 -
192.168.2.112 - - [20/Sep/2021 09:28:25] "GET / HTTP/1.1" 200 -
192.168.2.131 - - [20/Sep/2021 09:28:57] "GET / HTTP/1.1" 200 -
192.168.2.131 - - [20/Sep/2021 09:28:59] code 404, message File not found
192.168.2.131 - - [20/Sep/2021 09:28:59] "GET /favicon.ico HTTP/1.1" 404 -
192.168.2.131 - - [20/Sep/2021 09:29:16] "GET /test.py HTTP/1.1" 200 -
```

Sobald der Server gestartet ist, kann auf das Verzeichnis zugegriffen und die darin enthaltenen Dateien heruntergeladen werden. Sie müssen nur die lokale IP-Adresse des Rechners kennen. Im Bild unten erfolgt der Zugriff über einen Internet-Browser.

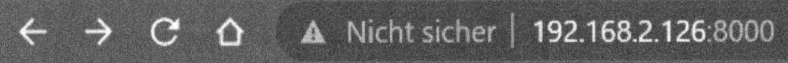

Directory listing for /

- test.py

Hinweis: Beachten Sie, dass der Zugriff nur im lokalen Netzwerk möglich ist. Wollen Sie von außerhalb auf das Verzeichnis zugreifen, sind weitere Einstellungen erforderlich – unter anderem Port-Freigaben am Router.

WEB MIT KIRSCHE: CHERRYPY

CherryPy ist im Vergleich zu den Hochleistungs-Web-Bibliotheken eher ein kleiner Spieler. Aber wer kein riesiges Konzern-Framework programmieren und betreiben will, bekommt darin alles geboten, um ohne großes Kopfzerbrechen komplette Web-Anwendungen komplett in Python zu programmieren, ohne sich mit anderen Programmen herumschlagen zu müssen.

Eigentlich ist *CherryPy* ein wahr gewordener Traum, denn es läuft unglaublich problemlos und ist auch im Code so wenig präsent, dass sich der Programmierer voll und ganz auf seine Ideen konzentrieren kann, ohne sich groß mit der Bibliothek selbst herumschlagen zu müssen. Installiert wird *CherryPy* mit folgendem Befehl im Terminal:

```
> pip install CherryPy
```

Eine komplette Online-Anwendung und das Grundgerüst für größere Projekte sieht dann so aus:

Minimale CherryPy-Anwendung

```python
import cherrypy

class Application(object):
    @cherrypy.expose
    def index(self):
        return 'Hallo Welt!'

cherrypy.quickstart(Application())
```

Nach dem Start des Codes ist die Seite im Browser unter der Adresse `http://127.0.0.1:8080/` abrufbar. Außerdem kann der Code geändert werden, ohne den Webserver stoppen zu müssen. Mit jedem Speichern wird die Anwendung automatisch aktualisiert.

Die Website wird in einer Klasse organisiert (hier `Application`). Jede Methode, die mit dem Dekorator `@cherrypy.expose` versehen wird, stellt eine aufrufbare Seite dar. Der dargestellte Inhalt wird über das jeweilige `return` zurückgegeben. Im Beispiel oben ist das nur ein einfacher String, aber dort können auch komplexe HTML-Seiten bereitgestellt werden.

Um eine weitere Seite hinzuzufügen, muss einfach nur eine weitere Methode angelegt werden, die entsprechend dekoriert wird:

Erweiterung um eine weitere Webseite

```
@cherrypy.expose
def zwei(self):
    return 'Seite zwei!'
```

Unter dem Link `http://127.0.0.1:8080/zwei` ist diese Seite nach dem Speichern sofort erreichbar. Der Vorteil von *CherryPy* gegenüber herkömmlichen HTML-Code, der mühevoll auf den Server geladen werden muss, ist sofort sichtbar: Eine voll funktionsfähige Seite erstellt durch drei Zeilen Python-Code – kompakter geht es wirklich nicht!

Um eine Navigation mit Hyperlinks einzufügen, muss von Python in HTML gewechselt werden, schließlich ist das die Sprache, die der Browser versteht (aber es gibt bereits erste Ansätze, dass auch Web-Browser Python sprechen und verstehen lernen).

Beide Methoden sind im Beispiel unten um einfache Links von der einen zur anderen Seite erweitert worden. Sofort lässt sich zwischen den Seiten hin und her navigieren:

Erweiterung um Hyperlinks zur Navigation

```
@cherrypy.expose
def index(self):
    return 'Hallo Welt! <a href="/zwei">Seite zwei</a>'

@cherrypy.expose
def zwei(self):
    return 'Seite zwei! <a href="/">Startseite</a>'
```

Zur Steuerung für dynamische Inhalte können Parameter in den Links übergeben werden. Bedenken Sie, dass die Werte in den Adressen als String zurückgegeben werden.

Im Beispiel unten wird die Zeichenkette in eine Zahl konvertiert und daraus eine zufällige Zeichenkette erzeugt, die auf der Seite angezeigt wird.

Übergabe von Parametern

```
# oben im Code einfügen:

from random import choice
from string import ascii_uppercase


# neue Methode innerhalb der Application-Klasse:

    @cherrypy.expose
    def drei(self, laenge = '6'):
        L = int(laenge)
        zeichen = ''.join(choice(ascii_uppercase)
                    for i in range(L))
        return zeichen
```

Die neue Seite (http://127.0.0.1:8080/drei) kann nun mit und ohne Parameter aufgerufen werden. Beim Aufruf ohne das Argument wird der Standardwert aus der Methode verwendet. Alternativ kann eine beliebige Zahl mit Hilfe folgender Syntax angegeben werden:

http://127.0.0.1:8080/drei?laenge=12

Die Parameter lassen sich auch direkt über Elemente auf der Seite angeben – zum Beispiel über ein Formular, in dem die Anzahl der Zeichen eingetragen werden kann, wie wir es von unzähligen anderen Seiten im Netz gewohnt sind:

Übergabe von Argumenten per HTML-Formular

```
import cherrypy
from random import choice
from string import ascii_uppercase

class Application(object):
    @cherrypy.expose
    def index(self):
        return """<html>
        <head></head>
        <body>
            <form method="get" action="drei">
                <input type="text" value="8"
                    name="laenge" />
                <button type="submit">Senden!</button>
            </form>
        </body>
        </html>"""

    @cherrypy.expose
    def drei(self, laenge = '6'):
        L = int(laenge)
        zeichen = ''.join(choice(ascii_uppercase)
                    for i in range(L))
        return zeichen + '<br> <a href="/">Startseite</a>'

if __name__ == '__main__':
    cherrypy.quickstart(Application())
```

Die letzte Funktion, die hier vorgestellt werden soll, ist die Speicherung von Daten innerhalb einer Session, die den Zugriff vieler Nutzer gleichzeitig ermöglicht und die Daten der Zugreifenden sauber voneinander trennt.

Dafür muss die Konfiguration von *CherryPy* vor dem Starten der Anwendung entsprechend konfiguriert werden. Danach kann das bereitgestellte Dictionary einfach genutzt werden.

Speichern und Abrufen von Session-Daten

```python
import cherrypy
from datetime import datetime


class Application(object):
    @cherrypy.expose
    def index(self):

        cherrypy.session.setdefault('Zeit',
            datetime.now())
        Laufzeit = datetime.now() - 
            cherrypy.session['Zeit']

        return 'Session-Zeit: ' + str(Laufzeit)


if __name__ == '__main__':

    conf = {'/': {'tools.sessions.on': True}}

    cherrypy.quickstart(Application(), '/', conf)
```

Mit den hier vorgestellten Funktionen und ein paar HTML-Kenntnissen lassen sich bereits recht umfangreiche Webanwendungen programmieren. Weitere Informationen zu *CherryPy* finden Sie im Internet unter folgender Adresse:

https://docs.cherrypy.dev/

COMMAND LINE INTERFACE IM BROWSER

Gleiche Bibliothek, aber ganz ohne Schmuck und Zierde: Tatsächlich lässt sich in CherryPy mit den wenigen Zeilen das Terminalfenster – in dem ja die meisten Python-Programmierer täglich arbeiten – komplett in den Webbrowser verlagern.

Das ist zwar kein hübsches User-Interface, was sich normale Benutzer wünschen, aber der Code zeigt, wie einfach Interaktion mit einem Programm realisiert werden kann. Und besonders, wenn Sie in das Thema Web-Oberflächen tiefer einsteigen wollen, lohnt es sich, mit CherryPy möglichst viel herum zu experimentieren.

Terminal im Browser

```python
import cherrypy

class Main:
    def __init__(self):
        self.txt = ''

    def index(self, com = ''):

        if com:
            self.txt = self.txt + '<br> > ' + com

        return """
<body>
%s
```

```
        <br>
        <form action="index" method="post">
        > <input type="text" name="com"
                        id="inputfield">
        <input type="submit" value="enter">
        </body>
        </form>
        <script>
        window.onload = function() {

document.getElementById("inputfield").focus(); }
        </script>
        """ % (self.txt)

    index.exposed = True


cherrypy.quickstart(Main())
```

PYTHON FÜR FORTGESCHRITTENE

PYTHON FÜR FORTGESCHRITTENE

KONTAKT ZUM NUTZER: CLI, GUI & BROWSER

So schön ein Code aus sein mag: Beim Kontakt mit dem User wird Programmieren kompliziert. Der Weg zu einer nutzbaren Software führt nicht vorbei an der Schnittstelle zwischen Mensch und Maschine. Und damit kommen auf viele Programmierer neue, unbekannte und scheinbar schwierige Themen zu wie Grafik-, Webseiten- und App-Programmierung – mindestens jedoch eine solide Umsetzung im Terminal, wobei damit leider nur noch Spezialisten, aber nicht mehr die breite Masse erreicht wird (simple Beispiele dafür haben Sie bereits weiter oben kennengelernt).

Mit Python und den richtigen Bibliotheken können auf dem Computer, im Netz und bedingt auch auf mobilen Geräten Schnittstellen zum Benutzer programmiert werden. Ein paar kompakte, gut funktionierende Lösungen, die nicht mehr Zeit in Anspruch nehmen als der Rest des Codes, werden in diesem Abschnitt vorgestellt.

Schließlich soll sich der Programmierer mehr mit seinem Programm als mit der Bedienung davon beschäftigen, was sich aber oft ins Gegenteil verkehrt.

WENIGZEILER: FENSTEROBERFLÄCHEN MIT PYSIMPLEGUI

Hinter der einfachsten Bibliothek, um grafische Benutzeroberflächen zu erstellen, verbergen sich die üblichen, großen Grafikmodule (Tkinter, Qt usw.). PySimpleGUI ermöglicht es, mit wenigen und sehr klaren Programmzeilen innerhalb von Minuten eine passable Grafikoberfläche zu erstellen. Installiert wird die Bibliothek am besten mit der Paket-Verwaltung Pip und folgendem Befehl:

```
> pip install pysimplegui
```

Schauen wir uns ein einfaches Beispiel an, das den Benutzer zur Eingabe eines Passworts auffordert. Auf den ersten Blick mag das Programm bereits recht umfangreich aussehen, aber denken Sie daran: Python-Programme sind immer mit sehr viel Luft zwischen den Zeilen geschrieben.

Grafische Kennworteingabe

```python
import PySimpleGUI as sg


sg.theme('DarkBlue12')


layout = [ [sg.Text('Bitte Kennwort eingeben:')],
           [sg.InputText(password_char = '*')],
```

```
        [sg.Button('Ok', bind_return_key = True),
         sg.Button('Abbrechen')]
]

window = sg.Window('Testfenster', layout)


while True:
    event, values = window.read()

    if event == sg.WIN_CLOSED or event ==
'Abbrechen':
        break


    print('Eingabe:', values[0])
window.close()
```

Schauen wir uns den Code im Detail an! PySimpleGUI bietet zahlreiche fertige Themen (Farbkombinationen für Text, Fenster, Button, Eingabefelder und so weiter). Eine Übersicht finden Sie unter https://www.geeksforgeeks.org/themes-in-pysimplegui/.

Von knalligem Rot bis zu düsteren Grüntönen ist es kaum nötig, selbst die Farben zu mischen. Mit einer Zeile haben Sie ein schickes Design für Ihre Applikation: `sg.theme('DarkBlue12')`.

Kern des Codes das Layout eines Fensters: In einer Liste werden alle Elemente aufgeführt, die darin zu sehen sein sollen. Mit Hilfe von Unter-Listen wird das Layout in Zeilen aufgeteilt. Selbst ohne große Anpassungen sehen so die meisten selbst-gestalteten Formulare passabel bis professionell aus.

Im Beispiel oben sehen Sie auf der ersten Blick drei Zeilen, wobei die ersten beiden jeweils ein Element enthalten (Text und Eingabefeld) und die letzte mit zwei Schaltflächen gefüllt ist.

Die Konfiguration der Elemente erfolgt über Parameter, zum Beispiel beim Eingabefeld, wo statt lesbarem Text nur Sterne zu sehen sind oder dass der OK-Button jederzeit durch Drücken der Enter-Taste ausgelöst werden kann und nicht angeklickt werden muss.

Die Liste der Argumente ist umfangreich und fast alles kann ohne Probleme konfiguriert werden.

Der letzte Teil des Codes ist die Ereignisschleife (*Event-Loop*), in dem aber nicht mehr viel passiert. Ereignisse und Inhalte der Elemente (zum Beispiel das Textfeld) werden in zwei Variablen abgelegt, die ganz einfach weiterverarbeitet werden können. Aber auch Spezialitäten wie eine zeitgesteuerte Aktualisierung des Fenster kann darin konfiguriert werden.

Mit PySimpleGUI kann tatsächlich in wenigen Minuten und mit wenigen Zeilen eine grafische Oberfläche programmiert werden, die sich sehen lassen kann. Das Projekt ist gepflegt und gut dokumentiert. Es gibt im Internet zahllose Tutorials und Foren, die Antworten auf Fragen der User liefern. Die Referenz zur SG-Bibliothek finden Sie im Internet und diesem Link:

`https://pysimplegui.readthedocs.io/en/latest/call%20reference/`

TEXT IM FENSTER: GUI-TERMINAL-SIMULATION

Für eine Terminal-Benutzeroberfläche braucht man ein Terminal!? Die Steuerung von Programmen im alten DOS-Stil findet zur Zeit wieder neue Freunde – ganz abgesehen von den guten alten Text-Adventures, die ebenfalls nur über die Tastatur bedient und gesteuert wurden.

Aber anstatt Benutzer mit düsteren Fenstern auf der grafischen Benutzeroberfläche zu erschrecken, kann die Texteingabe mit Hilfe von PySimpleGUI und wenigen Zeilen Code auch in einem Fenster als Schnittstelle zwischen Mensch und Maschine arbeiten.

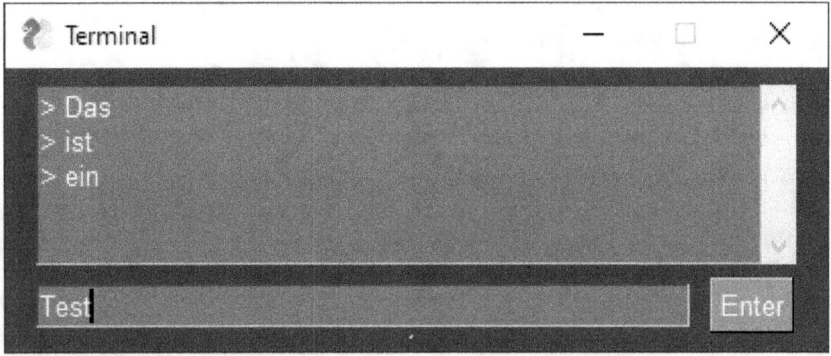

Das unten gezeigt Beispiel ist rustikal und kann sicher noch weiter verfeinert werden, würde aber auch bereits in dieser Form seine Aufgabe erfüllen.

Terminal-Simulation auf der Grafikoberfläche

```python
import PySimpleGUI as sg

sg.theme('DarkTeal')
layout = [
    [sg.Multiline(key='output', size=(50, 5),
                  disabled=True, autoscroll=True)],
    [sg.InputText(key='input', size=(45, 1)),
     sg.Button('Enter', bind_return_key=True)],
]

window = sg.Window('Terminal', layout)


while True:
    event, values = window.read()

    if event == 'Enter' and values['input'] != '':
        window['output'].print('> '
            +values['input'], text_color = 'white')
        window['input']('')

    if event in ('Close Window', None):
        break
window.close()
```

Hinweis: Als Alternative dazu finden Sie in diesem Buch weiter unten eine Terminal-Simulation im Internet-Browser.

MEHR ALS EINS: TKINTER STRUKTUR

Das klassische GUI-Schlachtschiff in Python ist *TKinter* (https://wiki.python.org/moin/TkInter). Die Bibliothek ist bereits einige Jahre alt und deckt einen gewaltigen Umfang grafischer Elemente sowie deren Einstellungen und Steuerung ab. Nachteil dieser großen Anzahl von Details ist, dass die Syntax nicht so einfach zu verstehen und zu schreiben ist, wie bei knapper geschnittenen Bibliotheken.

Weil es zahlreiche Ein-Fenster-Beispiele im Internet gibt, sehen Sie unten ein einfachstes Beispiel, das schon eine fortgeschrittene Variante mit zwei Fenstern zeigt. Solche Musterbeispiele sind deutlich schwieriger zu finden und oft sehr kompliziert umgesetzt.

Mehrere Fenster in TKinter

```
from tkinter import *

class NextWindow:
    def __init__(self, master):
        self.master = master
        master.title("Next")

        self.button = Button(
            master,
            text = 'Close',
            command = master.destroy,
        )
```

```python
        self.button.pack()


class StartWindow:
    def __init__(self, master):
        self.master = master
        master.title("Start")

        self.button = Button(
            master,
            text = 'Open',
            command = self.openNext,
        )

        self.button.pack()

    def openNext(self):
        self.newWindow = Toplevel(self.master)
        self.app = NextWindow(self.newWindow)


root = Tk()
app = StartWindow(root)
root.mainloop()


# Weiteres Fenster anlegen / öffnen:

self.newWindow = Toplevel(self.master)
self.app = NextWindow(self.newWindow)
```

ALLEINE LAUFEN: PYINSTALLER

Das Programm funktioniert richtig gut und auch die grafische Benutzeroberfläche macht bereits einiges her. Letzter Schritt, um anderen den fertigen Code zur Verfügung zu stellen, ist das Umwandeln in ein eigenständiges Programm, das nicht mehr in Kombination mit Python aufgerufen werden muss.

Dem Thema könnte ein ganzes Buch gewidmet werden, aber für den Einstieg reicht bereits ein einziger Befehl (im Terminal), um Python-Code in eigenständige Exe-Files zu konvertieren:

```
> pyinstaller mein_programm.py --noconsole --onefile
```

Aber Achtung: Das funktioniert nicht immer und nicht mit allen Programmen! Python ist bei der Umwandlung in eine selbstlaufende manchmal störrisch. Was von Pyinstaller lauffähig konvertiert wird und was nicht, scheint eine Frage des Glücks (und der verwendeten Befehle und Bibliotheken) zu sein. Der Grund dafür liegt darin, dass Python eine Sprache ist, die von der Python-Software immer live interpretiert wird. So ist jeder Code stark abhängig von Python selbst und tut sich manchmal schwer, alleine laufen zu lernen.

Probieren Sie aus, ob Ihr Programm den Sprung in die Unabhängigkeit schafft! Und wenn nicht, dann können Sie sicher sein: Auf allen großen Betriebssystemen kann Python installiert und ausgeführt werden, wenn es nicht schon fest ins System eingebaut ist (wie zum Beispiel bei fast allen Linux-Distributionen).

PYTHON FÜR FORTGESCHRITTENE

LECKER: SPEZIALITÄTEN

In diesem Teil finden Sie eine Sammlung von Kniffen und Tricks, die ganz unterschiedliche Aufgaben in Python bequem erledigen sollen. Manche davon sind wirklich nützlich (wie der nächste Abschnitt, wo Sie erfahren, ein Programm nach dem Absturz zu retten), manche sollten Sie nicht unbedingt im richtigen wie praktischen Programmierer-Leben benutzen.

Ein paar beschreiben alltägliche Probleme (Umgang mit Zahlentabellen) und beschreiben die Nutzung besonders guter Bibliotheken. Wir haben den Blumenstrauß so zusammengestellt, dass vermutlich für jeden etwas Interessantes dabei ist!

KURZ VOR SCHLUSS: BEFEHLE NACH ABBRUCH AUSFÜHREN

Wenn ein Programm mit einem Fehler stoppt, dann verwechseln Anfänger dies oft mit einem Total-Absturz des Codes. In den meisten Fällen arbeitet Python aber bis zu dem Punkt korrekt, bis der Fehler den Ablauf zum Stoppen bringt.

Wer die bis dahin geleistete Arbeit des Programms speichern oder eine Datei oder Datenbank schließen will, um Datenverluste zu vermeiden, kann dafür die Atexit-Bibliothek benutzen. In den meisten Fällen schafft Python es, vor dem Beenden noch ein paar weitere Befehle auszuführen, die zum Beispiel nicht gespeicherte Daten vor dem Verschwinden im digitalen Nirwana bewahren können.

Programm über Atexit beenden

```
import atexit

def ende():
    print('Das Beste zum Schluss...')


atexit.register(ende)

# produziert einen Fehler:
a = 1 / 0
```

```
# Ausgabe:
# ZeroDivisionError: division by zero
# Das Beste zum Schluss...
```

In der letzten Zeile wird durch eine Division durch Null ein Fehler erzeugt. Trotzdem wird die mit Atexit registrierte Funktion nach der Fehlermeldung noch ausgeführt.

SCHLEIFEN MANUELL UNTERBRECHEN

20.000 Dateien sollten analysiert werden. Aber irgendwann verliert der Programmierer beim Testen die Geduld, weil das viel länger dauert als erwartet. Eine Schleife innerhalb des Ablaufs per Tastendruck unterbrechen zu können, ohne das Programm beenden zu müssen und ohne auf die mühevoll errechneten Ergebnisse zu verzichten – das ist eigentlich wieder so eine Coding-Unart, die aber ziemlich nützlich sein kann. Die größte Herausforderung (für den Autor eines solchen Buchs) ist wahrscheinlich, eine Lösung zu finden, die auf unterschiedlichen Betriebssystemen funktioniert, damit alle Leser es auf allen Computern benutzen können.

Um die langwierige Verarbeitung der Daten elegant zu stoppen, wird die Schleife in einen Fehlerfänger eingebaut und dadurch gezielt nach dem Drücken der Tastenkombination [Ctrl] + [C] Ausschau gehalten:

Ablauf per Tastendruck beenden

```
import time


try:
    while True:
        time.sleep(1)
        print(time.time())
```

```
except KeyboardInterrupt:
    #
    # Code der nach Unterbrechen ausgeführt wird
    #
    pass


print('Ende wird noch ausgeführt')
# Ausgabe:
# 1698760715.0620024
# 1698760716.0670288
# 1698760717.0774033
# Ende wird noch ausgeführt
```

Was sonst den gesamten Code zum Stoppen bringt, beendet im Beispiel oben nur die Arbeit in der Schleife. Das ist die sauberste Methode, wobei manche Programmierer eher eine bequemere Unterbrechung mit einer einzigen Taste statt mit einer Doppel-Tastenkombination bevorzugen. Das kann mit Hilfe eines so genannte Threads umgesetzt werden:

Ablauf mit der Enter-Taste beenden – Variante 1

```
import _thread
import time

signal = []

def listener(a_list):
    input()
    signal.append(True)

_thread.start_new_thread(listener, (signal,))

while not signal:
    time.sleep(1)
    print(time.time())

print("Ende")
```

DATEN VON DER BANK: TABELLEN MIT SQLITE LESEN & SCHREIBEN

Statt mit CSV-Dateien (Text-Dateiformat für Rohdaten, zum Beispiel aus Tabellenkalkulationen) und Pandas-Tabellen (eine Python-Bibliothek für zweidimensionale Datentabellen) zu arbeiten, lassen sich Informationen aus diesen Quellen mit Hilfe von Python sehr schnell in das Datenbankformat SQLite konvertieren. SQLite ist eine sehr effiziente Leicht-Ausgabe von SQL, einem Industrie-Datenbank-Standard.

Vorteil der leichten Version ist, dass Sie einerseits fest in Python integriert ist und nur mit einer Datei arbeitet, während der große Bruder installiert werden muss – und das auch noch auf einem Server. Nebenbei: SQLite ist ebenfalls Standard im Betriebssystem Android von Google (also der weltweit am meisten verbreiteten Basis für Computer).

Da CSV- und Pandas-Daten immer komplett in den Speicher des Rechners übertragen werden müssen, macht SQLite vor allem dann Sinn, wenn die Datenmenge den Speicherplatz des Computers überschreitet, denn die Dateigröße kann weit größer sein und die Daten können Stück für Stück ausgelesen werden.

Die Lösung zur schnellen Konvertierung läuft über den Umweg, die Rohdaten zuerst (doch) in einen Pandas-Dataframe zu übertragen und dann in einem Schwung in die SQLite-Tabelle zu schreiben:

CSV in Dataframe und danach in SQLite schreiben

```
import sqlite3
import pandas

conn = sqlite3.connect('Datenbank.sqlite')

df = pandas.read_csv('Rohdaten.csv')

df.to_sql(
    'Datenblatt-Name',
    conn,
    if_exists = 'append',
    index = False
)
```

Der umgekehrte Weg von der Datenbank über den Data-Frame zur CSV-Datei ist ähnlich einfach:

SQLite über einen Dataframe als CSV speichern

```
import sqlite3
import pandas

conn = sqlite3.connect('Datenbank.sqlite')

df = pandas.read_sql_query(
    'SELECT * FROM Datenblatt-Name',
    conn
)

df.to_csv(
    'Export.csv',
    sep = ';',
    encoding = 'utf-8',
)
```

Eine weitere Variante ist die Konvertierung einer Microsoft Excel-Arbeitsmappe ins SQLite-Format. Mit den wenigen Zeilen unten wird die komplette Mappen mit allen Tabellenblättern und Spalten in eine Datenbank umgewandelt:

Microsoft Excel in SQLite konvertieren

```
import pandas as pd
import sqlite3


# SQLite Datenbank erstellen / öffnen:
connection = sqlite3.connect("excel.sqlite")

# Microsoft Excel-Tabelle öffnen:
excel = pd.read_excel("superstore.xls", sheet_name = None)

# Arbeitsblätter in SQLite-Tabellen umwandeln:
for table, df in excel.items():
    df.to_sql(table, connection)

# Daten schreiben und Datenbank schliessen:
connection.commit()
connection.close()
```

Für das Beispiel oben wurden populäre Testdaten verwendet, die unter dem Stichwort *"Sample Superstore Dataset"* im Internet gefunden werden können. Diese Daten werden von Statistiken häufig für Rechenübungen und -tests benutzt.

Das Ergebnis kann sich sehen lassen! Hier als Screenshot der finalen Datenbank-Struktur in dem – guten und kostenlosen Programm – *DB Browser for SQLite* (Ausschnitt):

- Tabellen (3)
  - Orders   CREATE TABLE "Orders" ("index" INTEGER,

Spalte	Typ	Definition
index	INTEGER	"index" INTEGER
Row ID	INTEGER	"Row ID" INTEGER
Order ID	TEXT	"Order ID" TEXT
Order Date	TIMESTAMP	"Order Date" TIMESTAMP
Ship Date	TIMESTAMP	"Ship Date" TIMESTAMP
Ship Mode	TEXT	"Ship Mode" TEXT
Customer ID	TEXT	"Customer ID" TEXT
Customer Name	TEXT	"Customer Name" TEXT
Segment	TEXT	"Segment" TEXT
Country/Region	TEXT	"Country/Region" TEXT
City	TEXT	"City" TEXT
State	TEXT	"State" TEXT
Postal Code	REAL	"Postal Code" REAL
Region	TEXT	"Region" TEXT
Product ID	TEXT	"Product ID" TEXT
Category	TEXT	"Category" TEXT
Sub-Category	TEXT	"Sub-Category" TEXT
Product Name	TEXT	"Product Name" TEXT

Zum Schluss dieses Kapitels noch ein Hinweis, warum es sich lohnt, SQLite als zusätzliche Sprache neben Python gut zu beherrschen – denn sowohl SQL als auch SQLite lassen sich nicht über eine hübsche Benutzeroberfläche erreichen, sondern nur per eigener Programmiersprache!

Datenbanken werden oft nur zum Ablegen von Informationen benutzt. Es gibt zahlreiche Programmierer, die im Alltag völlig auf konventionelle Dateien verzichten (zum Beispiel das Speichern und Laden mit der Pickle-Bibliothek) und praktisch alle Informationen in Datenbanken ablegen.

Aber SQLite ist eigentlich keine Datenbank im üblichen Sinne, sondern eine Programmiersprache für Datenbanken.

Damit lassen sich Informationen nicht nur in Tabellen einfügen und wieder herausholen, es sind darüber hinaus extrem komplexe Abfragen, Auswertungen und Berechnungen möglich, die in Python eine Menge Aufwand erfordern.

Besonders, wenn Sie sich mit dem Durchsuchen von Daten, Gruppierungen und Zusammenfassungen, Berechnungen in Spalten und noch viel mehr beschäftigen, sollten Sie beim nächsten Mal zuerst prüfen, ob diese Aktionen nicht in SQLite ausführbar sind, bevor Sie sich vielleicht mit Python viel zu viel Arbeit machen.

Im Kapitel "Wissen ist Trend" unten werden Sie die unterschiedlichen Methoden zur Datenauswertung kennen lernen und sich selbst ein Bild machen können, mit welcher Sprache Sie in Zukunft Ihre Daten verarbeiten wollen.

WISSEN IST TREND: DATENANALYSE MIT PYTHON

Python ist bestens zur Analyse von Daten geeignet. Aber: Auch hier führen unterschiedliche Wege zum Ziel. In diesem Kapitel werden drei Ansätze gezeigt, wie Daten analysiert werden können: zunächst mit Python ohne weitere Hilfsmittel, dann mit SQLite und schließlich mit Hilfe von Pandas als Spezialist für Tabellen.

Als Basis dienen wieder die Superstore-Daten, eine Muster-Datenbank, die unter den Stichwörtern *"Superstore Data Excel"* als Microsoft Excel-Tabelle im Internet gefunden werden kann. Um besser mit den Informationen arbeiten zu können, wurden die Daten in SQLite konvertiert (wie das funktioniert, haben Sie im Kapitel oben bereits gelesen).

Superstore enthält unter anderem eine Liste mit Bestellungen, die jeweils eine Bestellnummer (order_id) und eine Kundennummer (customer_id) enthalten. Erstellt werden soll eine Statistik, wie viele Kunden wie oft etwas bestellt haben: Also 5 Kunden haben einmal bestellt, 10 Kunden zweimal, 18 Kunden dreimal und so weiter...

Die erste Lösung mit Hilfe von Python ist schnell geschrieben:

Datenanalyse mit Python

```python
import sqlite3


# Liste aller Bestellungen mit Kunden-ID:
con=sqlite3.connect("superstore.sqlite")
cur = con.cursor()
query = "SELECT customer_id, order_id FROM orders;"
cur.execute(query)
result = cur.fetchall()


# Anzahl Bestellungen pro Kunde:
order_count = {}
for order in result:
    customer_id = order[0]
    order_id = order[1]
    if customer_id not in order_count:
        order_count[customer_id] = 1
    else:
        order_count[customer_id] += 1


# Häufigkeiten der Anzahl der Bestellungen:
order_stat = {}
for customer, count in order_count.items():
    if count not in order_stat:
        order_stat[count] = 1
    else:
        order_stat[count] += 1


# Daten nach Bestell-Häufigkeit sortieren
order_stat = dict(sorted(order_stat.items()))

# Ergebnis ausgeben:
print(order_stat)
```

Ganz oben werden die Daten zunächst aus SQLite exportiert. Als Basis wird eine Liste verwendet, die aus Bestellungen besteht und die Kundennummer enthält. Im ersten Schritt wird ein Dictionary erstellt, das die Anzahl der Bestellungen pro Kunde enthält. Der zweite Schritt zählt die Häufigkeiten der Bestellungen und legt diese wiederum in einem Dictionary ab. Zur besseren Ausgabe wird das Dictionary schließlich nach Schlüsseln aufsteigend sortiert.

Wer Pandas für die gleiche Fragestellung benutzt, geht im Prinzip die gleichen Schritte, benutzt aber statt Dictionaries die in der Bibliothek eingebauten DataFrames:

Datenanalyse mit Pandas

```
import pandas as pd
import sqlite3


# Liste aller Bestellungen mit Kunden-ID:
con=sqlite3.connect("superstore.sqlite")
cur = con.cursor()
query = "SELECT customer_id, order_id FROM orders;"
cur.execute(query)
result = cur.fetchall()

df = pd.DataFrame(result, columns =["customer_id",
"order_id"])


# Anzahl Bestellungen pro Kunde:
order_count = pd.DataFrame(
    {'count' : df.groupby( ["customer_id"] ).size()}
    ).reset_index()


# Häufigkeiten der Anzahl der Bestellungen:
order_stat = order_count.groupby(["count"]).size()

print(order_stat.to_dict())
```

Der Code ist etwas kompakter als in reinem Python, allerdings benötigt die Pandas-Bibliothek wegen ihres Umfangs durchaus etwas Zeit für die Verarbeitung des umfangreichen Datenbestands.

Besonders charmant ist der letzten Ansatz, den ich Ihnen nicht vorenthalten will: Die SQLite-Syntax ermöglicht die Lösung der Frage mit Hilfe einer *einzigen* Datenbank-Abfrage (die aus zwei ineinander-geschachtelten Abfragen besteht):

Datenanalyse mit SQLite

```
import sqlite3

con=sqlite3.connect("superstore.sqlite")
cur = con.cursor()

query = """
        SELECT
            customer_orders.order_count,
            count(customer_orders.order_count)
        FROM (
            SELECT count(order_id) order_count
            FROM orders
            GROUP BY customer_id
        ) as customer_orders
        group by customer_orders.order_count
        ;
        """

cur.execute(query)

print(cur.fetchall())
```

Das Vorgehen bei allen drei Ansätzen ist ähnlich: In zwei Schritten werden die Daten nach und nach zusammengefasst. Letztendlich ist der Aufwand bei allen drei Methoden vergleichbar und eine Frage des persönlichen Geschmacks.

OMG, ORM! DATENBANKEN ALS OBJEKTE

Statt Datenbanken mit der eigenen Programmiersprache abzufragen, bilden ORM-Bibliotheken eine Schnittstelle zwischen Python und Datenbank, die Zeilen einer Datentabelle in Objekte verwandelt und auch andere Aufgaben wie Suchabfragen und das Erzeugen einer Datentabelle mit Python-eigener Syntax enorm vereinfachen (ORM steht für Object Relational Mapper).

Aber die Arbeit damit ist tatsächlich Geschmackssache: Manche Programmierer bevorzugen die Trennung von Daten und Objekten, andere benutzen ORMs, um die Daten als Objekte verpackt tief in den Code zu integrieren. Damit zu arbeiten hat Vorteile: Man spart Konnektoren, Methoden, die mit Hilfe von Argumenten Datenbankabfragen aussenden, und auch das Erstellen einer Datenbank wird vollautomatisch im Hintergrund erledigt.

Kritisiert wird häufig, dass Abfragen und vor allem Schreibvorgänge sehr langsam sind und viel Last auf die Datenbank legen können. Außerdem würde Komplexität vom eigentlichen Code in den Hintergrund verlagert.

Trotzdem: Ein wenig mit ORM herum zu experimentieren und eigene Erfahrungen zu sammeln lohnt sich auf jeden Fall. Eine schlanke Full-Service-Datenbank-Bibliothek ist *peewee*, das die Formate SQLite, mySQL und PostgreSQL unterstützt. Als erstes wird dabei ein Modell der Datenbank in Python angelegt:

Datenmodell in peewee

```python
from peewee import *

db = SqliteDatabase('Test.sqlite')

class Person(Model):
    name      = CharField()
    geburtstag = DateField()

    class Meta:
        database = db

db.connect()

db.create_tables([Person])
```

Der Befehl zum Erzeugen des Tabellenblatts muss später nicht entfernt werden, da dieser nur ausgeführt wird, wenn das Blatt nicht bereits existiert. Personen werden im Beispiel oben bei peewee der Datenbank hinzugefügt und gleichzeitig wird eine Instanz des Datenmodells erzeugt:

Datensatz erzeugen

```python
from datetime import date

mann = Person.create(
    name = 'Peter Mann',
    geburtstag = date(1974, 1, 31)
)

mann.save()
```

Nun können Änderungen am Objekt vorgenommen und mit dem Save-Befehl anschließend in die Datenbank übertragen werden:

Datensatz ändern und speichern

```
mann.name = 'Stefan Schmitt'

mann.save()
```

Abfragen unterschiedlicher Art (alle, einer oder im gesamten Datenbestand suchen) sind ebenfalls schnell geschrieben:

Datenbankabfragen in peewee

```
# alle Datensätze abrufen:

for p in Person.select():
    print(p.Name)


# spezifischen Datensatz laden:

m = Person.get(Person.name == 'Peter Mann')
print(m.geburtstag)


# Suche nach Kriterien:

abfrage = Person.select().where(Person.geburtstag ==
        date(1974, 1, 31))

for eintrag in abfrage:
    print(eintrag.name)
```

Gerade Einsteiger können so problemlos mit größeren Datenmengen arbeiten, ohne sich in ein ganz neues Thema (die jeweilige Abfragesprache) einarbeiten zu müssen – was auf der anderen Seite auch ein Nachteil sein kann, denn bereits existierende, komplexe Datenbanken und deren Modelle lassen sich nicht so leicht mit *peewee* benutzen, weil das Modell in Python nachgebildet werden muss.

Wer jedoch eine kleine Datenbank selbst erzeugt und damit arbeiten will, ist mit dieser Bibliothek gut unterwegs. Mehr Informationen über peewee gibt's im Netz unter folgender Adresse:

https://docs.peewee-orm.com/en/latest/index.html

ADLERAUGE – TEXTERKENNUNG

Teile und erleichtere die Arbeit: Die Verwandlung von Bildern in Text ist eine klassische Aufgabe neuronaler Netze und gehört damit in die Grundlagen der Künstlichen Intelligenz. Selber programmieren ist keine ganz einfache Aufgabe.

Aber Python mit seinen Bibliotheken macht selbst eine so schwierige Aufgabe zum Kinderspiel für einen Nutzer, der sich nicht selbst mit KI-Grundlagen herumschlagen will. Sofern Sie ein gut funktionierendes Programm haben wollen und sich keine Gedanken über die Funktionsweise fremder Codes machen, können Sie eine Texterkennung in Python mit wenigen Zeilen zum Laufen bringen:

Texterkennung in Linux installieren

```
> sudo apt install tesseract-ocr

> pip3 install pytesseract
```

Basis für diese Texterkennung ist das von Google entwickelte Tesseract (mehr Infos dazu unter: https://github.com/tesseract-ocr/tesseract). Zuerst müssen das Programm und die Bibliothek installiert werden, was unter Windows ein wenig aufwendiger ist, weil die Daten heruntergeladen und installiert werden müssen, was in Linux automatisch mit zwei Befehlen erledigt wird / mehr dazu auf der Webseite des Projekts. Dann kann der Rest mit ein paar Zeilen in Python erledigt werden:

Texterkennung mit Python unter Linux

```python
import cv2
import pytesseract


def ocr(filename):
    img = cv2.imread(filename)
    gray = cv2.cvtColor(img, cv2.COLOR_BGR2GRAY)
    thresh = cv2.threshold(gray, 127, 255, cv2.THRESH_BINARY + cv2.THRESH_OTSU)[1]
    custom_config = '-l eng --oem 3 --psm 6 '
    text = pytesseract.image_to_string(thresh, config=custom_config)
    return text


file = 'image.jpg'
t = ocr(file)

print([t])
```

Texterkennung mit Python unter Windows

```python
import cv2
import pytesseract

# Pfad zum installierten Programm
pytesseract.pytesseract.tesseract_cmd = (r"C:\Users\Werner\AppData\Local\Programs\Tesseract-OCR\tesseract")


def ocr(filename):
    img = cv2.imread(filename, 0)
    custom_config = r'--oem 3 --psm 6'
    return pytesseract.image_to_string(img, config = custom_config)
```

```
file = 'image.jpg'
t = ocr(file)

print([t])
```

Anfänger sollten bei den scheinbar kryptischen Zeilen einen zweiten Blick riskieren, denn eigentlich besteht der Aufruf der Texterkennung jeweils nur aus einer Zeile Code. Der Rest entfällt auf das Laden des Bilds, Ändern von Farbe und Kontrast (unter Windows nur der Parameter 0 bei *imread*), sowie Konfiguration des Tesseract-Aufrufs.

DURCHGRIFF: DATEN DIREKT AUS DEM BETRIEBSSYSTEM LESEN

Werte wie Anmeldename, Programmverzeichnisse oder Typ und Anzahl der Prozessoren lassen sich in Python einfach und schnell auslesen:

Systemvariablen auslesen

```
import os

for name, wert in os.environ.items():
    print(f'{name} : {wert}')
```

Es lohnt sich, die OS-Bibliothek genauer unter die Lupe zu nehmen, weil sie der Mittelsmann zwischen Python und dem Betriebssystem ist. Neben dem oben gezeigten Zugriff auf eine lange Liste von sonst tief im Rechner und seiner Software verborgenen Daten, hat die Bibliothek noch einiges mehr zu bieten: Vor allem der Zugriff auf Dateien und Verzeichnis wird damit kinderleicht programmiert.

Etwas ungewöhnlich sind manche darin enthaltenen Funktionen. Schon die Erkennung des Betriebssystems ist für den Anfänger schwer verständlich:

Namen des Betriebssystems anzeigen

```
import os

print(os.name)
# Ausgabe:

# nt > Windows
# vermutlich "New Technology" für das alte Windows NT

# posix > Apple
# eigentlich "Portable Operating System Interface"
# eine Programmierschnittstelle von UNIX
```

Bevor Sie wegen der verwirrenden Namen komplett aussteigen: Ein ähnlicher Befehl aus einer anderen Bibliothek liefert etwas bessere Ergebnisse – aber leider auch nicht immer.

Betriebssystem mit der Plattform-Bibliothek ausgeben

```
import platform

print(platform.system())
# Ausgabe: Windows
```

Sieht gut aus! Und der Befehl zeigt auch unter Linux den richtigen Namen des Betriebssystems an. Beim Apple-System wird allerdings der Name eines uralten Unix-Vorläufers "Darwin" angezeigt.

Zum Glücken haben wir einen dritten Versuch, um herauszufinden, auf was für einer Maschine Python gerade ausgeführt wird:

Betriebssystem mit sys ermitteln

```
import sys

print(sys.platform)
# Ausgabe: win32
```

Bei diesem Kommando ergibt sich auf anderen Systemen das gleiche Problem: Apple wird wieder als "Darwin" angezeigt, bei Linux erscheint vielleicht "Linux", aber gelegentlich auch "Linux2" (die Bezeichnung für ein spezielles Linux der Firma Amazon). Und bei Windows könnte statt dem oben gezeigten "win32" auch "cywin" (eigentlich ein Programm, um Linux-Software auf Windows ausführen zu können) oder "msys" (ähnlich wie das vorige) angezeigt werden.

In einem Forum wird in einem Artikel eine optimale Reihenfolge der Befehle empfohlen, um sich Klarheit zu verschaffen.

Auf dem letzten Platz landet der Befehl `platform.system()` mit dem Kommentar: *"Nur benutzen, wenn Sie den beiden anderen Optionen nicht trauen!"*

ALLES AUF EINMAL: MÜHELOSES MULTI-THREADING

Je mehr Kerne desto besser! Während Hardware immer schneller wird und möglichst viele Dinge gleichzeitig erledigen soll, programmieren Anfänger ihren Code so, dass es alles brav der Reihe nach erledigt. In den meisten Fällen sind moderne Computer schnell genug, um auch umfangreiche Software rasch auszuführen.

Die ersten Fragen nach gleichzeitiger Bearbeitung von Aufgaben tauchen dann auf, wenn im Vordergrund Schleifen von Gaming-Erweiterungen oder grafischen Oberflächen laufen. Ein rechen-aufwendiger Prozess bringt solche Schleifen zum Stocken. Spätestens dann macht sich der engagierte Einsteiger auf die Suche nach Methoden, um Tasks im Hintergrund zu erledigen, während vorne alles ganz normal weiter läuft.

Beim Threading werden die Aufgaben gleichzeitig auf einem Prozessor-Kern ausgeführt. Wer mehrere Kerne für rechenintensive Aufgaben nutzen will, muss Multiprocessing in Python benutzen (im Kapitel weiter unten ebenfalls beschrieben).

Dabei ist Threading recht einfach in Python umzusetzen. Der Code unten zeigt, wie drei Prozesse gleichzeitig ablaufen: Zuerst wird der Thread "A" gestartet, dann biegt das Programm in eine For-Schleife ein, auf dessen Hälfte der Thread "B" anläuft. Wenn Sie das Ausgabe-Fenster im Auge behalten, können Sie gut beobachten, wie die Prozesse gleichzeitig die Ausgaben auf dem Bildschirm anzeigen.

Einfaches Beispiel für Threading

```
import time
import threading


def looper(name, loops = 5):
    for i in range(1, loops + 1):
        print(name, i)
        time.sleep(1)


def thread(name, loops = 5):
    thread = threading.thread(target = looper, args =
        [name, loops])
    Thread.start()


# ersten Thread starten
thread('A', 12)

for counter in range(1, 10):
    print(counter)
    if counter == 5:
        # zweiten Thread starten
        thread('B', 8)
    time.sleep(1)
```

Ein Tipp: Schreiben Sie so selten wie möglich Threads, die endlos weiter laufen, weil sich diese im Hintergrund nur schwer oder gar nicht zu kontrollieren sind. Während das Programm längst fertig ist, machen so im Hintergrund gestartete Programmteile munter mit der Arbeit weiter. Wird so programmierter Code ein paar mal gestartet, dann bleibt meistens nur der Neustart des Rechners, um die Geisterprozesse im Hintergrund zu beenden.

Die Rückgabe von Daten aus den Threads ist kein Problem: Das stark vereinfachte Beispiel unten zeigt, dass schon mit einer Liste für die Eingabe und einem Dictionary als Sammelbecken der Ausgabe nein gut laufendes Programm geschrieben werden kann, beidem

Ein- und Ausgaben der Threads gut kontrolliert werden können. Zwar bietet Python technisch noch viel bessere Möglichkeiten, parallele Abläufe perfekt zu verwalten, aber es geht auch einfach (Stichwort: *Queues*).

Allerdings sollten Sie zum Beispiel immer darauf achten, das gleiche Threads nicht mehrfach gestartet werden (mit `pop()` werden die Elemente aus der `to_do`-Liste entfernt, was doppelte Aufrufe verhindert). Genauso muss die Schleife (hier `while`) erst verlassen werden, wenn alles erledigt ist (hier durch den Vergleich der `to_do`-Liste mit der Anzahl der Elemente im `results`-Dictionary).

Rückgabe von Werten aus Threads

```
import time
import random
import threading


to_do_liste = ["A", "B", "C", "D", "E", "F"]
results = {}


def work(task):

    wait = random.randint(1,10)
    print(task, "dauert", wait, "Sekunden")

    time.sleep(wait)

    global results
    results[task] = "erledigt"
    print(task, "fertig")


final_length = len(to_do_liste)
counter = 0
```

```python
while len(results.keys()) < final_length:

    counter += 1
    print(counter)

    if to_do_liste:

        to_do = to_do_liste.pop(0)

        Thread = threading.Thread(
            target = work,
            args = [to_do])
        Thread.start()

    time.sleep(1)

print(results)
```

KERNGESCHÄFT – MULTIPROCESSING

Während beim Threading die Aufgaben in kleine Teile zerlegt und verarbeitet werden, dass sie aus Perspektive des Nutzers parallel ablaufen, greift das Multiprocessing auf die ganze Leistung des Prozessors zu und verteilt die Arbeit auf möglichst viele Kerne.

Mit Hilfe eines Multi-Prozess-Pools werden die Rechenaufgaben in Python im Hintergrund automatisch verteilt, um schnell zum Ergebnis zu kommen.

Im Beispiel unten wird die Berechnung zuerst ohne und dann mit Pool ausgeführt:

Aufgabe auf Prozessor-Kerne verteilen

```
from multiprocessing import Pool
import time


def calc(x):
    # Wert in range() regelt die Rechenzeit
    for i in range(24):
        x = x * x
    return x

liste = [2, 3, 4, 5]
```

```
if __name__ == "__main__":
    # OHNE Multiprocessing

    start = time.time()
    list(map(calc, liste))
    print(f'Ohne: {time.time() - start} Sekunden')

    # MIT Multiprocessing (Pool)
    start = time.time()
    with Pool(5) as p:
        list(p.map(calc, liste))
    print(f'Mit: {time.time() - start} Sekunden')
```

Sie sollten nicht pauschal alle Aufgaben auf die Kerne verteilen! Wenn Sie im oben abgebildeten Code mit der Anzahl der berechneten Potenzen ein wenig herumexperimentieren, dann sehen Sie, dass bei niedrigen Werten und kurzen Rechenzeiten die Variante mit Multiprocessing-Pool überraschenderweise länger dauert, weil auch das Verteilen der Aufgaben Zeit kostet.

PYTHON FÜR FORTGESCHRITTENE

PYTHON FÜR FORTGESCHRITTENE

COOLE MODULE

In diesem Abschnitt lernen Sie ein paar Bibliotheken kennen, die Ihre Arbeit deutlich erleichtern können. Mittlerweile ist deren Anzahl ins Unüberschaubare angewachsen. Es gibt praktisch für jedes Problem eine Lösung – und das ist wirklich nicht untertrieben.

Selbst mit den besten Erweiterungen könnten problemlos mehrere Bücher gefüllt werden.

Deswegen sollen die Kapitel unten vor allem zeigen, wie unterschiedlich die Bedienung von Bibliotheken leider sein kann, denn jeder Programmierer hat seinen eigenen Stil und so muss sich der Nutzer fremder Codes auch immer ein wenig (oder ein wenig mehr) in eine neue Bibliothek einarbeiten.

NIE MEHR FEHLER MIT PRINT SUCHEN

Ausgaben im Terminal werden vermutlich häufiger zur Suche von Fehlern oder dem Prüfen von Variablen-Inhalten benutzt als zur Kommunikation mit dem User der Software. *Icecream* ist ein Modul, das den Print-Befehl für solche Zwecke ersetzen und dem Programmierer das Tippen erleichtern will. Installiert wird die Bibliothek mit folgendem Befehl:

```
> pip install icecream
```

Die Anwendung der Bibliothek geschieht einfach, indem der Funktionsaufruf `ic()` großzügig im Code verteilt wird. Alternativ können auch Variablen als Parameter eingegeben werden. Die Idee dieser Erweiterung ist reizvoll, weil sie das lästige Tippen der typischen Print-Befehle zur Fehlersuche vereinfacht und die Position im Code automatisch anzeigt.

Fehlersuche mit der Icecream-Bibliothek

```
from icecream import ic

def test():
    ic()
    for i in range(1, 100):
        if i % 16 == 0:
            ic(i)
            return i / 0
```

```
test()
# Ausgabe:
# ic| main.py:4 in test() at 06:34:22.789
# ic| i: 16
# ZeroDivisionError: division by zero
```

Im Terminal wird beim Ausführen angezeigt, in welcher Zeile und in welchem Code-Block das Programm sich gerade befindet. Wurde ein Parameter übergeben, zeigt *Icecream* dessen Inhalt an. Soll die Ausgabe ganz oder teilweise unterdrückt werden (wenn das Programm fertig oder der Fehler gefunden ist), kann dies durch `ic().disable` deaktiviert und mit `ic.enable()` wieder aktiviert werden.

Darüber hinaus kann der Aufruf konfiguriert und sogar auf die eigenen Bedürfnisse zugeschnitten werden. Mehr Informationen finden Sie unter:

https://github.com/gruns/icecream

SCHNELL MAL SCHAUEN: VARIABLEN BEOBACHTEN

Oben wurde bereits die Bibliothek *Icecream* vorgestellt, mit der Inhalte von Variablen und der Ablauf des Codes einfach überwacht werden können.

Wem das einerseits zu wenig, aber ein Debugger andererseits zu umfangreich und zu kompliziert in der Bedienung ist, kann Variablen und deren Veränderung über die Laufzeit des Codes auch unkomplizierter beobachten: *Watchpoints* ist eine kompakte Bibliothek, mit der Änderungen von Werten auf Schritt und Tritt nachvollzogen werden können.

Nach der üblichen und bereits oben gezeigten Installation mit Hilfe von Pip im Terminalfenster (> `pip install watchpoints`) ist die Anwendung mehr als einfach:

Variablen-Änderungen mit Watchpoints anzeigen

```
from watchpoints import watch

a = 0

watch(a)

a = 1

a = 2
```

```
# Ausgabe:
# ====== Watchpoints Triggered ======
# Call Stack (most recent call last):
#   <module>
(/home/runner/LinedBurlyCarat/main.py:6):
# >    a = 2
# a:
# 1
# ->
# 2
```

Im Terminal werden beim Ausführen des Beispiels alte und neue Werte der Variablen a angezeigt. Die Ausgabe ist ausführlich, aber etwas gewöhnungsbedürftig.

Die Bibliothek kann mit unterschiedlichen Datentypen – auch Objekten – umgehen und bietet darüber hinaus noch ein paar nützliche Konfigurationsmöglichkeiten. Mehr über Watchpoint finden Sie im Internet unter folgenden Links:

https://github.com/gaogaotiantian/watchpoints

https://pypi.org/project/watchpoints/

GEPACKT: ZIP-DATEIEN LESEN UND BEARBEITEN

Mit Hilfe der Bibliothek *ZipFile* lassen sich Datei-Container direkt in Python bearbeiten, ohne dass die Daten vorher entpackt und nachher wieder zusammengeräumt werden müssen.

Gepackte Dateien anzeigen

```
from zipfile import ZipFile

zip = ZipFile('Archiv.zip', 'r')

print(zip.namelist())
```

Dabei gibt es nur zwei wesentliche Methoden, wie auf das Archiv zugegriffen werden kann: Einmal mit dem Parameter r (*read* / lesen) oder mir w (*write* / schreiben). Um zum Beispiel alle Dateien zu entpacken, sind folgende zwei Zeilen nötig:

Alle Dateien entpacken

```
zip = ZipFile('Archiv.zip', 'r')
zip.extractall(path = 'Zielverzeichnis')
```

Ist das Archiv mit einem Passwort gesichert, muss zusätzlich der Parameter pwd = ... in den Befehl extractall() eingefügt werden, damit kein Fehler entsteht.

Datei direkt aus dem Zip-Archiv lesen

```
zip = ZipFile('Archiv.zip', 'r')
datei = zip.read(r'Ordner/Test.dat')
```

Dateien ins Zip-Archiv schreiben

```
with ZipFile('Archiv.zip', 'w') as zip:
    zip.write('Test.dat')
    zip.write('Daten.dat')
```

Mehr Information zu dieser Bibliothek finden Sie in der Python-Dokumentation im Internet:

https://docs.python.org/3/library/zipfile.html

EINE MENGE FALSCH: DATEN MIT FAKER PRODUZIEREN

Um Programme auszuprobieren, werden oft Testdaten benötigt. Faker ist eine leistungsfähige Bibliothek, die sich genau darauf spezialisiert hat. Allerdings wird diese nicht mit der Standard-Installation mitgeliefert, sondern muss in der Eingabeaufforderung installiert werden:

```
> pip install Faker
```

Nun stehen zahlreiche Funktionen zur Verfügung, um Phantasie-Daten aller Art zu erzeugen. Zum Beispiel Namen von Personen:

Fake-Namen erzeugen

```
from faker import Faker

fake = Faker()

for i in range(10):
    print(fake.first_name(), fake.last_name())

# Alternative:
print(fake.name())

# Ausgabe:
# Susan Mcintyre
# Elizabeth Williams
# Justin Crosby
```

```
# Michael Smith
# Vincent Brown
# Chase Velasquez
# Calvin Campbell
# Scott Taylor
# Troy Lewis
# Austin Carter
# Nicole Harris
```

Obendrein liefert die Bibliothek auch speziellere Fakes aus vielen unterschiedlichen Ländern. Hier Namenslisten für China und Deutschland (Liste aller verfügbaren Länder unter https://faker.readthedocs.io/en/master/locales.html):

Länderspezifische Namen erzeugen

```
from faker import Faker

fake = Faker('zh_CN')
print(fake.name())


fake = Faker('de_DE')
print(fake.name())

# Ausgabe:
# 张旭
# Ing. Dierk Budig
```

Schauen Sie bei der Ausgabe aber genau hin und hoffentlich haben Sie auch nicht zu große Erwartungen an die Präzision der Bibliothek: Der zweite Vorname ist falsch geschrieben? Ist er zwar nicht, aber diese Variante des Vornamens *Dirk* ist äußerst selten.

Um einen kleinen Einblick zu geben, welche Sorten von Daten Faker erzeugen kann, schauen Sie sich das nächste Beispiel an. Beim lesenswerten Ergebnis ist allerdings wiederum etwas Toleranz gegenüber einem un-intelligenten Algorithmus gefordert.

Ein paar Faker-Kategorien als Beispiel

```
from faker import Faker

fake = Faker('de_DE')

fake.text()
fake.texts()
fake.sentence()
print(fake.sentences())

fake.year()
fake.month_name()
fake.time()

fake.name()
fake.first_name()
fake.last_name()
fake.profile()

fake.address()
fake.city()
fake.job()
fake.email()
fake.country()

# Ausgabe:
# ['Sind vergessen das schwarz Zeitung.', 'Himmel Bauer sieben Fuß grün.', 'Bein Wort Nase.']

# {'job': 'Krankenschwester', 'company': 'Lübs GmbH & Co. KGaA', 'ssn': '352-92-6107', 'residence': 'Anna-Marie-Haase-Weg 6/2\n63065 Konstanz', 'current_location': (Decimal('-86.1004775'), Decimal('153.721561')), 'blood_group': 'B+', 'website': ['http://butte.de/'], 'username': 'bertoldwagenknecht', 'name': 'Prof. Elfie Junk MBA.', 'sex': 'F', 'address': 'Weinholdgasse 30\n02297 Angermünde', 'mail': 'tstroh@yahoo.de', 'birthdate': datetime.date(1967, 12, 26)}
```

Faker kann auch umfangreichere und exotischen Daten erzeugen. Die Ausgabe ist in vielen Fällen erstaunlich gut und für Testläufe auf jeden Fall gut zu gebrauchen:

Erzeugen umfangreicher Fake-Daten

```
from faker import Faker

fake = Faker('de_DE')

print(fake.credit_card_full())
print(fake.license_plate())
print(fake.pydict())

# Ausgabe:
# VISA 13 digit
# Hanspeter Gerlach
# 4694890099464 01/28
# CVC: 438

# GE-G-786

# {'erklären':
'http://www.wohlgemut.org/categorylogin.php',
'schon': Decimal('-
6742074964095202662847261265181 66.8666101630630323617
01718951'), 'vier': 362051383201.348, 'wissen':
'siegmundwarmer@example.org', 'darauf': 'heinz-
dieter05@example.com', 'nicht':
'bettinatrubin@example.com'}
```

Mehr Informationen über Faker finden Sie auf folgender Seite:

> https://faker.readthedocs.io/en/master/

ZUM SCHLUSS: ZWEIT- UND DRITTSPRACHEN

E s gibt sie nicht, die eine, einzige und perfekte Programmiersprache. Obwohl sich mit Python allein schon eine Menge erledigen lässt, sollten Sie trotzdem überlegen, ob Sie Ihren Sprachschatz erweitern wollen, denn sobald Sie zum Beispiel mit F-Strings oder Datenbanken arbeiten, müssen Sie bereits ein wenig in andere Sprachen wechseln..

Hier sind ein paar Vorschläge, welche Fremdsprachen in Python häufig anzutreffen und die grundsätzlich lernenswert sind:

1. **Format String Syntax:** Mit F-Strings (weiter oben im Buch beschrieben) können Zeichenketten effizient und gezielt formatiert werden. Es lohnt sich, zumindest die wichtigsten Befehle dieser Python-eigenen Mini-Sprache zu kennen, um Text- und Zahlen-Ausgaben (zum Beispiel beim Runden) ansehnlich gestalten zu können. Anweisungen sehen dabei so aus: '{0:^12d}'.format(1234)

2. **Regex** (Regular Expression / Regulärer Ausdruck) ist ebenfalls keine richtig eigenständige Programmiersprache, sondern dient dazu, bestimmte Muster in Daten zu erkennen. Regex wird allerdings auch in anderen Sprachen wie Java oder C benutzt.

Einfachstes Beispiel für Ausdrücke in dieser Sprache sind Wildcards: `dir *.txt`, aber auch komplexe Strukturen wie Daten, Telefonnummern oder Stichwort-Suchen können damit innerhalb einer Zeichenkette gesucht werden.

Regex ist – ehrlich gesagt – nicht besonders beliebt, weil es schwer zu schreiben ist. Folgendes Syntax findet Datumsangaben nach dem Muster JJJJ-MM-TT: `/^\d{4} - (0[1-9] | 1[0-2] ) - (0[1-9] | [12][0-9] | 3[01])$/`.

Trotzdem lohnt es sich, die Grundlagen der Sprache zu kennen, weil diese auch in anderen Sprachen weit verbreitet ist. Darüber hinaus finden sich viele fertige Regex-Ausdrücke für den Einsatz im eigenen Code im Internet.

3. **SQLite** ist als Datenbank / Datenbanksprache fest in Python integriert. Dabei ist SQLite eine reduzierte Version von SQL, die im Alltag allerdings kaum stört: Zum Beispiel gibt es nur vier Datentypen.

   Dennoch ist es eine enorm leistungsstarke Sprache, die auch in großen IT-Projekten eingesetzt wird. Außerdem handelt es sich um die am weitesten verbreitete Datenbank der Welt, weil das Betriebssystem Android diese nutzt. Der große Vorteil gegenüber SQL ist, dass der kleine Bruder keinen laufenden Server benötigt, sondern nur als Datei auf dem Datenträger existiert.

4. **SQL** (Structured Query Language / Strukturierte Abfragesprache) ist der Standard beim Einsatz von Datenbanken. Dabei werden die Befehle aus Python heraus an die Datenbank gesendet.

   SQL ist einfach zu lernen und bereits mit wenigen Befehlen hat man die ersten Datenabfragen gut im Griff: `SELECT * from Daten WHERE Ort = 'Berlin' ORDER BY Name;`. Wer die Sprache vermeiden und Daten als Python-Objekte

nutzen will, setzt eine so genannte ORM-Bibliothek ein
(*peewee* wurde weiter oben bereits vorgestellt). Allerdings
ist es oft deutlich unkomplizierter, sich auf direkte SQL-
Kommandos einzulassen.

5. **HTML** (Hyper-Text Markup Language): Ohne Schnittstelle
   zum User geht es nicht. Wer seinem Programm eine Internet-
   Oberfläche spendieren will, sollte sich mit den Grundlagen
   des Webdesigns beschäftigen.
   Als Startpunkt wurde in diesem Buch die *CherryPy*-Bibliothek
   vorgestellt, es gibt aber zahlreiche andere Tools, die beim
   Gestalten einer leistungsfähigen Web-App helfen (*Django*
   und *Flask* werden sogar für Großprojekte in der Online-
   Industrie benutzt).

6. **Prolog**: Durch den Boom von künstlicher Intelligenz
   gewinnen unübliche Computer-Fremdsprachen an
   Bedeutung. Prolog gehört zu den logischen
   Programmiersprachen, mit denen zum Beispiel
   Wissensdatenbanken programmiert werden können.
   Mit der Sprache lassen sich recht einfach logische Schlüsse
   ziehen: `Vater(Michael, Walter)`, was in den funktionalen
   Sprachen – dazu gehört auch Python – deutlich mühevoller
   ist. *Pytholog* und *PySwip* sind Bibliotheken, die das
   Schreiben von Prolog direkt in Python ermöglichen.
   Der Einstieg lohnt sich, weil sich damit ein völlig
   anderer Bereich des Programmierens erobern lässt.

ENDE!

Auch wenn ich jetzt klinge wie ein alter Hase, der schon seit Jahrzehnten Code auf der Tastatur tippt: Programmieren hat sich seit der Einführung von Chatbots stark verändert. Der Anteil an selbst geschriebenen Befehlen hat sich deutlich reduziert, während die künstliche Intelligenz immer größere Teile eines Codes mehr oder weniger automatisch generiert.

Dabei wird aktuell intensiv diskutiert, wie die KI als Kooperationspartner am besten eingesetzt werden soll. Auch, weil sie sowohl bei der großen und übergreifenden Struktur von Programmen helfen kann, als auch bei den vielen kleinen, sich wiederholenden und damit ziemlich lästigen Funktionen, die an der Basis geschrieben werden müssen.

Es sieht so aus, als wenn wir nicht mehr weit davon entfernt sind, uns gar nicht mehr mit dem Quellcode eines Programms beschäftigen zu müssen, sondern der KI die ganze Arbeit zu überlassen und nur noch mit Befehlen in natürlicher Sprache die Richtung vorgeben, was der Chatbot schreiben soll und wie das Ergebnis auszusehen hat.

Trotzdem hoffe ich, dass das Wissen auf der untersten Ebene der Programme knapp über der Funktionsweise der Sprache selbst, nicht völlig verloren geht. Bisher gibt es Programmierer, die auf unterster Ebene Betriebssysteme schreiben. Es gibt Software-Designer, die sich mit dem Erstellen von Programmiersprachen beschäftigen, und schließlich gibt es Nutzer dieser Programmiersprachen, die Software für Anwender erstellen.

Seit langer Zeit gibt es Versuche, eine weitere Stufe darüber zu schaffen, bei der auch Laien per Drag-And-Drop Programme erstellen können. Diese vereinfachten, modularen, teilweise grafischen Oberflächen scheinen im Moment von Chatbots verdrängt zu werden, die bereits auf wortkarge Befehle reagieren und daraus ein lauffähiges Programm bauen: "Schreib mir ein Programm in Python mit dem PDF-Dokumente in JPG-Bilder umgewandelt werden!"

So reizvoll das aussehen mag und tatsächlich funktioniert, sollte der Mensch vor dem Bildschirm den Code immer noch verstehen können – zumindest dann, wenn er komplexe Programme erstellen will, die effizient laufen und erweiterbar sein sollen.

Ohne ein grundlegendes Verständnis für eine Sprache und das Eintauchen in die Ebene zwischen der Funktionsweise der Interpreter und Compiler und den darin geschriebenen Befehlen, ist gutes Programmieren kaum möglich.

Ich hoffe, dieses Buch hat Ihnen einen Einblick gegeben in die grundlegende Funktionsweise von Python und in die vielen wunderbaren Tricks und Kniffe, die auf der unteren Stufe des Codes mit scheinbar einfachen Befehlen umgesetzt werden können.

In Python lassen sich in sehr wenigen Zeilen wirklich tolle und leistungsfähige Programme schreiben. Das Informatiker-Sprichwort *"Code is Poetry"* (übersetzt: *"Programmieren ist die Kunst des Dichtens"*) gilt immer noch. Zwar kann eine KI auch Gedichte schreiben, aber es ist ein Unterschied, ob wir das von einer Maschine erledigen lassen, oder selbst schöne Wörter auf das Papier bringen.

> *Jonathan Bien*
> *August 2024*

DER PROMPT-CODE

Gute Bilder generieren mit Künstlicher Intelligenz: Wie funktionieren Stable Diffusion, Midjourney, Dall-E & andere?

von Stefan Kleber

Eine überragend-gute Abbildung mit Hilfe von bildgebenden, künstlichen Intelligenzen erzeugen, die mittlerweile auf unzähligen Webseiten und zum Herunterladen für ganz normale Nutzer verfügbar sind? Einfach zwei oder drei Worte ins Textfeld schreiben, auf Generieren klicken und nach wenigen Sekunden ist es da, das perfekte (künstliche) Bild!

Ganz so leicht ist es leider nicht, obwohl die ersten Ergebnisse nach der Eingabe von ein paar Stichwörtern bereits ziemlich gut aussehen können. Aber wer Bilder gezielt nach seinen Vorstellungen erzeugen will, der muss tiefer einsteigen in die auf den zweiten Blick komplizierte Sprache der so genannten Prompts – also den Wortketten und Befehlen, mit denen eine KI gefüttert werden will. Die wenigsten wissen außerdem, dass dort noch viel mehr eingetragen werden kann als ein paar beschreibende Begriffe.

In diesem Buch werden Grundlagen und erweiterte Techniken beschrieben, damit Sie professionelle Bilder selbst erstellen können. Das Spektrum des Machbaren reicht von realistischen Abbildungen über die gesamten Stile der künstlerischen Malerei bis hin zu Comics, Strichmännchen und 3D-Computermodellen. Und sogar Piktogramme, Logos, Baupläne, technische Zeichnungen und vieles mehr werden von moderner Software in erstaunlich guter Qualität ausgegeben – wenn Sie wissen, wie die Maschine mit den richtigen Befehlen und Einstellungen dazu gebracht werden kann.

In diesem Buch erfahren Sie:

- Wie Sie gezielt zu den Bildern kommen, die Sie im Kopf haben.

- Dass man für ein gutes Bild mehr eingeben muss, als die gewünschten Objekte, die zu sehen sein sollen.

- Warum Prompts eine eigene Sprache sind, die aus mehr als nur ein paar Beschreibungen für das Bild besteht.

- Was mit einer KI alles machbar ist (und wo die Modelle an ihre Grenzen stoßen).

- Wie Sie perfekte Abbildungen in hoher Qualität und tollen Effekten erzeugen können.

Der Autor zeigt anhand einfacher Beispiele aus der Praxis (die meistens auch im Buch abgebildet sind), wie richtig gute Bilder generiert werden können und wie Sie sich mit einfachen Methoden ans perfekte Bild herantasten können.

DIE MACHT DER KÜNSTLICHEN INTELLIGENZ – ODER: DAS ENDE IST NAHE!

Wie und warum Künstliche Intelligenz in kürzester Zeit die Menschheit ausrotten wird! Oder auch nicht...

von Reginald D. Kenneth

Ohne Computer geht heute gar nichts mehr! Wirklich nicht! Unser zweiter Sohn ist vor knapp zehn Jahren per Kaiserschnitt auf die Welt gebracht worden. An dem Morgen waren wir die ersten Patienten im OP-Trakt des Krankenhauses.

Ich musste zuhören, wie das Personal die Geräte hochgefahren hat. Minutenlang klang der markante Startup-Sound eines verbreiteten Betriebssystems durch die Räume.

Und ich habe in dem Moment nicht an Programmabstürze und Computerviren gedacht. Wirklich nicht!

Heute macht sich keiner mehr über Macken von IT-Geräten irgendwelche Gedanken, außer vielleicht die Mitarbeiter von Hilfe-Hotlines (»Haben Sie das Gerät schon neu gestartet?«).

So gesehen, ist der Computer schon lange dabei, wenn es um die Entscheidung über Leben und Tod geht – und hat durch den einen oder anderen Absturz vielleicht schon ein paar Menschenleben auf dem elektrischen Gewissen.

Aber hat künstliche Intelligenz, die uns im Moment an allen Ecken und Enden zu überflügeln scheint, wirklich das Potenzial, den Menschen zu verdrängen und die Weltherrschaft zu übernehmen?

Ist das beängstigend menschliche Computergehirn wirklich in der Lage zu denken, sinnvolle Entscheidungen zu fällen und sogar kreativer als ein echter Mensch zu sein? Einschließlich der Entscheidung, den Menschen von der Bildfläche der Welt verschwinden zu lassen?

Was Softwarekonzerne heute auf spektakulären Events vorführen, jagt vielen biologischen Zuschauern einen Schrecken ein, während die Roboter vor den Fernsehern mit ihren metallisch mechanischen Händen applaudieren.

Oder – und das ist auch nicht besser – wir schieben die künstliche Intelligenz in die Kiste mit anderen, scheinbar sensationellen Show-Effekten und unterschätzen völlig, was geniale Wissenschaftler und Programmierer mittlerweile aus Hochleistungscomputern herauskitzeln können.

Mit viel Humor und einer großen Portion Weitblick in die Geschichte und in andere Bereiche von Wissenschaft und Alltag führt der Autor den Leser durch ein Spiegelkabinett aus Argumenten und historischen wie aktuellen Beispielen und Situationen, in denen Mensch und Maschine um die endgültige Überlegenheit ringen.

Manchmal macht es den Eindruck, dass der Mensch gegenüber dem Computer jämmerlich versagt, manchmal sieht es so aus, als wenn die Maschine niemals den Menschen überflügeln oder in Gestalt bösartiger Cyborgs mit Lasergewehren unterjochen wird.

Wie das Spiel endet, wissen wir nicht.

Aber wenn Sie dieses Buch gelesen haben, dann werden Sie beide Seiten im Kampf Biologie gegen Technik und Potenziale wie Risiken dieses Konflikts besser verstehen.

Dieses Buch handelt unter anderem von einer Maschine, die gar keine Maschine ist, von der mathematischen Schönheit eines Blumenkohl, vom Tricksen eines Nobelpreisträgers in seiner Abschlussprüfung und davon, dass es nicht so bald Roboter geben wird, die Spiegeleier braten können.

Und es geht auch ein wenig um Boote...

PYTHON FÜR FORTGESCHRITTENE

REGINALD D. KENNETH

DIE MACHT DER KÜNSTLICHEN INTELLIGENZ

ODER

DAS ENDE IST NAHE

WIE UND WARUM KI IN KÜRZESTER ZEIT
DIE MENSCHHEIT AUSROTTEN WIRD!
ODER AUCH NICHT...

www.ingramcontent.com/pod-product-compliance
Lightning Source LLC
Chambersburg PA
CBHW052234220526
45471CB00001B/42